渠道分销

[英]朱利安·丹特 著
杨博 译

DISTRIBUTION CHANNELS

Understanding and
Managing Channels to Market

当代世界出版社
THE CONTEMPORARY WORLD PRESS

图书在版编目（CIP）数据

渠道分销 /（英）朱利安·丹特著；杨博译. —北京：当代世界出版社，2018.5
ISBN 978-7-5090-1392-2

Ⅰ. ①渠… Ⅱ. ①朱… ②灵… ③杨… Ⅲ. ①分销 – 购销渠道
Ⅳ. ① F713.1

中国版本图书馆 CIP 数据核字（2018）第 095348 号

渠道分销

作　　者：	（英）朱利安·丹特
译　　者：	杨博
出版发行：	当代世界出版社
地　　址：	北京市复兴路 4 号（100860）
网　　址：	http://www.worldpress.org.cn
编务电话：	（010）83908456
发行电话：	（010）83908409
	（010）83908377
	（010）83908423（邮购）
	（010）83908410（传真）
经　　销：	新华书店
印　　刷：	三河市腾飞印务有限公司
开　　本：	710mm×1000mm　1/16
印　　张：	19
字　　数：	272 千字
版　　次：	2018 年 8 月第 1 版
印　　次：	2018 年 8 月第 1 次
书　　号：	ISBN 978-7-5090-1392-2
定　　价：	58.00 元

如发现印装质量问题，请与承印厂联系调换。
版权所有，翻印必究；未经许可，不得转载！

本书的诞生要追溯至几年前与一位德国的渠道经理的一次谈话。在一次研讨会结束时，他问我有没有关于渠道经营模式的书值得推荐，当时我连一本书也想不出来。那位经理播下了种子，而我则花费了好几年的时间让它生根发芽。

我要感谢 VIA 的同事和合作伙伴们，尤其是萝丝玛丽·瓦特、麦克·怀特、盖依·斯沃布瑞克以及沙伦·戴维斯，他们给了我充足的时间来完成这本书。不论是现在还是以前共事的同事，都无私地与我分享了他们的专业知识和经验。例如，Publicis 的罗伯·阿伯什尔和我分享了他 12 年来的零售经验。他们的观点和反馈均对本书的付梓起到了很大作用。在理论方面，INSEAD 已故的艾琳·安德森教授、Kellogg 的安娜·T. 柯南教授也给予了鼎力支持。当然，客户的重要贡献也弥足珍贵，他们不断地向我们提出高难度的挑战与实质性问题，丰富和完善了我的经验和理论。客户的信任和直言不讳无可代替，道谢再多也不足为过。在此，我要特别对惠普公司的菲尔·达奈尔表达谢意，如非他的远见，我们也不会接下那些令人振奋的项目。

本书的制作完成绝对离不开西恩·达利的功劳，他参与了包括初稿在内的每一页书稿的排版、设计，并重新制作了书中的所有图片、表格。如果还有任何错误，那就应是我的疏忽了。

最后，我还要感谢家人的支持，他们一直为我营造安静的环境，除了给我送茶和咖啡，再无其余"打扰"。只是偶尔会问，最后一章里我究竟是把男管家还是猎场看守人写成了凶手。现在，他们只好承认，这并非他们原本想象的那类书！

本书是我 30 年来以各种角色参与各类分销业务的经验分享及个人总结。我最初是安达信会计公司的一名会计师，近 18 年来一直在 VIA International 公司担任管理会计（VIA International 公司专门致力于市场战略制定与执行）。其间，我有幸与一些全球顶尖的从业者们——当然还有一些最糟糕的从业者们——共同参与分销渠道工作。从许多方面来说，正是那些客户棘手的问题与艰难的形势给我们带来了最好的经验。

在 VIA，我们大部分的时间都在为全球最成功的一些品牌和公司提供咨询服务，做了大量实践工作。这些公司常常面临庞杂的问题，包括渠道重叠或渠道冲突的问题，这些问题影响他们更清晰地了解情况。当知道我们可以使情况更明晰、更客观，并且可以推荐根植于商业逻辑且带来他们所需结果的策略时，他们如释重负。本书探讨了很多复杂情形，不过案例中的企业是匿名的。你也会看到许多现实中的公司与情况，那些都是公开的事实，或者在该行业众所周知的。

更有意义的是，我的很多工作都要深入分析客户开拓市场的分销模式，并研究分销商与终端销售渠道参与者所使用的实际指标和商业模式。为理解本书各部分提到的每种渠道商业模式提供了很好的基础。

当然，我也有幸与许多中小型企业合作，引入投资管理，也就是说，此时我和我的团队主要关注的是销售额的急剧增加。这种增长往往源自新客户群、新市场或新产品，而这些也意味着新渠道的出现。在创建价值主张期间，有一些惨痛的教训，价值主张可以吸引渠道中的不同参与者共同协作发展，这些在本书中都有提及。

本书的内容都曾被讲授给现实中的渠道角色或分销企业中的人士，帮助他们学习那些有助于他们提升并且可以应用的洞察力、观念、框架、启发与实践教训。对于参加这些培训的很多人来说，英语反而成为他们的第二或第三语言，经验成为用术语沟通业务、财务概念的试金石（在销售与营销行业工作的人士非常了解这些术语，反过来，术语又会帮助这些人更好地工作）。

第一部分　引言、商业模式的重要性

第1章　引言
本书面向的读者 // 003
本书所指"商业模式"的定义 // 005
本书的结构 // 006

第2章　商业模式的重要性
分销的重要性 // 009
商业动态所带来的挑战 // 011
商业模式决定价值主张 // 016
利用结构化方法定位你的价值主张 // 019
审慎对比 // 020

第二部分　分销商和批发商

第3章　分销商的角色
分销商/批发商 // 025

消费者的角色——核心功能 // 025

供应商的角色 // 029

供应商角色——核心功能 // 032

第 4 章　分销商商业模式如何起作用

角色决定商业模式 // 035

利润——夹在两个大额数字之间的小额数字 // 036

运用平衡法则管理营运资金 // 037

重要指标及其管理方法 // 040

第 5 章　利润率与利益率

多种利润率 // 041

毛利润率与价值增加 // 041

利润率组合或混合利润率 // 044

边际贡献 // 048

净利润率与营业利润率 // 052

第 6 章　营运资本

营运资本管理 // 055

卖方信贷（supplier credit）// 056

库存天数 // 058

消费信贷（customer credit）// 061

营运资本天数 // 062

第 7 章　生产率

盈利和周转 // 066

存货投资边际贡献回报率 // 068

目录

营运资本回报率 // 071

第 8 章 可持续性
可持续性——企业的长远健康 // 076
净资产回报率和已动用资本回报率 // 076
已投资资本回报率 // 077
价值创造 // 079
基于运营基础管理价值创造 // 084

第 9 章 管理发展
发展动态 // 088
内部资助发展速度公式 // 089
规模经济——利润率 // 090
规模经济——营运资本管理 // 093
发展风险——规模不经济 // 094

第 10 章 如何向分销商销售
向分销商销售的含义 // 096
销售流程 // 097
管理客户关系 // 101
针对强迫商业情况的一些经验规则 // 105
总结 // 108

第三部分 终层交易渠道参与者

第 11 章 终层交易渠道参与者的角色
终层交易渠道参与者 // 113

终层交易渠道参与者的可能角色 // 116

将渠道角色与渠道参与者相匹配 // 120

不同角色支配着不同的补偿模式 // 123

消费者需求引导者与开展销售的参与者 // 128

"合作销售"参与者与战略联盟 // 131

将本框架运用在你所在行业部门或渠道 // 132

第 12 章 终层交易渠道参与者的商业模式如何起作用

角色决定商业模式 // 134

服务直接或间接地(比如,通过网络交付)来自人 // 135

管理服务型企业 // 136

以服务为基础的商业模式 // 150

服务型企业商业模式指标概览 // 151

第 13 章 销售和利用率

销售 // 154

利用率 // 162

第 14 章 毛利润率和可回收率

毛利润率 // 168

可回收率 // 172

第 15 章 营运资本管理

现金流量周期 // 175

改进营运资本的周转 // 177

第 16 章 价值创造和增长率

价值创造和改进数字 // 181

管理增长率——整合产品和服务的商业模式 // 187

第 17 章 如何向终层交易渠道参与者销售

向终层交易渠道参与者销售的含义 // 189

终层渠道参与者的细分 // 190

终层参与者对供货商的期望 // 191

终层参与者对分销商的期望 // 199

管理客户关系 // 203

不同的市场地位应对不同的战略 // 205

以支持者角色和终层参与者一起销售 // 208

总结 // 209

第四部分 零售商

第 18 章 零售商的角色

零售商与零售业 // 213

产品目录和网络零售业 // 217

第 19 章 零售商业模式如何起作用

角色决定商业模式 // 221

盈利与周转 // 227

布局和货架陈列 // 229

排列与销售规划 // 232

第 20 章 重要指标及其运用

销售额(或营业额或收入) // 235

利润率 // 239

直接产品成本（DPC）与直接产品盈利性（DPP）// 244

周转率与生产率 // 247

第21章　如何向零售商销售

向零售商销售的含义 // 250

销售流程 // 251

零售商所面临的挑战及其与零售商的关联 // 251

利用消费者的信息 // 254

消费模式 // 254

互联网的影响 // 254

多种渠道 // 256

新的竞争者 // 257

生命周期与边沿问题 // 258

从战略性高度管理零售合作关系 // 259

从战术层面管理零售关系 // 265

按照零售商的购买周期和进货限额销售 // 270

你应该直接和零售商交易还是通过批发商交易呢 // 273

总结 // 275

重要比率说明 // 277
专业术语表 // 281

第一部分
引言、商业模式的重要性

第1章 引 言

本书面向的读者

本书面向所有从事营销、销售、分销以及其他服务行业的人士，面向所有负责以产品和服务创造商机并满足消费者需求的工作者。如果以下词语与你的工作相关，那么请务必阅读这本书。

- 开拓市场（routes to market）

- 走向市场（go – to – market）

- 分销渠道（distribution channels）

- 市场渠道（channels to market）

- 销售渠道（sales channels）

- 财务或客户关系管理（account, relationship or partnership management）

- 企业对企业型（business to business）

- 企业对消费者型（business to consumer）

本书面向的是那些从事营销、分销、销售以及向其他供应商提供产品和服务的管理人员，也面向所有工作在以上领域第一线的人士。

如果你的工作涉及商业领域，那么本书将会对你有所帮助。本书针对的读者是那些自认为并非财务专家但确信自己需要掌握自己供职的行业及相关领域的经济形势的人。本书旨在为涉及产品、服务营销和分销领域的各方（"参与者"）提供基于实践的真知灼见，并帮助他们发现新的机遇。

同样，如果你通晓经济，但对于分销的特别动态有些陌生，那么本书将帮助你快速入门；我将多年来从个案、策略方法、关系学及各种成功因素中总结出来的经验通通拿出来，不论你是为价值链（the value chain）上链条这头的供应商工作，还是为链条那头的消费者服务，这些经验都非常实用。

只要你是负责处理分销系统中两个或更多参与者的关系的（可能是合作伙伴客户经理、合作伙伴商务经理、渠道经理、销售经理、采购员、项目经理等），就可借鉴本书。当然，对于上述领域中的主管和经理来说，本书也是值得一读的。任何从事这些工作的人士都应当知晓如何向另一方参与者展现自己的商业魅力，以赢取商场胜利，并保持常胜。同时，也应当了解如何在自己的商业领域中为双方（"买家"和"卖家"）建立成功的合作关系。

要想使一种产品获得目标消费者的认可并提高其市场占有率，供应商需要设计并实施独特的分销模式，使其不但适用于中间商，而且也适用于供应商自身。本书正是面向那些准备提升商业业绩，或负责对另一方参与者的行为与活动施加影响从而获取双赢局面的人士。

财经书籍数不胜数，有些是写给专业财经人士的，还有许多是写给"非专业"财经经理的。此类书籍绝大多数所涉及的是生产型企业，也有一些用了一两个章节提到服务型公司。市面上也有关于分销体系和渠道的书，它们通常从销售或营销的角度出发，探讨一些诸如如何最小化分销渠道中的冲突，或提高处理渠道关系的能力等问题。然而，此前还从没有哪本书讨论的主要是分销实体产品和服务公司的商业模式，也没有哪本书是专门针对那些在工作领域中无需具备会计资格的读者的……现在终于有一本书了！

本书的目的不在于教读者如何读懂资产负债表、利润表，或如何解释折旧……不过我当然希望你读完本书后能够具备这些能力。

本书将帮助大家了解：

- 为何运营资本管理对分销商而言非常关键。
- 如果你主管市场开拓，该如何从零售商或分销商那里争取更大的利润空间。
- 如何从供应商那里得到真正需要的资源，以实现增长目标。
- 如何从合作伙伴手中得到更多的生意，即便他们声称你提供的利润不及竞争对手。
- 如果在整个销售系统中所占份额极小，如何才能以小搏大，出人头地。
- 如何保证恰当地分配稀有资源，以实现最高的回报。
- 如何对那些未销售或分销你公司产品的商家产生更多的吸引力（他们的推荐对消费者的购买决策有重要影响）。

本书所指"商业模式"的定义

由于整本书都在探讨商业模式这一主题，所以我在此解释一下我所指的"商业模式"（business model）的具体含义。商业模式是指企业通过商业活动盈利的方式。商业模式以财经形式表达了参与者的商业计划在其行业中所扮演的角色、定位、决策和执行方法，是该行业结构与分销基础设施经济状况的财经逻辑结果。从成本结构、利润、资金流这些角度来看，商业模式是一种静态表现；从成本习性、关键比例数据随业务增长而改变或利润在激烈竞争压力下的习性来看，它也有着动态的表现。举例来说，水管供应商们的经销商与电脑器材经销商的商业模式一定会有相似之处，但又存在差异；更可以想象，图书与奶油蛋糕经销商的商业模式亦有相似和相异之处。这也适用于相同渠道系统下的不同参与者：他们所担当的角色、力量对比与策略，决定在何处以何种方式赚取利润、将资本投向何方以及与经营规模相适应的这些因素的比例也会不同。

本书将向你展现这些因素及其基于商业模式所产生的各种力量之间的联系，并帮助你了解各商业模式下的管理人员是如何在固有的约束力与持续出现的妥协间权衡博弈的。无论你是公司主管还是谈判代表，我们都将带你了解不同类型的参与者提高经营业绩的方法。这些约束力同时也是机遇。比如，许多零售商由于受场地面积或租用成本（若店铺地段优越，租金将高得惊人）的约束，无法囤积太多库存。而有生意头脑的供应商，会以其有效的物流管理能力及时提供货物或聘请代理零售商管理库存，以此胜过那些不具备该能力的供应商。零售商要保证持续的库存，因此，会基于能得到充足货源及持续供应而放弃某些利润空间。将这两方面一起权衡考虑——或量化——看似和销售或营销没有直接关系，但这将有利于获得更为长久的生意，而不是通过提供短期货物供应来获得暂时的市场份额。

可以说，本书是要教你钓鱼，而不是为你捉鱼。书中会讲述主要的"鱼类"，即主要的商业模式及其内在特点，但更重要的是要训练你成为全能的渔手。这样一来，你就能够以各种视角与参与者打交道或进行交易，从各种市场接触到各经销系统对应的商业模式，从而解决问题并获得商机，并掌握能够帮助你取得事业成功的最佳战略战术。

本书的结构

本书将讲解分销系统中各主要角色的商业模式，结构如下：

■ **参与者的角色**——虽然存在一些特例，但在大多数行业中，关键角色都有着非常一致的特点。然而，每个具体行业又会被贴上富有迷惑性的标签，有时候这些标签可在行业内互换通用，有时候又具有特定含义。为了不让那些贴在你所在行业的标签误导你，本书为你解释了这些关键角色，这样你就能辨认出共事的参与者了。

■ **参与者们的商业模式是如何运转的**——每位参与者在分销系统中发挥的主要作用决定了商业模式的基本框架。这些商业模式遵循某些普遍的经济规律，都有一个或多个"重点"，说明了经营中的优先等级。本书会引导你了解商业模式的主要特征，并展示这些特征是如何受各位参与者的角色、行业结构或分销系统影响的。书中用浅显易懂的文字解释了这些商业模式，并提供了非常完整的框架，以重现其中的关键点。本书还提供了每种商业模式下的无数实例来加以说明，让你看清楚市场作用力是如何影响企业状况及业绩的。

■ **重要指标及其在商业中的运用**——书中详尽阐释了所有重要的实用指标、使用方法及使用这些指标的原因。我们通过一些基本标准，使你对每种指标的定义有一定的了解，同时帮助你了解如何更有效地利用它们。书中还会展示指标间的相互作用，以帮助你了解各参与者的管理人员所面临的压力及其讨价还价的能力。我还列举了一些原本走下坡路的企业是如何峰回路转的，并详细解释了那些参与者是如何成功实施战略的。

■ **如何向参与者销售**——一旦你清楚了与你做生意的主管人员的商业目标，就可以自信而言之有据地提出公司的商业计划。你可以展示你的计划将如何优化对方的商业模式。你可以证明，将更多资源分配给你们的产品和服务会对你们双方都有利，而且，将它们投入你想有所增长的部分，也会让他们的投资产生更高的回报。同样地，如果对方要求你做出退让，或投入更多的市场运作资金，你也可以指出这并不会改善其整体表现而以此作为谈判的防御策略。本书的目的就是要增强你的自信心，使你在掌握了整个商业模式的基础上更好地处理与客户之间的关系，并将双方的对话提升到战略的高度。

我鼓励你从头到尾读完本书，从数以百计的个案以及内部观察中学会极其有用的技能技巧，同时也希望当你面临特定挑战或新形势时，你能挑选个别章节进行再学习。书中所描述的商业模式会涉及一些专业知识，但并不是非读不可，如果你正在现实生活中处理类似的情况，那么你自然会理解书中所述的每字每句，并深入认清每则个案了。

尽管本书的目的是通过大量真实、基于实践的案例来引导读者理解商业模式的整体和各个特殊层面，但我往往也会附加上自己的观点。目前，市场上仍存在一些错误行为，需要我们吸取教训，也有很多违背商业逻辑的根深蒂固的行为：市场主导者采用新参与者的战略计划；分销商和中间商对供应短缺的产品折扣销售；随意浪费资本，根本未注意到真正的损失。本书就是要为你提供数年来实打实积累出来的经营经验及内部见解，帮助你避免这些易犯的错误。谨慎一些，否则你可能会发现，竞争对手已先你一步，从你的眼皮底下抢走了胜利果实！

phpp # 第 2 章　商业模式的重要性

分销的重要性

一般来说，消费者购买产品所支付的费用中，约有一半是用来支付产品分销的开支——将产品推销给消费者（和吸引消费者购买产品）所产生的费用。而在近 15 年来，随着生产成本下降、市场日趋细分、传媒与分销渠道日益多样化，这部分费用所占的比例也在大大增加。可以说，在各项成本中，分销成本是最难掌控也是最为复杂的一项。

随着日趋增加的消费者给企业带来更多的不同客户群体，市场也日益细分化。而且，随着产品和服务的推陈出新，竞争更加激烈。简单来说，实物型产品现在可以通过多种分销途径（因国家或地域而不同）销售至不同的客户群体。市场开拓方法大都涉及一种或多种中间机构。例如，批发商、分销商、贸易商、经纪人、整合者和零售商，或者依赖于对消费者具有影响力、号召力的专业人士。例如，建筑师、设计师。不论是采用直销式销售、单层式分销（例如，供应商—贸易商—消费者），还是双层式分销（例如，供应商—分销商—零售商—消费者），公司几乎都不清楚通过某种方式开拓市场到底需要多少费用，更无法知道某一中间机构的盈利能力。我们所研究的每项产业和分销系统中，分销渠道和特定中间机构的成本与利润之间存在着很大差异。那些精于分析、了解分销系统经济模式的公司往往能极大地减少成本投入，从而增加利润或降低产品价格以获得更强的产品竞争力。

- **市场开拓策略决定销路**——如果不能正确地开拓市场，你就无法赢得目标市场。整个20世纪90年代期间，可口可乐公司的最大目标是让消费者轻易地就能买到可乐。我们来看看结果吧：现在，无论何时何地，不需几分钟你就能买到一瓶可乐。而很多工业企业仍苦于寻找销路，他们找不到可能（请注意是"可能"，而不是能够）将产品推向市场的渠道。构建销路成本很高，因为它需要广泛丰富的内部机制和基础设施，以感知市场需求，收集、评估销售预测，部署市场营销策略和推广活动，设计并应用复杂的物流系统。在拓宽市场销路的同时，还要确保流通网络保持盈利并能够应对增长，维持这两者之间的平衡并不容易。你可能希望分销渠道能促进市场对产品和服务的需求，以增加销路。从传统意义上看，这正是外埠市场当地的代理商的职责所在，他们的报酬与销售目标的完成情况紧密相连，而他们只能从供应商的后勤部门获得支持。或者，你希望分销渠道能满足现有市场对你的产品和服务的需求，甚至希望分销渠道能够创造出额外需求。你了解分销渠道所扮演的角色，成本投资与产出的回报相称，市场销路才会起作用。

- **市场开拓策略决定品牌形象**——如果无法合理地开拓市场、有效地管理分销渠道，又将如何履行和实现品牌承诺呢？如果品牌形象建立在产品质量属性的基础上，那么分销渠道也应该重视这些属性。在产品的买卖过程中要重视，在产品出现问题或消费者需要进一步服务和支持的时候更要重视。如何激励、奖励分销渠道会在很大程度上影响最终消费者的体验以及品牌形象。如果品牌形象以产品的低廉价格为基础，那么分销渠道就需要杜绝会导致成本上升的一切不必要活动。

- **市场开拓策略决定产品差异化**——你总是希望产品或产出与竞争者有所不同，而市场开拓策略在其中起着举足轻重的作用。通常情况下，你采用的分销渠道是展示你的产品不同于竞争者的唯一渠道。计算机行业中的戴尔公司就是一个很好的例子，它的产品和竞争产品之间有着超过95%的相似度（芯片和操作软件均来自英特尔和微软公司这些标准供应商），而它的分销渠道——网络直销——是其最大的不同之处。与竞争对手相比，网络直销可以提供更低的价格和更大的灵活性。而直至最近，随着零售和贸易商渠道的崛起，这种优势才慢慢在市场中有所削弱。

不论何时，财务总监总是希望能以更低的成本获得更多的盈利。因此，请务必详细审查营销与分销的成本和收益。面对高额的成本、复杂的形势、对外部合作伙伴的依赖性以及市场的多样性，了解并管理好企业的分销模式至关重要。

商业动态所带来的挑战

从本质上来讲，分销业务相对复杂。首先来说明分销业务中参与者的标准类型，并阐述其在分销系统中所扮演的角色。

在图表2.1中，可以看到分销系统的三种基本架构：

- **直销**——这种架构中，在产品销售给消费者（或某些特定的消费者）之前，供应商自始至终拥有并管理着价值链上的所有资源。随着网络的广泛应用，网上直销变得切实可行，采用这种模式的公司也日益增多。成功的例子包括计算机行业的戴尔公司、走低成本路线的easyJet航空公司、证券业的嘉信理财以及服装业的Lands End。通过采取直销模式，这些公司提高了客户便利程度或（和）降低了成本。除此之外，通过与消费者的直接接触，他们还增强了对客户的洞察力，从而能够及时调整价格和促销手段以应对供求方面出现的问题。这种模式也包括销售代表这一渠道，他们常出现在大多数企业对企业型的合作中。

- **单层式分销**——这种架构因在公司和消费者之间雇用一类中间机构而得名，这类中间机构可以帮助公司增加产品覆盖范围（比如，海外代理人）、提供特殊服务以完善消费者需求（比如，温室安装人员），或者为消费者在现有分销渠道内提供产品（比如，零售商），毕竟让供应商自己去说服消费者改变购买习惯是不现实的。这种销售形式的优势在于供应商通过中间机构可以时刻便捷地接触到确定的消费者群体或者可以利用中间机构的投资，比如，海外代理、仓库以及信誉良好的销售代表。而劣势则在于需要向中间机构提供适量的交易保证金。而且，由于中间机构同时销售多个品牌（包括竞争对手的产品），因此，他们并不会全身心投入某个品牌的销售（想一想一般的百货商店中有多少种软饮料或者谷类食品就知道了）。另外，中间机构的介入使得供应商离消费者远了一层，而供应商只能根据中间机构的意愿或与其签订的合同获得相应信息，这一点是这种销售模式的主要缺陷。

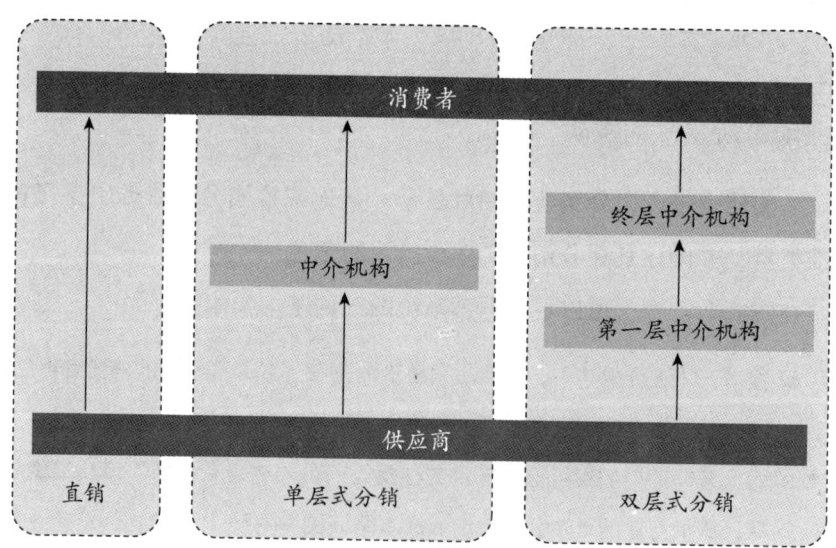

图表2.1　典型分销架构

- **双层式分销**——很多市场中都潜藏有数以千计的中间机构，为供应商渴望接触的客户群体提供着服务。每个中间机构可能每月只完成几次销售。

对于如此小的销售量，其利润不足以填补供应商找到这些机构并与之建立商业合作关系所消耗的成本。试想，你是某家美味太妃糖的制造商，你需要接触全国成千上万名小男孩和小女孩［还有品位独特的家长和（外）祖父母］，满足他们的需求。他们希望能在当地的报刊亭、电话亭、车站、机场、加油站便利店、糖果商店和大型超市的糖果专区买到你的太妃糖。要将太妃糖销售给全国几千家这类商店，在推销人员和基础设施上所花的成本会高得令你却步。但幸运的是，已经有人为你解决了这一问题，他们提供现金结算式发货仓库，而上述的这些商店会每周来此补充他们的库存一两次。要与这些人取得联系，你只需将产品运进这些现金结算发货仓库（将会在第 10 章提到这项挑战），而且现在你经营的是一个双层式分销系统：从你到现金结算式发货仓库到卖杂货的小店再到消费者。你会在电脑业和电信业看到类似的模式：有数以万计的本地交易商为中小型企业提供服务。这种销售架构的优势在于其调节作用、低成本高效率，使供应商能够拓宽、扩大低额市场，但这种架构的代价却是远离消费者和市场。

- **多层式分销**（未出现于图表 2.1 中）——该架构与双层式分销模式原理相同，只是多了接触最终消费者的几层中间机构。也许是受到复杂地理或经济情况的影响，很多竞争激烈的市场中会涉及多方参与者，比如，津巴布韦的香烟小贩会从本地商店购买一包香烟后，自己再按支售出。联合利华在很多新兴市场销售仅够一次用量的香皂，而这些香皂又被多层交易商购买和转售。在中国，产品经过六七层分销渠道后，会被转移至远离东部沿海繁华商业中心的中部地区。

- **原始设备生产商渠道**（未出现于图表 2.1 中）——如果一家供应商制造出的产品需内嵌于另一家供应商的产品中，那么这家供应商就被称作原始设备生产商（OEM）。这类产品包括电梯升降机中的电动机、电脑中的芯片，等等。电机和芯片本身不能成为完整的产品，所以如果要进入市场，首先就要进入原始设备生产商渠道（电梯升降机生产商或电脑制造商），之后才能以完整产品的一部分进入本书之前提到的单层或双层分销渠道。虽然这种渠道所连接的主要是原始设备生产商及其消费者，但是英特尔公司著名的"Intel inside（内有英特尔）"营销活动证明：即便采用原始设备生产商渠道开拓市场，也不能忽略终端用户市场的存在。

单层或第一层中间机构，如分销商或批发商，通过平衡自身资产和基础结构为供应商创造效率和成本效益。他们需要冒风险投入长期固定成本而获得短期收益。为了妥善协调两者之间的关系，这些中间机构往往会非常依赖于一些重要的关系。他们必须谨慎处理，稍不留意，这些关系就可能会改变。这通常是快速经营业务，需要投入大量资金或（和）人力，而且很多行业中的快速经营业务通常无法带来高回报。图表2.2是一组分销商的业绩评估结果。从中可以看出，没有几家的资本回报率在20%以上——而资本回报率高于20%才能应对该行业的潜在风险。

终层中间机构的业务形式可以有很多种。如果是企业对企业型的销售，中间机构一般会运用自身的特殊技能为产品提供各项服务，而这些技能需要不断补充、发展和保持。这也就意味着，这些业务可能需要投入相当高的固定成本，但收益却很不稳定，或只能视项目多少而定，从而使利润率受到很大威胁，并导致公司现金流吃紧。为了生存，他们需要专注于为一个或多个明确的客户群体提供服务；而为了寻求发展，他们则不得不投资开发出额外的具有销售优势的资源。如果是企业对消费者型的销售，他们需要不断调整库存水平以应对需求波动（有时是季节性的），在避免出现空货架、不错过销售时机的前提下将库存减至最小。如今，如何将宝贵的零售空间留给独有产品、有竞争力的品牌产品和个别品类已成为一门科学。英国主要零售商桑斯博里（Sainsbury）在21世纪初提出的新信息产业系统漏洞百出，导致基本销售品库存短缺，凸显出作出明智决定的困难以及错误决定所带来的巨大损失：丢失巨大的市场份额，股票价格下跌，首席执行长官和多名高层管理人员离职。

图表 2.2 特定商业部门的分销商经营业绩表

部门和分销商	毛利润率	营业毛利率	净利率(税前)	库存周转率	投入资本回报率	历史市盈率(2007年11月)
建材产品						
特拉维斯·帕金斯	35%	10.2%	8.1%	6.3	12.3%	8.6
沃斯利集团	28%	5.9%	5.4%	5.2	15.1%	9.0
化学制品						
阿施兰德化学公司	17%	2.4%	2.9%	11.3	4.7%	12.9
AM Castle & Co	18%	7.1%	7.1%	6.0	11.4%	9.6
电子行业						
艾睿电子	15%	4.4%	3.8%	6.8	13.0%	10.3
安富利	13%	4.2%	3.7%	7.9	12.9%	11.6
Electrocomponents	51%	9.2%	8.8%	2.5	17.0%	16.4
信息技术						
英格雷姆·麦克罗	5%	1.3%	1.2%	11.1	11.5%	13.54
贝尔公司	7%	0.8%	0.1%	9.3	0.6%	无
新聚思公司	5%	1.5%	1.3%	10.2	14.3%	11.67
ScanSource	11%	3.8%	3.5%	6.5	15.9%	19.97
美国技术数据公司	5%	0.0%	-0.2%	13.1	-2.2%	21.33
药品与保健产品						
亨利·施恩公司	29%	5.9%	5.7%	6.3	15.4%	23.67
美源伯根公司	4%	1.2%	1.2%	15.5	18.1%	16.43
麦克森公司	5%	1.4%	1.4%	10.9	16.1%	20.56
卡地纳健康集团	6%	1.6%	1.4%	11.1	11.5%	26.75
办公用品和商业产品						
联合文具公司	17%	5.2%	4.8%	5.6	23.5%	13.04
Corporate Express	30%	4.0%	2.5%	8.5	5.7%	16.39
多部门						
通用配件公司	31%	7.6%	7.4%	3.2	25.3%	16.27

本书会在后面的章节深入讨论这些运作模式，以及如何管理不同的商业模式，不过，不论你是在直接管理这些模式，还是以供应商或消费者的身份参与其中，相信通过这部分介绍，都已经意识到了这些商业模式的挑战性。这种复杂性是一种机遇，它将为致力于精通经营模式的参与者带来优势，而惩罚那些敷衍了事的参与者。

很多公司使用多种分销模式以完全覆盖市场，使产品尽可能接触到不同的客户群体。然而，以多种分销模式和分销渠道运营可能会导致渠道冲突。比如，两个以上的渠道参与者同时向同一个消费者推介同一种产品。虽然并不能说这完全是件坏事（试想不同的零售商同时销售亨氏茄汁焗豆），但是渠道的多样化可能意味着有些渠道在不经意间享受到了渠道多样化带来的好处，甚至有些则纯粹依赖他人的劳动成果，"坐享其成"，这并不利于将产品打入市场。例如，为了向消费者展示其品牌下的音响设备的独特优势，某家高保真音响专门店投资建造了录音室，并对推销人员进行了培训，然而如果消费者能在街角的好市多（Costco）折扣仓储店以七折的价格买到同样的产品，那么这家音响专门店就可能收效甚微。虽然本书不会涉及如何策略性地管理分销渠道，或者如何妥善处理渠道冲突，但充分了解两种渠道参与者不同的经济运作形式，可以确保你从客观的角度面对挑战。

商业模式决定价值主张

虽然每家供应商都希望产品和服务无人能及，仅凭产品和服务本身就可以大卖，但实际上几乎没有哪个品牌可以达到这种境界，即便暂时做到了这一点，也会很快被竞争对手赶上。所以，告诉渠道商你的产品极受消费者喜爱的说法几乎没有任何说服力。分销渠道会将你产品的受欢迎程度只看作是你商业主张的一个方面，即衡量产品销售率的一个指标。在了解产品能带来的所有利润、销售和支持该产品所需要的成本、大致的产品生命周期、大致回报水平、保修情况以及你的促销投入之后，中间商才会制定需求量（包括直销给消费者的需求量与经由他们销售至其他中间机构的需求量）、库存需求、相关产品与服务的销售机会以及商业模式其他方面的具体要求。它整合了商业关系的各个部分，这种商业关系决定着供应商能否在分销系统中占得先机。

> 像嘉实多（BP Castrol）或壳牌（Shell Lubricants）这样的润滑油供应商就是个很好的例子，这两家均销售大体相同的产品，即汽车、船用发动机和工业、农业发动机所用的油。当然，每家公司都会为他们品牌的技术优势提供详细的科学依据。但是，作为消费者，把车送去保养的时候，你真的介意他们所用润滑油的品牌吗（开法拉利的人除外）？那么壳牌和嘉实多是如何说服销售商和分销商帮他们将产品打入市场的呢？要知道答案，你要了解这些交易商采用的商业模式。很多交易商都是独立的小型汽车修理厂，他们的现金来源都很有限。润滑油供应商争相为他们提供经费购买大型设备，比如，液压升降机、电脑诊断仪器，甚至还有装填新油和排放残油的存储设施。而供应商所要求的回报就是与他们签下长期合同，保证只购买自己品牌的润滑油。他们的价值主张完全是针对交易商的商业模式制定的，跟润滑油本身没有任何关系。

再看看另一个惊人的例子。那些希望产品进入零售商销售目录的制造商们深知，一份长达几百页的目录，每次至少印刷几十万册，而每年要印一次或多次，对零售商来说，制作和印刷这些目录所需要的成本无疑是一笔数额巨大的投资。仅凭为这些零售商提供季末追溯折扣（前提是完成销售目标），很难让目录买家相信你的公司确实想在目录的相关部分大力推广产品。你会发现，在你失去机会的同时，却正在为竞争者大开方便之门。明智的供应商会认准机会，设法为目录买家解决印刷成本问题，并预先拿出资金购买主要空间和版面。这说起来简单，但是很多惯于跟传统零售商交易的公司却很不适应。除非最高管理层充分了解了渠道的商业模式，否则他们不会轻易调整营销资金投入模式。

如果你的角色涉及通过渠道伙伴来联系业务，了解其商业模式的运作就显得格外重要。只有这样，你才能向他们传递公司的价值主张。在渠道伙伴商业模式中，你需要了解能接触到哪些操纵杆、如何将你的主张与那些操纵杆联结起来。正如在前面例子中提到的，这些操纵杆可能来自渠道经营的各个方面，并不局限于产品的利润或销售率。但这还不是全部，你还需要认清自身的商业模式，找出竞争对手无法比拟的独特优势，然后想办法把你的这些经销渠道转化成具有竞争力的价值主张。

举例来讲，如果你的产品市场占有率名列前茅，那么你应当为单位成交价较高的部分不断寻求固定成本投资，从而获得较低单位成本。你可以采用全国性媒体进行宣传，为渠道伙伴增加贸易量和销售机会；你也可以优化供应链，当渠道遭遇需求波动时，你的物流能表现出更为迅捷的反应能力。

> 在美国，每逢重大节日，各大食品连锁店都主推可口可乐而非百事可乐，因为这些连锁店知道可口可乐公司每天可以做三次补给，不会让他们在七月四日或超级碗比赛当天缺货。但百事可乐公司却无法做到这一点，因而即便对每个售出单位追加折扣或返利也无法赢回失去的生意。由于拥有所有重大节日的生意，可口可乐公司成为了该类产品的主导。通过这种方法，可口可乐利用独特的优势击败了对手。

成功的供应商可以走得更远，并了解"内在商业模式"，了解支持产品和服务的商业模式如何与分销渠道商业模式从根本上保持一致。他们会清楚地知道自己是在阻碍渠道的业务还是推动着重要指标的发展，比如，利润、销售量、库存水平、信贷额度等。正如本书中展示的每种分销商业模式，书中谈到了很多切实可行的措施，也指出了认清有效措施的重要性，它们不能通用于所有商业类型，而要视具体合作伙伴而定。

利用结构化方法定位你的价值主张

本章的所有重点都强调的一点是：作为供应商，你需要了解下游（靠近消费者的）渠道合作伙伴的商业模式，建立并传达颇具竞争力的价值主张——正如终层中间机构需要了解消费者的行业以便提供最有效的服务一样。你需要采用结构化方法来定位价值主张，确保为赢得先机所采取的方法有充分的依据和逻辑支持。

图表2.3展现了结构化过程中的关键步骤和需要处理的重要问题。请注意它是如何让你考量对手动态、认清自己在建立价值主张上的强项，并根据分销渠道的目标找出最佳定位的。

分析渠道的商业模式	认清自身独特优势	认清机遇	发展并销售价值主张
• 什么是渠道的商业目标？ • 渠道的主要经营方式是什么？ • 渠道的核心经营战略是什么？ • 渠道运行状况如何？ • 渠道的最大威胁和弱点是什么？	• 你最独特的长处和强项是什么？ • 怎样部署它们才能使渠道获利？	• 如何帮助渠道实现目标？ • 竞争的作用为何？ • 市场中存在哪些空白？ • 如何改进你的状态？	• 你价值主张的核心是什么？ • 它影响到哪些渠道经营方式？ • 竞争中，渠道有哪些独特优势？

图表2.3 定位价值主张的结构化方法

很多供应商都要求客户经理成为值得信赖的咨询顾问，为他们的主要分销商服务，与这些重要经销伙伴发展互相依赖的战略伙伴关系。这就需要他们很好地了解和理解重要合作伙伴的商业模式。只有做好这些基础工作，客户经理才能提出独特的投资建议，从而使公司的价值主张更加与众不同。

在某一特定群体内，与众多渠道合作伙伴一起工作的客户经理需要了解特定渠道的商业模式及其基本原理。这对他们提高销售新产品与新项目、推出新条款的能力至关重要。每个行业的分销渠道对那些努力了解他们经营情况的供应商都给予了非常积极的回应。如果他们相信供应商最终能使他们的交易升值，就会更大度地与供应商分享信息。

为了获取最大限度的竞争优势，对商业模式的深入见解需要在供应商的整个机构内部传播并贯彻实施，而不能仅停留在销售前沿。每个行业都有很多这样的事例：由于不了解渠道商业模式而开展一些项目和促销活动，结果却发现渠道未能在其中抢占先机。更糟糕的是，即使会影响自身的经营状况，一些渠道也会因担心影响与供应商之间的关系而接下某个项目。季度末的"渠道填塞"情况就是一个明显的例子，它迫使交易商将大量产品囤入仓库以帮助供应商完成季度末指标。我们会在第 4 章中说明这为什么会给供应商和销售渠道带来灾难，并最终迫使他们大幅降价来清理过剩存货。这种做法大大降低了利润，甚至会导致无法支付资金、库存、折损等额外开支。这还不包括如下影响：贸易惯例的扭曲、给市场定位带来的冲击，以及将这些"滞胀"从渠道交易中清除干净的更为长远的负面影响。如果产品和项目经理与高层管理人员能够通过充分了解渠道——产品走向市场的必经之路——的商业模式，了解他们的行为可能带来的结果，就会降低这类错误的发生率。

审慎对比

本书使用了很多实例，其中包括许多真实发生的经济和经营指标。你一定会发现自己在把它们和你、合作伙伴所运用的指标进行比较。请务必留心这善意的提醒：谨慎，谨慎——比较可以用来提出问题，却不能提供答案！

即便是核算同一标的，也会有多种方法；即使是最有成就的专业会计，也可能看到他意想不到的核算方法。正因为不同的行业之间存在差异，人们才不可能找到一种让每个人都能持续得分的方法（尽管上市公司的财务报表是所有已公布的财务报表中受管制最严格的，人们却愿意花大价钱请金融分析师解读这些报表，这正是其中的一个原因）。这说明，当你将两家企业的数据和指标相比较的时候，将很难找到两者的相同点。

> 拿两家拥有相同交易年限、相同资源且年底都有大量库存并积压至今的公司来比较。A 公司非常谨慎（由一位会计师经营），只要产品在仓库内存放超过 3 个月，账面价值就会削减一半，存放若超过 5 个月，其价值就被视为零。而 B 公司则显得乐观一些（由一位商人经营），产品存放 6 个月后，价值削减三分之一，存放 12 个月后再削减三分之一，存放 18 个月以上才将其价值降为零。以上是他们对产品价值的判定，而且两者都符合会计准则（假设库存产品价格永远不会高于其市场售价），但却会产生大相径庭的财务报表：在当年年底，与 B 公司相比，由于 A 公司降低账面价值影响了利润，所以上报的利润会少很多，同时资产负债表的资产数额也会小一些。但是到了第二年，情况可能会发生逆转，因为随着产品被清出，A 公司能赚取相当一笔利润来应对库存削价带来的损失，而 B 公司却不得不遭受更接近于产品原价的高账面库存的打击。

这个简单的例子比较了同一行业中不同公司所存在的危险性。而如果将不同行业内的不同公司相互比较，或将经营不同业务的几个公司相互比较，问题会更为复杂。例如，比较乐购和桑斯博里就会出现很多问题。虽然两家公司的总部都在英国，但乐购已大大扩展了海外市场，在泰国、东欧和其他地方都有大规模经营业务，而桑斯博里却没有海外市场。同样地，乐购拥有大规模网购（送货上门）业务，但桑斯博里却没有；还有，乐购的非食品业务经营得也比桑斯博里大。这两家公司不仅由不同的商业模式混合组成，而且如果乐购为处于起步阶段的经济活动注入大量资金，那么它现阶段的业绩就可能会显得低迷，不过这些投入会在将来得到回报。单纯比较数字却不能洞悉这些企业的内部情况以致得出错误的结论，甚至错误地判断谁是更好的零售伙伴。当尝试解读经营方式和财务措施时，要尽量用更多的内在业务知识来武装自己。

虽然与公司间的比较相比，将同一企业与上年同期相比时，其结果可能会趋于一致，但也经常出现复杂的情况。管理层人员变更经常会导致对危机的不同看法，在决策时出现分歧——看看任命新总裁后发生的情况就知道了：上一任总裁的决策通常会被全盘修改，第一周期的情况包括大幅度降低账面价值，以为未来几年状况能有所改善做好准备。如果在这种情况下进行同期相比，得出的结论将会很危险。会导致混乱的其他因素还包括所有权变更，新的总公司会实行新的会计政策，尽管如果新旧会计政策有所不同，会按照新政策重新计算上年的情况（且仅限上年）。最重要的一点是，要使用财务因素、基准模式和比较的方法帮助你提出明智的问题，而不是匆忙得出结论。本书余下的部分会帮助你提出正确的问题，使你能够理解甚至预测出答案，这样你就能更好地运用分销商业模式来提升业绩了。

第二部分
分销商和批发商

第3章　分销商的角色

分销商/批发商

为方便行文,本书把分销商与批发商等同对待;在商业模式的术语中,它们本身也是同一个概念。本书将分销商看作向其他中间环节提供服务的中间商,比如,为小型独立零售店提供现购自运式服务,或是向管道工、施工人员等提供批销贸易的建材供应商,抑或是为许多电脑或电子设备交易商提供服务的广产品线分销商。也就是说,我们所定义的分销商只存在于双层式(或三层式)分销模式中,并且在考虑这个群体时一定要把消费者和供应商两头都联系起来。

消费者的角色——核心功能

从消费者方面来说,分销商充当着多面手的角色,并且每个角色都很重要,但又都集中在"一站式"购物的理念上。一般来说,这些分销商的客户是小型的独立买卖商、交易商、零售商等。就这点而论,他们无法承受从上百家供应商那里直接采购码货的复杂性与成本,而这些产品又与他们自己向终端消费者提供的产品密不可分。如果这些终层的参与者能直接与一定数量的分销商建立交易关系，从他们那里买到绝大多数所需商品，则更为简单有效。而对分销商来说，他们能够提供各种服务，如此大大显示了他们的力量：作为整体，他们扮演了货源提供的不可缺少的角色；作为个体，消费者又能在他们之间任意选择（见图表3.1）。

图表3.1　分销商为消费者提供的常见核心供应与可选服务

常见核心供应	常见可选服务
• 一站式购物——货品范围及供货能力	• 采购产品 • 背靠背式订单 • 简化供给物流
• 拆包	• 委托管理库存 • 重新包装
• 赊销	• 延期赊销，项目贷款
• 一级技术支持（预售）	• 二级技术支持（售后）——对支持的有效外包提供者 • 技术培训
• 物流——运输	• 物流——将货物卸给最终消费者
• 订单合成	• 项目管理——协调几个供应商的供应并配送给多个地点
• 产品信息	• 营销服务——有效外包提供者

值得注意的是，所谓"一站式"购物并非一定指消费者会在同一时间购买数百项不同的商品。实际上让人吃惊的是，在无数行业领域中，同一时间购买或结算在同一张发票上的不同类商品的平均数是"2"（比如，砖和灰泥两样商品，而不是说两块砖）。真正的"一站式"是指，消费者期望能从分销商那儿买到任何所需商品，而无需等候或者被排在购物者名单上。消费者很有可能基于价格、货源丰富情况、便利程度、成本等因素，

权衡利弊后进行挑选。对于许多行业的分销商来说，他们的一天是从早上向询问者报价、报货源准备情况开始的，整个下午都在接订单、调货，而在工作临近结束时才迎来整天中的高潮。对于分销商来说，最重要的便是能按需提供商品，为消费者节省或最大限度地减少所摊派的库存成本。通常情况下，分销商都有能力提供上千个库存单元（SKU）的商品，可保证向全球范围内提供货真价实的"好货"，当然，也有许多"一般货"。比如，汽车零部件分销商就持有成千上万种零部件，可以24小时向各维修站与工厂供货，后者再为消费者提供汽车产品和维修服务，其中甚至有已断货好几年的产品。

隐性营销也是分销商供货时的一个价值主张，不论对客户还是其供应商而言都具有商业价值，这被称为整批拆售（breaking bulk）。大多数分销商会将大批货拆成接近于终端消费者所需要的数量进行销售，比如，在酒类销售中，他们会把白酒和葡萄酒分成一箱一箱的。许多分销商根本不会做什么真正的"批发"销售（大批量供货），而只是零零散散地售出，因为客户会不断地根据终端消费者的需求返回来进货，这样做会更有效。虽然不同行业的情况有所区别，但除了最重要的商品外，交易商与买卖商的确不愿意持有大量库存，他们将是否能在分销商那里以零售的数量进货视为关键的权衡因素。

赊销（credit）是分销商向客户提供的核心优惠政策，以使客户在不用付清整个交易流程和终端消费者的应收款项的情况下，就能进行产品运送、安装、组合。如果遇到买卖商与交易商从三家或三家以上的分销商处采购，以使自己获得最大化的赊销特权时，资产的流动形式通常也会被加倍扩大。分销商会根据当地市场和自己的贸易经验设定合理的赊销限额，同时将赊销所产生的坏账等风险分散到各种贸易关系中。

大多数分销商都会提供某些级别的技术支持（technical support），通常是在售前基础上进行的（因此也是免费的）。技术支持是销售过程中必不可少的一部分，尤其是针对新产品和技术革新销售时更是如此，同时，从简单的"这样是否有效、是否能与系统中的其他组件匹配"等咨询转向确认供应的产品是否合适，再到高端技术行业的复杂配置活动运作。技术支持也有可能延伸到售后服务中，以排除故障的方式，解决可能出现的产品瑕疵或配置等问题。作为此种销售对渠道终层的延伸，分销商经常还会提供产品营销推广品（product marketing collateral），以帮助新产品顺利销往终端消费者，同时，支持着整个产品营销沟通过程。

　　不同行业、不同市场均有自己的一套配送物流（logistics）标准。在某些行业中，分销商可以免费提供此项服务，而有些行业中的分销商则对货物少于一定数量的订单收取费用，还有些分销商会希望客户自行提货。如果某分销商的库存已用完，或某种产品断货，会从供应商处调货，到达后再运送给客户。通常情况下，随着许多行业日益成熟，各项成本开支都更为透明，运输费与核心产品的价格是分开的。针对这一情形，分销商要想回收某些或所有的运输开支就变得越来越困难了。诸如对小笔补货所收取的额外费用等，经常大大低于其实际的运输成本。分销商常常并不清楚服务中的真正开支，于是在收取附加的运输费时就很随意，因为不愿意疏远客户。而与此紧密相关的是订单合成配送（order consolidation），即通过等待将来自不同供应商的不同货品合并成一个完整的订单后配送，以尽可能减少客户的运输成本。

　　上述所有环节（也许运费例外）产生的费用都已包含在消费者为购买产品所支付的费用中了。可以提供的一切额外可选服务已超出了核心主张，因此，不包含在产品价格中，需要单独付费——可能算作服务费，也可能算在每件商品的交易成本中。通常，这类可选服务是随着产业发展成熟后出现的，此时核心价值主张的利润空间逐渐被压缩，分销商需要不断发掘有利可图的新资源。而对于终层参与者来说，这种竞争压力同样存在，他们要尽量避免那些与其差异化没有主要联系的活动，并在委托代销的基础上求助于分销商提供这些服务，尽可能善加利用分销商资源和能力。此类资源、能力可涉及供货方面，比如，有关门类产品的货物寄存（consignment stocking）（见下页小专栏）或是跨多家供应商、将货品运往多处而出现复杂的多种运输形式的项目管理（project management），或者是货物直运（drop shipments），也即分销商代表终端渠道，将产品直接运送到终端消费者手上，甚至还包括包装与提货单（表面上看是从终层参与者那里发出的)。分销商有时甚至开具发票，以及完成价值链中所有有关成本支出的实际操作事宜。如果分销商办事高效，那么省下的这笔开支可在分销商、终层参与者和消费者（通过降低价格的形式）之间分配。

> **货物寄存**
>
> 在一些尚未发展成熟的市场，财务情况和分销商资本都比较吃紧，于是常常通过货物寄存的方式来资助市场扩展与渗透。例如，"柏林墙倒塌"后紧接着的几年中，许多公司纷纷"抢占地盘"，奋力抢夺市场。大批美国和欧洲的公司均采用货物寄存的方式资助分销商，填充货架、库房，应对竞争。BAT 公司就冒险为其位于克罗地亚的分销商进行货物寄存。在当时那种不稳定的市场环境下，这确实是惊人之举，他们签订的货物寄存协议中，居然没有指出哪一方将为可能会出现的坏账负责！这一事例很好地说明了在市场开发的早期阶段，商家应采取措施、积极应对风险以攫取市场份额。

还有一些与交易过程不直接关联的定制服务，比如，开发、选择新的供应商（sourcing）或新产品与外包市场。在这种情况下，分销商扮演着营销服务（marketing services）供应商的角色，他们的服务对象是那些不愿意深入内部采购活动的终层参与者。如此一来，终层参与者便可以更深入地投入营销活动中，将精力放在一年中的关键时段，而不用在其他时间承担经常费用。同时，他们还有可能深入地接触到专业营销技巧，这些技巧是其销售级别所不能获知的。从技术领域来讲，这可能与二级技术支持和售后技术支持有所重叠，终层参与者可能无法在其内部进行此过程，但可以转包给分销商。

供应商的角色

根据产品品类、产品生命周期、供应商所占的市场份额以及分销体系中终层参与者的密集度等因素，分销商可为供应商提供各种不同服务，以下将会有所描述。但不管出现哪种情况，分销商的最主要角色仍是将供应商引入市场，而且在供应商选择进入市场的某一部分或整个市场时，分销商的有效性都将有着至关重要的影响。

可选模式

以下分销类型是根据其所处的商业模式划分的（见图表3.2）。

- 增值型分销商（value added distributors）——这类分销商的重点放在分销领域有限的产品上，也就是说，市场上刚出现了少量，甚至只有一个该类产品的分销商。这有可能是因为市场本身就很小，或者相关的供应商才刚刚进入市场，抑或是因为该产品技术还处于生命周期的早期阶段。不论出于上述哪种原因，供应商都希望分销商能高效而积极主动地招募并拓展能引导产品到达市场正确部位的终层参与者（他们通常是非常专业的）。于是，市场拓展便成为其对供应商的主要服务。分销商此时的任务便是通过营销和积极的销售活动，创造市场对该产品的需求，其中包括强化培训终层渠道参与者、联合销售、尽其所能提供广泛的售前技术支持等一系列活动。为了做到以上这些，分销商需要投入大量时间和资源去掌握该产品的技术和市场信息。而实现这一切需要有不菲的投入，因此，分销商希望获得较为丰厚的利润，以弥补对每笔销售的投资，而且，事实上，此类产品的初期销售量也相对较低。

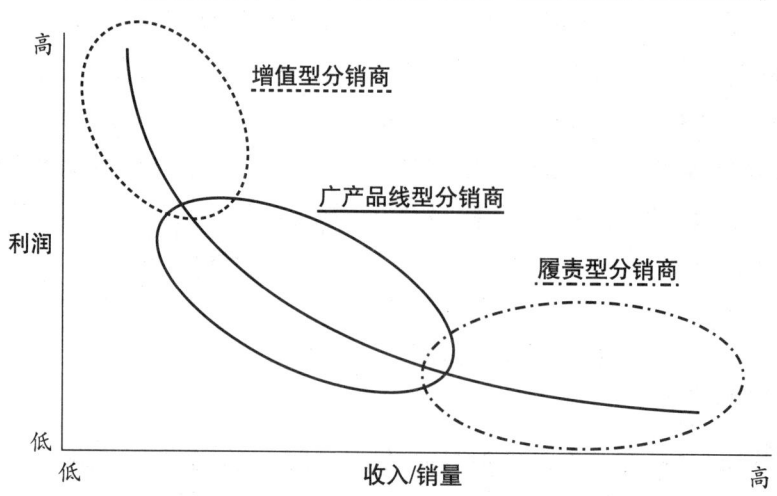

图表3.2　根据商业模式定义的分销商类型

■ 广产品线型分销商（broadline distributors）——正如其名所示，这类分销商覆盖了市场上的主要销售领域——不论是从其持有的产品丰富度还是从其市场占有率上而言都是如此。他们对供应商所作的主要贡献便是开拓市场，覆盖供应商需要进入的大部分或所有渠道，而为了进入这些商业渠道，供应商需要掌握很多业已稳定的合作关系，能得到有效回馈的长期营销与沟通工具（分类目录、电子邮件推广系统、网站等）。此类市场中，往往有多名分销商参与竞争，于是也营造了价格竞争激烈的环境，导致较低的产品销售利润。供应商会支付营销工具或促销活动的费用，因为此类花销是正常产生的、买卖利润所不能摊派的。在这种情况下，广产品线型分销商可以更好地服务于市场占领者，其业务规模保证了产品服务的可见性，且更易于分销商的市场销售团队的沟通。然而，有些品牌会更进一步，希望能更好地影响分销商的资源——比如，出资雇用一位专门的产品经理。小一些的供应商则经常需要努力确保分销商对自己产品的关注度，而且为了不分散注意力，可能会将市场独家分销权授予某一分销商。随着市场逐渐成熟，广产品线型分销的联合会导致供应商能选择的分销商数量减少，相反，分销商的实力却得到增强，他们能从供应商那里得到高折扣和回扣。（在行业商务洽谈会上，你可以观察，到底是分销商在讨好那些大供应商，还是大供应商在讨好分销商！）

■ 履责型分销商（fulfilment distributors）——这类分销商操作的产品市场是"买入型"而非"卖出型"的。比如，售后市场产品（aftermarket products）和消耗品，这类产品不需要营销，且销售量是根据价格、供货能力和获得的便利程度而定的。事实上，履责型分销商是供应商的物流"发动机"，供应商必须主动负责品牌宣传，创造品牌知名度，使产品获得终端消费者市场的青睐。此类产品的利润很低，因此，分销商会大批量买卖，并使用高效的操作手段，竭尽全力减少不必要的活动，化繁为简。分销商需要极丰富的货源，以使每件产品的薄利累加起来足以抵消基本的运作开支。订单会从网上而不是呼叫中心源源不断地飞来，仓库则完全是高自动化地集中运转着。那么，该如何区分履责型分销商和纯粹的物流公司（比如，Fedex 或 UPS）呢？主要可以从两点看出两者的不同：第一，这类分销商须担当库存的风险，须根据自身的投资管理经验寻找需求与供应间的平衡点；第二，他们要承担赊销的风险，必须准确运用对当地市场的专业知识。供应商对履责型分销商的补偿可能通过分配产品利润的形式进行，或者（最近尤其如此），对每笔交易协商一定的费用，因为除销售价格外分销成本相差无几，这确保了小金额产品不用像保证金交易那样由大金额产品来补贴。

供应商角色——核心功能

从前面所描述的不同分销商模式可以看出，对于供应商来说，分销商主要有两大核心功能：需求产生与完成供应。额外功能包括：提供市场信息，作为外包前台，在一个区域代表供应商，或者提供外包服务与支持功能，向终层渠道甚至在某些情况下向终端消费者提供担保与技术服务。

随着供应商越来越多地将重点放在核心活动中，他们将分销商视为可外包非差异化活动的合作伙伴。由于这些活动的投资、成本与盈利率不同，分销商正在将他们的业务进行分割，由不同部门提供专业化服务。这使得他们得以调整定价与商业模式，避免服务的交叉补贴，从而增强竞争力。这些服务的本质因行业而不同，但有一些代表性案例，具体见图表3.3。

注意，除交易利润与分销商折扣外，"标准核心贡献"所列出的很多活动都需要收费，特别是提供售完信息、参与销售的佣金（涉及对销售人员奖励的短期促销活动）、市场营销资料与目录。很多分销商的营销部门是利润中心，通过提供创新性营销工具和活动，从供应商那里获取营销发展资金。

因产品或区域不同，分销商可能对需求产生起着积极作用，在客户中积极地增强认知与销售能力，而其客户又在终端消费者中促进销售。通常来说，供应商会与分销商协商一年的销售目标，并且根据销售额给予分销商高额折扣，或通过回扣及其他激励手段来表示对完成目标的奖励。

供应商可能有很多待销产品，从几十个SKU到数以千计不等。这些产品的销售情况通常符合帕雷托法则，即20%的SKU创造了80%的利润。由于利润率与消费服务的原因，供应商希望分销商能销售所有产品或者一大部分产品，来保证完成供应。合同可说明对每类产品的库存保有要求，或者，对于一定范围的产品存货支付费用或给予激励。在很多情况下，保留库存符合分销商的利益，处理一次性SKU延期交货的无补偿费用可能会超过存货成本。

图表3.3 分销商向供货商提供的常见核心供应与专业化服务

常见核心供应	常见专业化服务
• 需求产生 —渠道招聘 —渠道客户与数据库 —营销资金调配 —特别定价管理 —呼叫中心外拨销售与进线销售 —定期邮件营销 —"Spiff"销售促进 —渠道会议 —渠道培训 —通过赊销的渠道资助 —在市产品管理 —前端技术支持	• 需求产生 —渠道客户管理 —计划管理 —合作资金管理 —特殊渠道资助与提供赊销 —终端消费者营销与销售机会挖掘计划 —会议与展览服务
• 完成供应 —整批拆售 —运出物流 —逆向物流 —渠道赊销风险	• 完成供应 —货物寄存 —供货商管理的库存 —供货商存货仓储
• 市场信息 —售出报告 —渠道情报	• 市场信息 —渠道研究 —终端消费者研究
• 外包服务	• 外包服务 —担保管理 —问题修正操作 —二级与售后技术支持 —在市表现 —商标注册与保护

通过作为当地数千潜在商业客户的供应商，分销商承担着这些销售的赊销风险，这就要求他要有极好的赊销控制以及赊销洞察力，尽可能减少赊销与坏账成本，这对供应商来说很有价值，否则供应商将承担赊销管理

成本以及坏账风险。

为了管理好渠道，供应商需要关于分销商销售、存货水平的有效信息，并准备好为此支付一定的费用。这可以计入利润率中，也可以明确算作折扣。通过后一种方法，当某分销商未能以正确的形式提供合乎质量的信息时，供应商可以撤回该支出。在成熟的行业中，通常通过 EDI（电子数据交换）连接或基于网络的自动报告按周或天来提供信息。这种市场信息可通过其他数据来分割，如竞争者活动、消费者招募报告、销售丧失报告，等等。

信息资源

很多情况下，分销商不只是信息的来源，甚至还将市场信息当作他们对供应商的区分点或者价值。分销商的影响很大，可能会使大品牌只能通过他们来接触消费者。有一家大的石油公司在整个欧洲都有业务，但除了知道给每个分销商发了多少吨石油之外，并不了解大多数分销商的其他信息。意识到这一不利情况后，这家石油公司采取措施来解决这一问题，通过投入巨资来了解分销商的商业模式与做法，并增加市场知识，同时提高支付给每家分销商补偿的有效性与效率。

分销商或多或少的也是供应商的外包前端办公室（outsourced front office），提供渠道发展功能——招募新合作伙伴、供应商的本地或区域代表，并提供服务。比如，担保或售前、售后支持。所有这些功能都由合同约定，可成为谈判的主题、反映供应商与分销商力量博弈的结果。经一致同意的分销商补偿水平，可通过利润率、折扣或作为具体活动的费用来支付。在某些情况下，这些费用部分或全部取决于消费者对服务水平与质量的反馈。

第4章 分销商商业模式如何起作用

角色决定商业模式

在面对消费者和供应商时,分销商所扮演的角色决定了分销商的商业模式及其主要特征。

分销商的特征之一体现在其商业模式的资本密集性上,要保证库存量,确保交易消费者的信用情况,同时还要尽量减少收到的卖方信贷。其特征之二体现在运营方式上,由于分销商本质上从事着大批量、低附加值的行业,所获利润率很低,这就使得分销商只能采取低运营费用的运作方式。这是一种富于挑战性的商业模式,要求分销商兼具掌控收益率和资产效率或生产率的能力。下面通过一组分销商的标准财务报表来看看其实际运作情况(见图表4.1)。

首先注意右侧的资产负债表主要由三个数据组成:

- 库存量(待转销产品)
- 应收账款(应向客户收取的账款)
- 应付账款(应向供应商支付的账款)

这就是构成流动资本的三大项（流动资本等于库存量加上应收账款减去应付账款）。资产负债表可及时反映某一时刻的状况，所以能有效地捕捉到营运资金周转过程中任一时刻的瞬间情况。相对来说，其他诸如固定资产（土地、建筑、仓储系统、IT系统等）和其他收支差额在内的要素就不那么重要了。流动资本各项的数额决定了分销商经营所需注入的资金数额。这是一项精细的平衡法则：如果数额过小，分销商就会面临库存短缺（"缺货"），或者在等待消费者支付账款的同时无法及时向供应商支付账款。而太多的资金和维护资金所消耗的成本会拖垮收益率。

	百万美元
销售额	19 316
销售成本	18 308
毛利润	**1 008**
一般费用	952
营业利润	**56**
利息	12
税前利润	**44**
税金	16
税后利润	**28**

损益表

	百万美元
固定资产	423
流动资产	
库存	1 408
应收账款	1 897
现金	401
流动资产总额	**3 706**
流动负债	
应付账款	1 550
其他	764
流动负债总额	**2 314**
流动资产净额	**1 392**
长期负债	59
净资产	**1 756**
股东资金	**1 756**

资产负债表

图表4.1　ABC公司分销商财务表

利润——夹在两个大额数字之间的小额数字

通过图表4.1左侧的损益表，应该能感受到某些分销机构利润空间的紧张状况。分销商从供应商购买产品所支付的金额（=销售成本），与其将产品销售给消费者所获金额（=销售额）之间的差额即为毛利润。这一金额存在于两个巨大金额之间。与此同时，分销商不得不从利润额中支付日常开销和利息，而最终获得的才是利润总额。与销售额和销售成本相比，利润总额的数额显得更小了。缴税后（假设有利润的话），剩余的利润可以当作红利发放或保留在资产负债表中以支撑更大数额的流动资本（如果分销商计划在下一个交易周期扩大规模，就需要扩充流动资本）。

如果把上例中的年销售毛利 10.08 亿美元与流动资本额 17.75 亿美元（=14.08 亿美元 + 18.97 亿美元 - 15.50 亿美元）相比较，情况会变得更有意思。这表明，分销商一年投入 17.5 亿美元，却只赚了略多于 10 亿美元的毛利润……和 4 400 万美元的利润总额。大笔的支出看上去并没有收获很高的回报。交易过程中，即便是最微小的问题，比如说将一些销路不畅的产品减少账面价值，或者遭遇几笔坏账，都会对利润造成打击，甚至使企业转盈为亏。

运用平衡法则管理营运资金

维持产品的盈利能力与营运资金之间的平衡是分销商商业模式的核心所在。之前提到的每类分销商（增值型、广产品线型和履责型）都力求维持其价值主张与商业模式之间的平衡。他们都力求得到更高利润，降低运营成本，同时尽可能地为消费者提供各类产品和库存。产品经理在分销过程中所扮演的角色非常重要，对他们的奖励应与其利润管理能力和运营资本管理能力（或至少是库存管理能力）挂钩。

明智的分销商懂得利润管理对其成败至关重要。他会将周转迅速、利润低的产品与周转相对缓慢但却能带来高利润率的产品结合起来销售。即便只能为利润额带来微小的改善，也能给营业利润带来很大的影响。而如何平衡消费者的需求和供应商所坚持的经济诉求与产品范围和库存深度之间的关系则是一项严峻的挑战。80∶20 原则适用于分销的各个方面。销售 20% 的产品带来 80% 的销售额；但是不同的 20% 可能会带来 80% 的利润（这里要强调的是对销售额贡献大的，并不一定对利润贡献也大）。更复杂的是，分销商无力抵挡供应商购买大量额外库存以提供额外折扣的出价

（通常发生在接近季末或供应商财政年末时）。对分销商来讲，这些折扣本身是很诱人的，但由于市场内所有分销商都会获得这种折扣，因此，任何的成本优势在确保分销商从仓库中销售额外库存的同时，最终通常会转移到消费者身上。实际结果往往是消费者和供应商从中获利，而分销商却无法获得更多的利润，这些额外的销售额反而为分销商的基础设施带来压力。然而，当整个市场都在大量销售该产品时，分销商无法做到置之不理。所以他们经常感到自己别无选择，为了保护市场地位和客源，他们只能接受现有的折扣（和额外的交易量）。

在日常开销中，多项成本从本质上来说都是相对固定的，即成本额不会随着销售量的变化而改变，所以对分销商而言，有效管理这些成本也很重要。分销商若想寻求发展，就需要审慎安排投入追加资本的时间，要避免太过超前于销售曲线，导致成本持续上涨而销售额却无法将其抵消。相对于仓库这种在一年内即可处理掉的设施来讲，信息技术系统的日常开销管理就显得更加复杂，常常需要数年的时间才能获得期望的生产率。现在，分销商们在想方设法地尽量使成本多样化。例如，外包主要基础设施，包括运输、仓库甚至电话营销中心。这都涉及非常谨慎的权衡，包括增加成本的灵活性、降低成本与失去对成本的控制力及其对消费者满意度潜在影响之间的权衡。分销商要面对的另一项挑战是，是否增加网络销售额、降低订货成本，但同时失去通过电话向消费者进行追加销售或交叉销售的机会，或是失去回应竞争者出价以挽留 VIP 客户的机会。

对于分销商而言，营运资本管理就是要充分认识他们与之打交道的有限而昂贵的资源——资本。被产品 A 套牢的钱不能用来投资购买产品 Z。给予某一消费者（或消费者索取）的赊购信用在支付后，才能使用。一旦用尽供应商提供的信用额度，在还清欠款之前是无法继续订货的。为了寻求发展，分销商需要增加自身的营运资本，以应对更大的交易量或加快现金流的循环速度：使用信用额度从供应商处购买产品，然后卖给消费者，也就是最终支付产品费用的人。发展策略失败的分销商们会发现，即便销售额和利润都在健康增长，其现金状况还是在快速地恶化。我们通常将这种状况称为"过度交易"。与销售额下降给分销商带来的冲击相比，过度交易正以惊人的速度使越来越多的分销商陷入困境。

以上文 ABC 公司的财务报表为例，如果销售量增长 20% 的话，与之相应的营运资本也应达到相应的增幅，换算成现金就是 3.55 亿美元（17.75 亿美元乘以 20%），这个数额几乎抵消了 4.01 亿美元的现金余额，仅剩余 4 600 万美元而已。如果下一年再增加 20% 的销售量，该公司就会透支近 4 亿美元（3.55 亿美元乘以 120% 等于 4.26 亿美元）。所以仅在两年的时间里，ABC 公司就会从一家拥有 4 亿现金余额的公司变成透支同等金额的公司。即便 ABC 将其所有的税后利润都投入为营运资本，仍很难对透支额产生什么影响：2 800 万美元乘以第一年的 1.2 等于 3 300 万美元，加上 3 300 万美元乘以第二年的 1.2 等于 4 000 万美元，共计 7 700 万美元。这个数额不足 8 亿美元现金余额的 10%，而且这样做的前提是，公司将没有用于更换固定资产或支付长期负债等款项的现金。

为了增加营运资本，分销商不得不留存更多的利润（假设赚取了利润），借更多资金，并向股东争取更多资金投入营运资本。借款方和投资方会针对公司的商业计划以及分销商偿还投资的能力（付利息或者股息）方面提出各类难题。他们还将问及分销商归还投资的方式：偿还本金，还是为股东增加企业资本价值。每个投资者都想知道其投入的资金会带来何种形式的回报。在我们上面的例子中，4 400 万美元的净利润是当年 17.56 亿美元资金投入的产出，其回报率大概为 2.5%，也就是说略低于银行提供的利率。所以，如果 ABC 公司的利润率继续保持在这个水平上，从纯融资条件上讲，它将很难从原有投资者获得更多资金。（公司可能因其战略性市场定位而得到一份额外资金。）

另一种方法便是加快营运资本的周转速度，即紧缩消费者信用额度、降低库存水平或者向供应商要求放宽信贷条件或信用额度。这些方法中的每一种都会对分销商的主要贸易关系产生影响，并有可能对其发展目标造成冲击。

总之，分销商面对的商业模式充满挑战，分销商需要具备卓越的日常经营管理能力、清晰的经营战略和明确的市场定位。

重要指标及其管理方法

　　分销商所重视的各项指标反映了其商业模式的运作情况，其中，利润、营运资本管理、生产率测定（结合了利润与营运资本管理）是重中之重。本书将这些指标分章节加以阐释（第 5 章介绍利润和利润率，第 6 章介绍运营成本，第 7 章介绍生产率）。本书会解释分销商为什么要、该如何运用这些指标管理企业。在第 8 章中，本书将说明如何评估分销商的可持续发展能力——长期维持企业健康发展——并制定出一个用以检测整个企业的模式供大家参考。最后，本书将在第 9 章集中讨论怎样面对发展带来的挑战，并讨论如何定义分销商发展的安全水平，以避免过度交易。

第 5 章　利润率与利益率

多种利润率

关于利润率要注意的第一点是：尽管利润率是用来衡量企业的利润的，但在企业内部计算的时候，有多少分销商，就有多少种计算利润率的方法。对于什么可以、什么不可以包含在利润率的计算中，就连国家与国际会计标准也有很大的判断空间。因此，在未能提前问清楚什么包含在内、什么不包含在内的情况下，绝不要以为可以比较出分销商（或任何企业）之间的利润率。即使是最资深的会计师，也会毫不犹豫地询问"你们是怎么计算利润率的"，所以你也不要例外。先从基本类型的利润率及其意义开始吧。

毛利润率与价值增加

毛利润率是衡量分销商价值增加的一个指标，也是衡量支付给供应商的价格与消费者支付价格之间差异的最纯粹指标。

图表 5.1　毛利润率（%）

毛利润率（%）
毛利润率（%）=（销售额－销售成本）/销售额×100%

利润率越高，分销商增加的价值就越大。在实例中，分销商 ABC 公司的毛利润率是：10.08 亿美元/193.16 亿美元×100% = 5.22%。这个很简单的指标也有几点需要注意：

- 销售额与销售成本都不应该包括增值税或销售税。
- 销售成本（有时候被称为售出产品成本）包含使产品达到销售所需状态与条件期间产生的一切成本。因此，包括所有运入成本，但不包括将产品输送给消费者期间产生的成本。
- 销售成本包括对产品所做的任何工作，比如，测试、加工、配置、组装与包装所发生的成本。如果这些成本是在分销商内部产生的，就应该包括一定的劳动力成本与一般费用成本。
- 从供应商处得到的任何折扣、回扣或其他价格扣除应减少销售成本，因此，也增加了毛利润率。
- 因出现废弃、缩水或存货损失、退化等状况需计提存货减值损失，此类损失一经确认，便增加了销售成本，降低了利润率。
- 销售产品的成本或销售佣金不包含在销售成本中，但针对消费者的折扣将从销售额中扣除。
- 从供应商处得到的及时付款折扣一般不从销售成本中扣除，那些对消费者的折扣也不从销售额中扣除。然而，在一些行业中，这些折扣很重要，以致成为了供应商使用的正常折扣机制的一部分，被从成本中相应扣除。

还要注意的是，毛利率是以对销售额百分比的形式表示的毛利润。如果表示成销售成本的一定百分比，那么它应该是加价率（在例子中，其加价率是5.51%，即10.08亿美元/183.08亿美元）。在与分销商的谈话中，你会发现毛利率与加价率被交替使用，但这种做法并不正确，所以不要以为该术语得到了正确使用——问问其利润率的基础就知道了。

毛利率可以用于整个企业，还可以使用于单个的SKU、产品线、产品类别、供应商、企业部门、消费者与消费者群。无论是计算一年的交易，还是一天的交易，只要销售额与销售成本是同一周期的就可以。

要注意的一点是，百分率可能会被误用或误解，因为它们并不传达业务规模信息。可举例来看哪个更好：12%的毛利率好，还是7%的毛利率好？如果12%的利润率源自产品A、销售额为1 000美元，而7%的利润率源自产品B、销售额为5 000美元，那么该分销商从产品A仅获得了120美元的毛利润（或"资金利润"），而从产品B获得了350美元的毛利润。这似乎很明显，但却是一个可能被忽略的关键点。它很重要，因为大多数分销商的一般费用通常较为固定，因此，他们需要获得固定的毛利润额，然后企业才能获得营业利润。在管理商业模式中，分销商们需要激励产品经理们提升毛利润率——以百分比表示的利润指标，如图表5.2所示。

放弃市场主导品牌而重点关注新进入者将减少50万美元的毛利润，这是其他品牌的销售额很难实现的利润，因为很少有消费者会改变购买意向。不止一家国际分销商在找机会提高毛利率，重点关注利润率高的产品，而牺牲掉高容量、低利润率的产品。这导致了较低的整体毛利润，在某种情况下会导致数月的营业损失，然后情况才能有所好转。

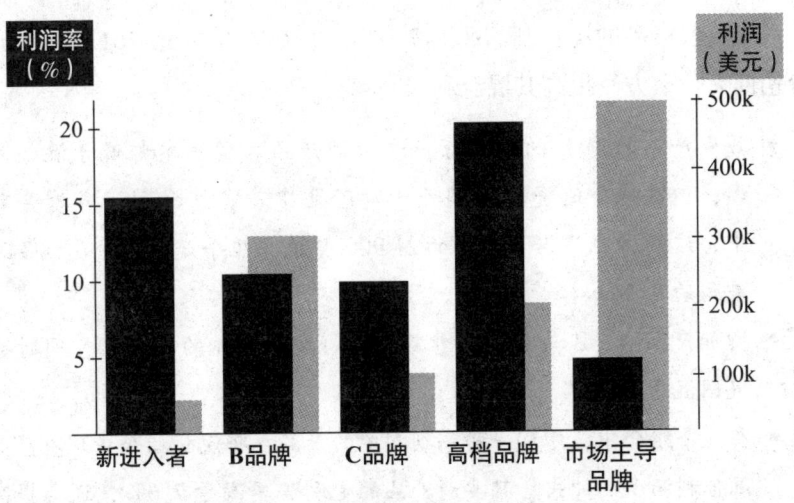

图表5.2　不同品牌的毛利润率与毛利润对比

利润率组合或混合利润率

对于经营市场主导品牌的分销商来说，该品牌产品利润率往往较低，但销售量比较高。如果客户希望在经常合作的分销商处买到主导品牌，为了增加利润率而放弃主导品牌的做法将不但会损害分销商的毛利润，而且会影响其市场信誉度。优化方案就在于对利润率组合或混合利润率的管理。

参见图表5.3。

图表5.3 混合利润率计算示例

产品	销售价格	成本价格	毛利润率	单位平均毛利润	销售量	销售收入	毛利润
A	500 美元	450 美元	10.0%	50 美元	100	50 000 美元	5 000 美元
B	400 美元	352 美元	12.0%	48 美元	50	20 000 美元	2 400 美元
C	350 美元	322 美元	8.0%	28 美元	200	70 000 美元	5 600 美元
D	300 美元	279 美元	7.0%	21 美元	500	150 000 美元	10 500 美元
E	180 美元	168 美元	7.0%	12 美元	950	171 000 美元	11 400 美元
总计			7.6%			461 000 美元	34 900 美元

以上这些产品的混合利润率为7.6%（=34 900 美元/461 000 美元）。该分销商有什么方法提高其混合利润率呢？

- 减少产品D与E的销售额，这两种产品的利润率都低于混合利润率，但这样会使资金利润处于危险之中。在总毛利润或资金利润中，这两种产品占了其中的21 900 美元，几乎是总资金利润34 900 美元的2/3。

- 增加产品A、B与C的销售额，这将增加整体的毛利润，同时也会巩固混合利润率。

- 在这个组合中，增加一种高利润率的产品，将淡化组合中现有产品对混合利润率的冲击，只要新产品的毛利润率高于7.6%，还会提高混合利润率。

- 提高任何产品的销售价格，或者从供应商那里争取更好的折扣。

实际上，很多分销商可以提高低销量产品的价格，因为它们并非基准价格产品。IT业一个典型案例是，与笔记本电脑相比，分销商从系统外包赚得的利润率更高，从而从外包上获得更多的资金利润！即使是在产品类别内，SKU不如其他因素对价格敏感，因此，在不影响销售额的情况下可以轻微提高其价格。对于一个类别内与多类别之间的差别定价被称为"组合定价"，可以使分销商通过不断调整高销量产品——其定价目的是为促进销量并满足消费者要求——的定价并加大对交叉销售的投入，来达到混合利润率目标。

在所举的例子中，略微提高产品A、B与C的定价与销量，便能使混合利润率从7.6%提升至8.7%（见图表5.4）。注意，这时不仅销售收入增加了8%，毛利润也几乎提高了25%。但遗憾的是，有时候分销商很难被说服通过定价战略来实施这些变动，但通过尝试改变价格并找出哪些产品可以、哪些不可以承受更高价格，将会收获良多。这将证明冒一些可被严格控制的风险是值得的，当销售量受到不利影响时，可以迅速调回原价。精明的产品管理人员应能够找出可承受加价的大多数安全产品以及SKU，但需要与销售团队协力合作，通过这种交叉销售维持并确保正确的SKU的销售量。

图表5.4　新混合利润率计算

产品	销售价格	成本价格	毛利润率	单位平均毛利润	销售量	销售收入	毛利润
A	525美元	450美元	14.0%	75美元	120	63 000美元	9 000美元
B	420美元	352美元	16.0%	68美元	70	29 400美元	4 760美元
C	355美元	322美元	9.0%	33美元	240	85 200美元	7 920美元
D	300美元	279美元	7.0%	21美元	500	150 000美元	10 500美元
E	180美元	168美元	7.0%	12美元	950	171 000美元	11 400美元
总计			8.7%			498 600美元	43 580美元

销售管理在分销商的利润率管理中很关键，需要不断加以关注及监督。大多数分销商允许销售人员提供多种折扣来促进订单量、消费者的忠诚度或消费能力，并与竞争对手相抗衡，或者支持当前的促销活动。聪明的销售人员常常会想办法按照这些规定给予消费者最大的优惠，以尽可能

增加销售量。分销商的销售人员并不认为1%或2%的折扣将重创他们的利润率目标。去掉额外的1%折扣，看看会发生什么。对于毛利率8%、销售净利率1%的分销商而言，额外的折扣将迫使毛利率降至7%，而抹去净利率。正如前面所强调的，利润是两个大数之间的小数，因此，销售线的一个小折扣（对销售成本没有影响）就会大大影响利润线——在所举的例子中，是完全抹去了净利率！在促成一笔销售交易之前，销售人员需要时刻牢记这一点。

分销商避免出现这一情况的一个途径是，确保最低价或"虚报低价"仍然有利可图，这样一来，即使是要求最高的销售人员也无法通过折扣给分销商造成损失。就调查过的无数分销商来看，这样做会形成一个"毛利润率-销售额"图，如图表5.5所示。

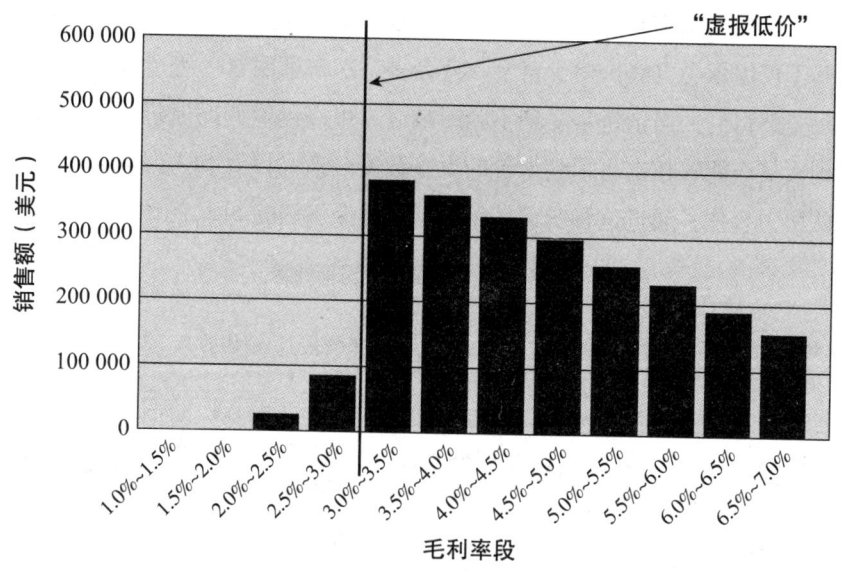

图表5.5 "虚报低价"时的销售额与毛利润率关系图

该图表显示，销售额靠近0.5%的毛利润率段。例如，30万的销售额接近4.5%~5%的毛利润率。"虚报低价"是最低的毛利率，在"虚报低价"以上，销售团队可以根据内部规定利用各种折扣来达成交易。只有对分销商的重要客户，该客户一次性大量购买正在销售的产品，且宣称竞争对手提供的价格更低时——这种情况很少出现,才会让出这一利润率。处于"最低"利润率(最低折扣水平)时,能达成更多交易。不同于最低价,"虚报低价"支撑着大多数销售。这会对混合利润率带来什么影响呢?将混合利润率拉低至约4.5%。而且,更糟糕的是,超过10万美元的销售额是以低于"虚报低价"的价格达成交易的,而按照分销商自己的规定,这是不可能发生的。原因很清楚:为了达成交易,销售人员超出、违背或借助了折扣控制规定。需要对这种情况进行分析,追踪情况并进行控制。

有趣的是,图表5.5的远端——看不到上面的数字——常常显示的是带来很高毛利率的一些交易。通过调查哪些产品卖给了哪些消费者,可以发现一些有利的机会,直到发展为更大的商业活动。事实上,从客户的角度出发,常常会找到有很多机会来改善利用折扣增加利润率的方法。图表5.6显示了按销售额从左到右排列的客户(左侧轴线)以及从这些消费者获得的利润率(右侧轴线)。

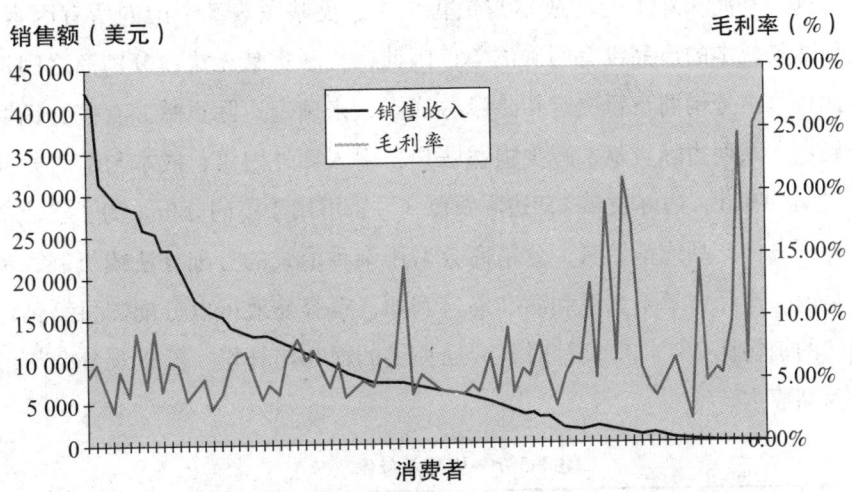

图表5.6 对客户销售收入带来的毛利率(%)分布图

向最优客户提供最高折扣的常规表明,在销售曲线镜像中,利润率曲线应向上平滑斜向右侧。事实上,(从一个实例中)我们发现右手远端生意最小的一些客户带来的利润率与分销商最优客户带来的利润率一样低。这些曲线中的一部分特征可能是由购买的具体产品引起的,但通过调查我们发现,利润率的变化主要取决于销售团队给予客户的折扣。同时也表明,分销商在照顾最优客户方面做得还不够好。

边际贡献

现在,已经了解了毛利率,但是要怎么解释有些产品需要更多的售前支持、需要花更多时间来出售给客户、需要特别处理,或返品较多而出现昂贵的逆向物流呢?或者,有些客户要求更多的客户管理,要求将货物运送至多个地点,为了每张单据而争吵,支付时间超出信贷期限一倍?与没有这样做的客户相比,这些客户带来的毛利率可能一样,但他们当然不会为分销商带来同样水平的利润率。反映这些因素对利润率影响的指标叫做"边际贡献"(见图表5.7)。

这一利润扣除了变动成本与销售成本,反映图表5.7中的所有因素。增加变动成本的产品没有明确清单,因此,边际贡献无法在分销商之间进行比较。由分销商自行决定扣除哪些成本,来确定边际贡献。有些分销商会确定一系列边际贡献,减少损益账户,引入额外因素、成本与节省款项("边际贡献1,边际贡献2,边际贡献3"),可用于不同分析。为了将成本分配到具体产品或消费者,分销商会采用某种形式的分配算法或机制,也就是说,边际贡献不如毛利润准确。例如,很容易就可以分配支付给销售团队的销售佣金、供应商针对某产品提供的回扣与补偿,但很难分配售前或返品成本。

图表5.7 边际贡献率(%)

边际贡献率(%)
边际贡献率(%) =(销售额 – 销售成本 – 变动成本)/销售额 ×100%

在前面就强调过,市场主导品牌往往只有较低的毛利率,但与分销商逐步建立市场的新品牌相比,市场主导品牌不需要分销商投入太多的营销和销售活动成本。如果包括一些销售与营销成本分配,那么

边际贡献是量化这一影响的一种方法。明智的分销商会按照产品类别、供应商、消费者或消费者群体，对导致业务减少的不同因素频繁地进行贡献分析。这些分析显示，最好的执行者获得的边际贡献通常比一般执行者高出20%，而最差的则比一般的低20%。这个差幅很大（40%），聪明的分销商会借此对产品组合、供应商与客户作出决策，找机会调整赢得的边际贡献。

分销商应该以客户的视角来审视自己的业务，并了解不同客户与客户群的经济状况，这很重要。

剔除最大客户

有必要了解分销商不同客户与客户群的经济状况，有一个分销商的例子可以清楚地说明这一点。从销售条款来看，该分销商很成功，但营业利润却一般。分销商的现金流不佳，以致需要采取措施拯救业务。

对客户贡献的分析表明，实际上，占据该分销商销售额25%以上的最大客户呈现负贡献。换句话说，分销商为了向最大客户提供服务而付出代价——这并不是经营业务的健康方式。

采取行动后，分销商找到了影响贡献的成本动因，包括赊销延期、多个交货点、售前支持以及客户要求改变需求或要求分销商进行补偿。关于这些与客户谈判很艰难，但分销商管理团队担心面对这种情况会导致企业生存困难。客户拒绝接受新条款，于是，分销商经过一番犹豫后终止了与该客户的贸易关系。分销商以前专门为该客户提供服务的销售、管理以及其他资源，经迅速调动，逐步与其他更有利可图的客户建立了合作关系，并寻找新的客户。一个月内，分销商的利润率便有所提升，重新有了现金流。锦上添花的是，终止合作的客户又回来要求供应其他地方无法稳定供应（低销量、高利润率）的产品，这位客户也成为该分销商获利更多的客户之一。这是一个有益的经验，但请注意，在管理团队准备采取正确行动前，造成过现金流危机。

这种情况时有发生，因为分销商没有进行仔细分析，或者害怕对成本高的客户采取强硬措施而失去生意。严格的分析表明，这种方法会导致高昂的代价，最好的客户往往补贴着最差的客户，最终可能危及长期成功。

根据不同标准，可以将服务客户的不同成本进行分类：

- 营销驱动成本
    - —管理
    - —折让
    - —计划（比如，忠诚度计划）
- 销售驱动成本
    - —折扣/回扣
    - —促销
    - —所需销售人员时间
    - —销售周期、次数与折算率
    - —所用销售渠道
- 结算驱动成本
    - —订单复杂度
    - —订单规模
- 物流驱动成本
    - —交货点
    - —返品
- 存货驱动成本
    - —存货水平
    - —所需产品组合
- 财务驱动成本
    - —信贷限额
    - —信贷期限

图表5.8完整概括了对一个客户或客户群的服务成本。

对比客户之间（或客户群之间）的这些图表，就会发现哪些成本差异最大，从而进行及时处理。可以激励服务成本高的客户减少分配在分销商身上的成本，比如，如果从指定销售人员改成不指定销售人员，或者转向在线订购（这会更好），将给予一定的折扣。或者，对于下单次数较少但销售额超过平均水平的订单给予折扣。这些折扣显然要低于已产生的成本，但客户会因很小的激励或者惩罚（更好了）而改变行为。大多数分销商会设定最低订数，或者对多个交货点收取额外费用。

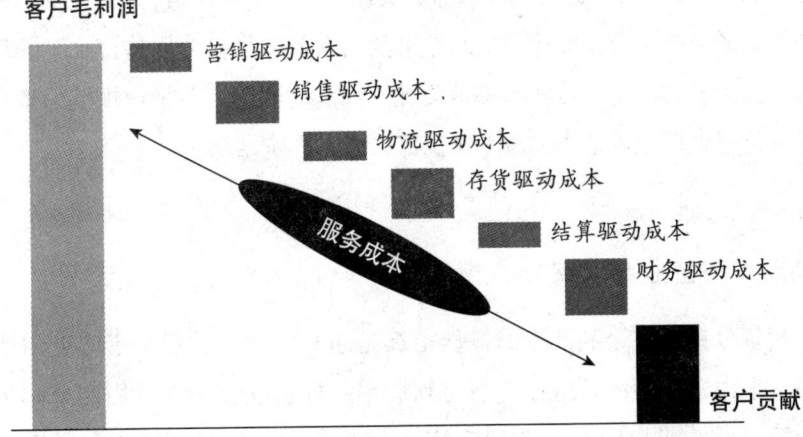

图表5.8 对一个客户或客户群的服务成本概况

但要注意，有些分销商在分析方面有些过头，安装了完整的成本核算（ABC）系统来分配每一项成本。建议你进行成本系统应用测试：你能衡量成本动因——例如交货点数目——吗？它因不同客户或产品而大不相同吗？如果无法肯定这两个问题的答案，那就不要分配成本了。否则，它会消耗你的时间，增加复杂性与困扰，而不是让你更清楚、更明了。

边际贡献考虑了成本结构中的变动成本，与固定成本无关，如果一个企业要获得净利润，固定成本就必须低于贡献。固定成本是指与单位销售量没有直接关系的成本。当然了，固定成本实际上并非绝对固定，但从短期来看，它们相对固定，当然也不受销售额增加的影响。固定成本往往与基础设施有关，比如，仓库与存储货架或IT系统、呼叫中心以及薪资。通过比较销售额的各个要素或所有要素，分销商监控着自己的成本结构。在我们的实例中，ABC公司的一般费用率是9.52亿美元/193.16亿美元或4.9%。经过一段时间，分销商会希望随着自身规模的发展，该百分比会减少。在一些正在经历平均销售价格（ASP）下滑（有时一年下滑多达40%）的行业——比如，高科技或电信部门——中，稳定的利润会遮盖销售量的大幅增加，使成本结构面临压力。额外活动意味着更多订单、更多的货物装卸、更多的货品计价，等等。面临这种挑战的分销商们努力向客户追加销售（鼓励他们购买大额产品），或者增加交叉销售率（购买额外产品的客户数目），来抵消价格下滑带来的影响。分销商用来追踪效果的两个关键指标分别是订单平均规模与订单处理平均成本。这两个都是关键的利润动因，订单平均规模的微小增加或者订单处理平均成本的微小减少都会大大影响结果。

净利润率与营业利润率

衡量分销商整个利润率的最佳指标是净利润率，它反映了营业中所得利润水平占销售额的百分比。与毛利润率一样，也要注意使用的是哪个净利润率。损益账户中有几个利润线（营业利润，税前净利润，税后净利润），每一个都可以用来计算净利润率。在内部，管理团队将重点关注营业利润率，他们可能认为利息成本——在本利润率中忽略——并不是他们的责任，因为企业的资本结构是给定的。不过，行政管理团队可能会重点关注税前净利润率，将其作为针对其他竞争对手或行业标准的基准。本利润率中忽略了税，因为多变的税制、折让安排、使用承前亏损或集团税项宽减可能会歪曲事实真相，并不是能真正衡量企业业绩的指标。所有这些利润率都按照销售额的百分比计算（见图表5.9）。

图表5.9　营业利润率（%）与净利润率（%）

营业利润率（%）
营业利润率（%）=（销售额-销售成本-一般费用）/销售额×100%

税前净利润率（%）
净利润率（%）=（销售额-销售成本-一般费用-利息）/销售额×100%

在所举的实例中，ABC公司的营业利润率为：

营业利润/销售额×100%

=5 600万美元/193.16亿美元×100%

=0.28%

净利润率为:

税前净利润/销售额×100%

=4 400万美元/193.16亿美元×100%

=0.23%

当分销商是一个企业集团的一部分时，企业管理团队将重点关注税前净利润率，将其作为衡量经营团队的利润率业绩指标。税务管理将由集团负责。在一些企业集团中，对资金也集中管理，有效解除了经营团队对企业资金结构的责任。不过，资金管理应该应用于每次经营所用的资本。分销商业务为资本密集型，对资本需求的控制在很大程度上属于经营管理问题。要警惕那些只关注营业利润率、解除对利息费用与税前净利润率责任的分销商。资本成本与利息率的改变当然是影响利息成本水平的一个因素，但更大的因素是所需资本额，这由经营团队控制，将在下一章中具体探讨。

ABC公司的营业利润率为0.28%，税前净利润率为0.23%，在收支平衡点以上有效经营，属于盈利状态。收支平衡意味着企业经营产生的毛利润足够支付一般费用（或者，更准确地说，是边际贡献刚好支付成本），没有盈利，也没有亏损。单独来看，这并不理想。但如果上一年处于亏损，然后企业回到收支平衡点可能就代表着很大的成就。在收支平衡点或靠近收支平衡点经营所面临的问题是，经营的微小问题、市场的微小变化，甚至利息率改变，都将使企业亏损。这个位置很危险，而且，如果没有利润，企业就得不到现金来支持在收支平衡点以上发展，即得不到上行或离开收支平衡点所需要的资金。如果分销商的一般费用较低，将几乎没有空间削减作为推动企业盈利的一般费用，因此，销售额增长与利润率提高成为运行到收支平衡点以上的有效策略。

独立分销商的投资者会使用税后净利润率作为关键指标，因为他们只参与这些扣税后的可分配利润的分配。他们会期待管理层将最小化税务成本作为其对股东们的信托责任的一部分。而且，作为投资者，他们会拿分销商的税后投资回报率与其他投资机会相比较。

正如本书前面所说，净利润率通常是很小的销售额百分比，受到毛利润率变化的影响较大。分销商的一般费用相对稳定，而作为很小的销售额百分比，成本结构的变动不会对净利润率产生如此大的冲击。从长远来看，希望管理层通过保证销售额以比一般费用增加更快的速度增长，确保净利润率得到提高。成熟行业中的价格相对稳定，更容易实现这一点，但在快速发展行业与科技行业中却极具挑战性，这两个行业的平均销售价格会不断下滑。

第6章 营运资本

营运资本管理

营运资本很好地描述了束缚于分销商商业周期中的资本。它代表着为现金周期提供资金的那部分资本,而现金周期指的是,自分销商为支付供应商货款付出现金起,到消费者购买产品的赊销期截止后,分销商收到现金时为止所需要的时间,同时还包括产品售出之前作为分销商库存的这段时间。现金周期越短,分销商所需要的营运资本就越少。然而,营运资本却是一个容易让人迷惑的名词,因为"资本"这个词一般来说指的是资金的"来源",而在这里描述的却是资金的"应用"。

有效管理营运资本周期的三个组成部分对分销商个人或是整个系统来说,都是至关重要的,而管理时要突出强调的便是时间。分销商将已通过销售产品赚取利润的营运资本变现的速度,决定了分销商所需投入的现金额度。因此,营运资本管理所运用的方法都是将财务金额转化成天数进行管理——公司的库存需要花多少天才能售出,客户支付欠款需要多少天,分销商多长时间后会向供应商付款。将所有时间加起来,你就会知道分销商现金营运资本周期的长短(见图表6.1)。

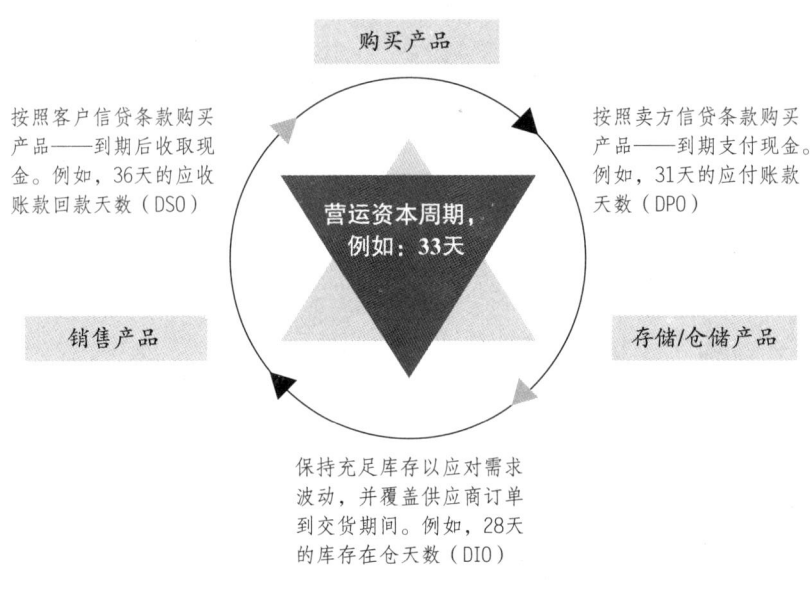

图表 6.1　营运资本周期

卖方信贷（supplier credit）

先来解释一下营运资本的三个组成部分。分销商支付供应商货款的天数被称作"应付账款天数"（DPO），有时也被称作"供应商天数"（supplier days）或"债权人天数"（creditor days）。计算方法是用应付账款额除以销售成本，再用所得的平均值乘以当年的天数（见图表6.2）。

图表 6.2　应付账款天数（DPO）

应付账款天数（DPO）
应付账款天数 = 应付账款/销售成本 × 365 天

从理论上来讲，应付账款是由于使用信贷购买产品而产生的，所以计算时应当用应付账款除以购买额。但是，由于购买额不会体现在公布报表上，所以通常用销售成本这个比较近似的数额来代替。实际上，只要库存水平波动不大，购买额与销售成本之间几乎没有差别。在所举的ABC公司的例子中，应付账款天数（DPO）等于：

应付的账款/销售成本×365 天

＝15.50 亿美元/183.08 亿美元×365 天

＝31 天

该如何理解这个结果呢？通常会把它与供应商的标准期限（一般是 30 天）相比较，也可以把它与前一时期的数值相比较，看供应商是否在延长其卖方信贷。在这个例子中，ABC 公司向供应商付款的天数与标准期限所差无几。这里的标准期限当然只是一个平均值，实际上的付款期限是一个天数范围。有些供应商会提供颇具吸引力的迅速付款奖励折扣，促使分销商提前付款（减少其应付账款天数）。还有一些供应商由于极度依赖分销商为其拓展市场，会很慷慨地将付款期限和信贷限额延长至 90 天甚至更长。我们还要考虑到地区差异带来的影响。例如，在欧洲南部，信贷期限一般都会长一些。分销商会用尽所有常见策略，在付款之前向供应商询问相关期限，或索要保值单据等，在正式付款期限后合理拖延付款。这样一来，实际应付账款天数便要通过分销商和供应商的财务部门之间的斗争来决定了。

你要接受供应商的迅速付款奖励折扣吗

很多供应商会在信贷期限旁加上这样一行文字"2%，15，实际天数 45"。它的意思是说，如果你能在 15 天内付款，供应商会少收账单金额的 2%；否则你必须在 45 天内付清全部金额。这是一笔好买卖吗？你要接受吗？

乍一看，这对你来说算是笔好买卖。早付 30 天便可以赚得总金额的 2%，相当于 24.3% 的年利率（2%×365/30），很可能比任何贷款或透支所需支付的利率都要高。但是，你还要考虑到以下两个因素：市场及其对营运资本的冲击。

从市场方面来讲，如果你的所有竞争对手都接受了迅速付款奖励折扣，降价卖给终层贸易参与者，那么这种折扣实际上就成了一种变相的贸易折扣。实际上，为了能提供有竞争力的价格，你不得不选择提前付款而接受迅速付款奖励折扣。在这种情况下，分销商把折扣解释成他们毛利润的一部分，因为他们认为自己别无选择，所以不能将之视为财务问题，而只是把它看成价格问题。

> 从营运资本方面来讲，提前付款就意味着将30天的营运资本从公司抽离，而且如果你在资金紧张时这样做的话，你所花费的成本会比预想中高出很多。实际上，通过提前30天付款，你会限制公司的销售水平。你能赚得多少边际贡献呢？如果你通过销售该供应商365万美元的产品，从中赚取了，比如说10%的边际贡献率，那么再销售30天会赚得3万美元（365万美元×30/365×10%）；而迅速付款折扣的年值为6.57万美元（365万美元×90%×2%），因此，比较来说，接受迅速付款奖励折扣是很值得的。但是如果你的边际贡献率为20%，让我们再看一看……少销售30天所损失的销售额为6万美元，而迅速付款折扣为5.84万美元（365万美元×80%×2%），失去的销售额反而比较多。虽然这两个数额之间差距很小，但可能会对其他因素造成影响。

库存天数

产品一旦被分销商购买，就会被列入库存清单等待被客户购买。产品在库停留的时间被称作"库存天数"（inventory days），或库存在仓天数（DIO）。它的计算方法与应付账款天数的计算方法很相似（见图表6.3）。

请注意这里使用的是销售成本，库存和销售成本都是成本的一个部分（销售额可能包括产品利润，因而可能会扭曲计算结果）。在ABC公司的例子中，它的库存天数为：

库存/销售成本×365天

=14.08亿美元/183.08亿美元×365天

=28天

这个数字说明库存产品平均在库天数不足1个月。不足1个月是好还是坏呢？这要视产品属性而定。如果库存产品是草莓或者奶油蛋糕，那么这个库存天数简直是糟透了！如果是电子元件或者电脑产品，那么28天的库存天数虽然有一定风险，但还可以接受，因为这些产品的价格下降较快。如果是钢材、铜条、铜管、管道接头等建材产品的话，那么这样的库存天数是可以接受的。分销商持有库存就是为了能够及时满足客户的需求。如果产品需求保持相对平稳的态势，而供应商又能保证在订货后的几天内送货，那么分销商只需要保留能供应一段时期销售的库存就可以了。这段时期包括订单送货的时间和安全缓冲时间，总计，如10天。但是，对于供应商来讲，运输是一项成本很高的活动，所以他们想通过批量运送以最大限度地降低成本，同时将卸载（和存放产品）所需的成本转嫁给分销商。如果产品销量大，这样做并不会造成库存水平急剧膨胀，但对于销售量小的产品而言，这些产品将会在分销商的仓库里滞留3个月或更长时间。

所以，要时刻牢记这一点：平均值可以隐藏很大范围内的差异。虽然ABC公司只有28天的平均库存天数，但库存产品可能包括在库几天的产品，也可能包括在库天数超过一年的产品。很多分销商都采用复杂的产品管理系统来控制库存水平，并根据销售量的变化调整库存量。所有这些系统都使用一些关键参数来确定目标库存水平，比如，销售量（或者"周转率"，或"销售率"），产品的市场支持度，需求波动，供应商订单交货时间，最小订货额和供货可靠性。除此之外，还应该考虑到产品所处的生命周期。如果在生命周期早期，那么分销商可以"抢占位置"，确保需求量增加时能拥有充足货源。如果产品接近生命周期末端，分销商可以降低库存量，确保产品更新换代时库存内没有过时产品。

图表6.3 库存天数或库存在仓天数（DIO）

库存在仓天数（DIO）
库存在仓天数 = 库存总额/销售成本 × 365 天

一般来讲，库存会被按照从A到E的顺序进行分类。"A"代表流动速度快的产品，这些产品每周就要补一至两次货，因而其库存天数总保持在个位数。"B"所代表产品的流动速度相比来说会慢一些，大概1周或10天补一次货。"E"类产品通常是维修零配件，分销商储存这些产品以便为其消费者服务（并且作为提供这种服务的补偿，这些产品能赚取高额利润）。分销商不得不掌握的一项平衡法则便是如何将从A到E的产品组合

入库，这关系到分销商能否通过管理库存天数，将其投资和脱销的风险降至最低。另一个复杂的问题就是季节性，分销商需要在旺季来临前增加库存，并确保这些库存在旺季过后恢复到一个较低的水平。判定库存天数时，务必将资产负债表日期和季节变化特征结合在一起考虑。分销商的财政年度通常定在销售旺季末，这样，资产负债表上的库存日期就会减少，以证明其良好的管理质量。

一些分销商会收缩商业模式的产品线。比如，只储存销售速度快的产品，同时回避那些风险系数高、销售速度慢的产品。销售办公产品的分销商中，有些只销售纸张、打印机耗材和低值易耗品，这些分销商通过低廉的价格与一站式产品、目录式管理的分销商展开竞争。虽然这些专卖式分销商赚取的利润很薄，但他们能免受库存支出、大型仓储和复杂系统成本的困扰，所以可以利用供应商提供的数量折扣和物流效率奖励。

即使面对精细的库存管理系统，帕雷托法则（Pareto's Law，又称80/20法则——译者注）非常适用于库存方面，20%的产品带来80%的销售额。也可以这样理解：占据绝大部分库存的80%产品，其价值仅相当于销售额的20%。下一章将探讨生产率指标，你将学会如何判断一种产品的价值是否与存货投资成正比。对于很多分销商来说，持续往他们的"公事包"内增添新产品和供应商会对其库存清单带来的负面影响，只有通过周期性的会计核查，才能遏制这种"慢性病"的恶化，进而帮助供应商减少库存天数。

库存水平的推动力

公司的库存水平并非仅由"行业标准"决定，还经常受到文化差异和市场成熟度的影响。在一些国家，比如土耳其和希腊，历史性的高通货膨胀率和货币贬值情况极大地影响着人们对库存的承受力。即便土耳其已度过了最严重的恶性通货膨胀时期，但与德国或英国的同行相比，如今的土耳其分销商依然持有高出平均水平许多的库存。在车用润滑油和化工领域，分销商持有6到9个月的库存并不罕见，但是在英国，类似的分销商一般只持有6周到2个月的库存。

> 市场成熟度为公司带来越来越大的压力，迫使其控制成本以应对逐渐紧缩的利润空间。由于价格压力变大、竞争日益激烈，很多公司通过下调最显著的商业成本动因、库存水平以应对这些挑战。在更为复杂的供应链技术支持下，很多供应商会投资支持这种下调库存水平的行为，并且提供以前仅供高库存水平享有的保险和服务。在很多发展成熟的行业，目前的库存水平仅为 10 年前的一半；在节约成本的同时，如果物流受到天气、罢工或突发性需求变化（比如，某一产品突然受到万众瞩目，就像如果迪丽娅·史密斯在她的烹饪节目中推荐大家食用酸果蔓，节目在全国范围内一经播出，几个小时内商店内的酸果蔓就会被抢购一空）的影响，分销商所要承担的经营中断风险也会随之增加。

消费信贷（customer credit）

产品以信贷的形式卖给客户后，便会离开库存清单，变成应收款余额。客户付款所需天数被称为**应收账款回款天数**（DSO）或者"客户天数"或者"债务人天数"。它的计算方法是用应收账款平均余额除以销售额，再用所得的平均值乘以当年的天数（见图表 6.4）。

图表 6.4 应收账款回款天数（DSO）

应收账款回款天数（DSO）
应收账款回款天数 = 应收账款/销售额 × 365 天

注意，销售额除了用作应收账款之外，同时还代表以销售价格售出的销售金额。在 ABC 公司的例子中，其应收账款回款天数为：

应收账款/销售额 × 365 天

= 18.97 亿美元/193.16 亿美元 × 365 天

= 36 天

这个数字表明，平均来讲，客户需要稍多于 5 个星期的时间来付款。至于应付账款天数，要将其与标准消费信贷期限进行比较。实际操作中，根据客户的重要度、业绩记录、信誉和市场惯例的不同，他们享有的优惠条件也不尽相同。一些客户订货时不得不支付现金，因此，一部分销售额便不会产生应收账款。但是如果正常的消费信贷期限是 30 天，鉴于无论在什么时候，发票金额中的一部分都可能会引发争执或其他事件，可以说，ABC 公司在资金回笼方面做得很出色。谈到应付账款天数，逾期追踪应收账款回款天数是一种非常有效的举措。这样可以确保信贷控制没有脱离正轨，或者整体信贷安排也没有发生变化，分销商在消费信贷方面的投资也不会增加。

季节性企业的应收账款回款天数

一些部门的销售额会随月份不同而发生显著变化，比如时装或园林产品，要更精确地计算应收账款回款天数，就要使用"倒数"的方法。举例来说就是：

12 月 31 日应收账款：480 000 美元

月销售额：12 月 $385 000　　当月 31 天
　　　　　11 月 $325 000　　当月 30 天

应收款余额应当包括整个 12 月（31 天）的销售额，剩下的 95 000 美元（480 000 美元 – 385 000 美元）便是来自 11 月的销售额。这是 11 月中 9 天的销售额，计算如下：95 000 美元/325 000 美元 × 30 天。所以，总应收账款回款天数为 40 天，也就是用 12 月的 31 天加上 11 月中的 9 天。

营运资本天数

将这三项相加减便会得出营运资本天数：用库存天数加上应收账款回款天数减去应付账款天数。在 ABC 公司的例子中，其营运资本天数等于 28 天的库存天数加上 36 天的应收账款回款天数，再减去 31 天的应付账款天数，即 33 天。这意味着 ABC 公司将其现金通过营运资本的方式进行周转，再周转回现金，需要 33 天的时间。另一种方法便是看一年内营运资本的周转速度（见图表 6.5）。在 ABC 公司的例子中，其营运资本周转速度是用 365 天除以 33 天，为每年 11 次。

资本周转速度越快，流动资本循环所需的资金便越少，分销商的效率也就更高。即便是对营运资本做出很小的改善，也能在很大程度上改变分销商的整体效率，并减少企业所需的现金。下面框中的等式（现金释放）可以具体说明。

图表 6.5　营运资本周转速度

营运资本周转速度
营运资本周转速度 = 365 天/营运资本天数

前面章节曾提到过，一些分销商采用窄产品线型商业模式来保持低库存。也提到过一些专注于达到高交易额的分销商，与一些供应商进行交涉，希望将信贷期限延长至 60 天，甚至 75 天，以便于他们处理负营运资本：20 天的库存天数加上 35 天的应收账款回款天数，减去 75 天的应收账款回款天数，得出负 20 天的营运资本天数。这个数字意味着什么？它意味着分销商拥有相当于 20 天营业额的现金，这经常被称作"备用现金"。企业发展得越大，银行账户内存的现金也就越多。分销商将现金存为长期存款以获得可观的利息，这样做他或者可以赚取超额利润，或者可以降低价格来增强竞争力，从而吸引更多生意。只要有余力与供应商洽谈对其有利的交易条款，并最终利用供应商有效地为库存和消费信贷提供资金，这种方法对任何分销商来说，都不失为一种好的选择。营运资本余额越低，分销商的效率便越高，在无需追加经费的情况下，其发展空间也就越大。

现金释放

假设一家分销商的销售额为 2 000 万美元，销售成本为 1 900 万美元，其初始和改进后的营运资本情况参见图表 6.6。针对每个构成营运资本的要素花 5 天的时间改进，其天数减少了 15 天（从 60 天降至 45 天）。这意味着营运资本的资金投入从 325 万美元降至 245 万美元，减少了 80 万美元。对于一家销售额为 2000 万美元的企业来说，这可是一个非常可观的数字。

图表6.6 营运资本描述案例

营运资本	初始特征		改进后特征	
	天数	价值（美元）	天数	价值（美元）
库存在仓天数	40	208万	35	182万
应收账款回款天数	45	247万	40	219万
应付账款天数	-25	-130万	-30	-156万
营运资本天数	60	325万	45	245万
营运资本周转速度	每年6次		每年8次	

如果这家分销商力求发展，却受制于原有的营运资本特征，导致现金不足，那么他降低营运成本以加快其周转速度，就可以释放现金。

80万美元的自由现金 × 每年周转8次 = 640万美元额外收入，可以将销售额拉高至2 640万美元。

这相当于将近40%的增长率，而且这种扩充完全无需借助于任何额外资金或贷款。

如果分销商并不求有所发展，只求尽量避免现金流危机，那么这些自由现金可以在45天内存入银行账户，从而不受银行牵制！

对任何分销商来讲，是否具备有效管理营运资本的能力是至关重要的。正如本章所述，它对企业所需的资金规模能产生根本影响，也考验了分销商能否在无需增加资本或货款的前提下，为自身发展筹措资金的能力。本章提及的三项重要指标的日常管理，通常情况下是由分销商的不同部门或职能人员负责的。应收账款回款天数由信用控制团队管理，应付账款天数由采购会计或采购团队管理，而库存在仓天数则由产品管理人员负责。分销商可以通过增强其中任一角色来提升这些指标，但要注意这些指标都不可超过某一限度或范围。比如说，如果试图将应收账款回款天数拉低至正常信贷期限以下，便会令分销商损失大笔生意，因为大额或忠实的客户非常反感这种具有攻击性的催款行为，导致其撤出账户。但是，如果明智而又有商业敏感度的信贷经理可以将应收账款回款天数维持在管理层可接受的基准点之内，那么这种做法将会产生显著效果。这个道理同样适用于应付账款天数，对主要供应商要做到每次都能按时付款，但不能给予每家供应商相同的待遇，重新谈判并附加条件的供应商越少，就越能证明其有益性。下一章将讨论产品经理应当采取的目标路线，他们需要协助平衡其投资组合中"收入和周转"的优先度。

但是，所有运营资本指标均由分销商的管理团队作出的战略性选择制定。所选市场和消费者群体会对产品需求和标准应收账款回款天数条件产生决定性影响。比如说，很多分销商都致力于为规模最大且最成功的终端客户服务。但这种竞争往往是最激烈的，所以，为了避免失去这些重要客户，分销商不愿意采取过于具有攻击性的信贷管理方法。而对于那些将注意力集中在"B"或"C"级客户的分销商来说，他们可以从那些没有其他信贷支持的客户手中赚得更大的利润，而且能将价格定得更高。这种定位决定了他们需要采用果断的信用管理方法降低应收账款回款天数（同时降低出现坏账的风险）。其他分销商可能选择为公共部门服务的终层参与者提供服务，获得渠道内稳定的资金流动性可能会成为具有竞争力的武器。但是这将意味着，与那些为商业部门服务的终端客户相比，他们的应收账款回款天数会高出许多。由于公共部门经常会对供应能力提出要求，所以也可能对库存在仓天数造成影响。与之相似地，在只经销知名度高的大品牌产品，还是把注意力集中在新兴品牌之间进行的战略性抉择，将会决定一家分销商能够从供应商获得信贷的时间长短。

第 7 章　生产率

盈利和周转

到目前为止,已经分别讨论过一些能帮助分销商管理企业生产率和营运资本方面的指标,但有些重要指标需要将这两方面结合在一起才能发挥作用。这些指标通常被称为生产率指标,其中包括企业和个体产品、产品目录、供应商或者消费者的"盈利"和"周转"两个方面。

这些指标中,最简单的要数毛利存货周转回报率(GMROII)(见图表7.1)。这项指标既可以解释成一个金钱数额,也可以将其乘以百分之一百,变成一个百分数,显示每年投入库存的每一块钱所创造的毛利。在 ABC 公司的例子中,其 GMROII 为:

毛利额/库存
=10.08 亿美元/14.08 亿美元
=72%

要解读这个数字,就需要掌握相关的情况,比如,行业平均值,但是,正如之前指出的那样——毛利(盈利)很低,而且库存周转率处于平均水平——根据大多数基准来讲，这个数值可能也会很低。通过一些例子可以使之呈现得更为形象（见图表7.2）。

1年中，向A产品库存投入的每1美元都会生成1美元的毛利。该产品的毛利率（盈利）达到了10%，而其销售收入对存货的比率（周转）则达到了10倍/年。分销商把它称作"毛利存货周转回报率"，并认为它是适用于大多数行业的粗线条经验法则。只有计算出毛利存货周转回报率，才能从财务角度确定某种产品的定位。即便拥有相同的毛利存货周转回报率，产品的情况可能也各不相同。将产品B与产品A相比较：产品B的利润率5%要比产品A的少一半，但是在带来同样存货投资回报率的情况下，它却周转了20次之多。对于分销商来讲，他们的产品特征都会覆盖一定的范围，从低收入、高周转率的产品到像B产品一样的高收入、低周转率的产品。在比较产品C和产品A的时候，请注意针对两个因素所做出的相对微小的改进，是怎样带来如此引人注目的毛利存货周转回报率的。产品C的利润和周转率相对都要好一些，这使得其毛利存货周转回报率要比其他产品高出近50%。这个数据意义重大，因为它意味着分销商销售产品C所获得的毛利要远远高出销售产品A，而这个增长值会对营业利润底线产生更大的影响。与之相对的，由于产品C的周转率比产品A高，会带来更多的交易活动，因此，它在仓库内停留的时间就可能会更短。

图表7.1 毛利存货周转回报率（GMROII）

毛利存货周转回报率（GMROII）
毛利存货周转回报率 = 毛利润/库存 =（毛利润/销售额）×（销售额/存货） 　　　　　　　　　　　　　　　　　"盈利"　　　　×　"周转"

图表7.2 产品"盈利"和"周转"组合例图

例子	销售额（美元）	毛利润（美元）	库存（美元）	"盈利"	"周转"	毛利存货周转回报率（%）	毛利存货周转回报（美元）
A	15 000	1 500	1 500	10%	10×	100%	1.00
B	25 000	1 250	1 250	5%	20×	100%	1.00
C	20 000	2 400	1 667	12%	12×	144%	1.44
D	25 000	2 500	1 550	10%	17×	170%	1.70

大多数分销商的业务都有自然规律，80%的产品都会在盈利和周转的合理范围之内。在这个范围外的产品会扰乱整个商业模式，让管理者更难维持业务的正常运转。分销商能够通过为 GMROII 设定最低值，同时剔除所有在最低值以下的产品，或者改变其收入或周转特征的方法，提高生产率和资本效率。从定义上讲，这样的产品不仅利润低，而且周转速度慢，不过产品经理却倾向于保留这些低价产品，并提出很多理由加以支持，诸如"它们使产品系列保持完整"，或者为了"保持产品目录的可信度，有必要将产品继续留在产品清单上"。这些理由也许有道理，但并不能为销售低周转率产品、获得低利润提供支持。如果将产品保留在目录中是出于保证目录可信度或者满足消费者的需求，要求从利润中拨款提供服务是合理的。通常情况下，比起增加销售率来提高产品周转速度，通过涨价来增强这些产品种类的利润更为简单、成本也更低。

GMROII 之所以能成为如此强有力的指标，是因为它适用于企业的上上下下，不论是单独的最小存货单位（SKU），还是产品线、产品目录、供货商等单位，它都适用。对于产品经理来讲，它是一个理想的业绩指标，能将两个维度的指标整合成一个直观的指标。将"盈利"和"周转"两个维度分开，便很容易确定要怎样做才能提升企业业绩。这项指标经常被用来指导或激励产品经理。

存货投资边际贡献回报率

为了更明确地表达其含义，如果可以的话，应当把毛利润换成边际贡献，从而得出"存货投资回报边际贡献率"（CMROII）（见图表7.3）这个概念。相对于毛利润来讲，边际贡献这项指标更为合适，出于同样的原因，存货投资回报边际贡献率要比毛利润投资回报率更为合适，也就是说，这个指标能涉及所有直接跟产品有关的成本和折扣。总的来说，当管理者要决定促销哪些产品，或是将有限的营运资本资源分配到各个产品品类和生产线时，他们应当使用边际贡献率和利润，而不是毛利率和毛利润。

如果坚持使用产品盈利和周转概念，产品经理便能根据用销售量和边际贡献计算出的品类平均值，获得整体的情况（见图表7.4）。

在图表7.4中（简化自某实例），每个圆点代表一个产品的最小存货单位。以品类平均值作为轴线。边际贡献和销售量高于平均水平的产品理所当然地被称为"成功者"，而且像这样能体现出高收入、高周转率的产品还是比较少的。

低收入、高周转率的产品被称为"客流量创造者"，因为这些产品往往是消费者会大量购买的大品牌产品，但是分销商也知道他们必须提供强有力的折扣才能参与市场竞争，并将其作为确立价位的信号。

图表7.3　存货投资回报边际贡献率（CMROII）

存货投资回报边际贡献率（CMROII）
存货投资回报边际贡献率＝贡献利润/存货＝（贡献利润/销售额）×（销售额/存货） 　　　　　　　　　　　　　　　　　　　　　　"盈利"　　　　×　"周转"

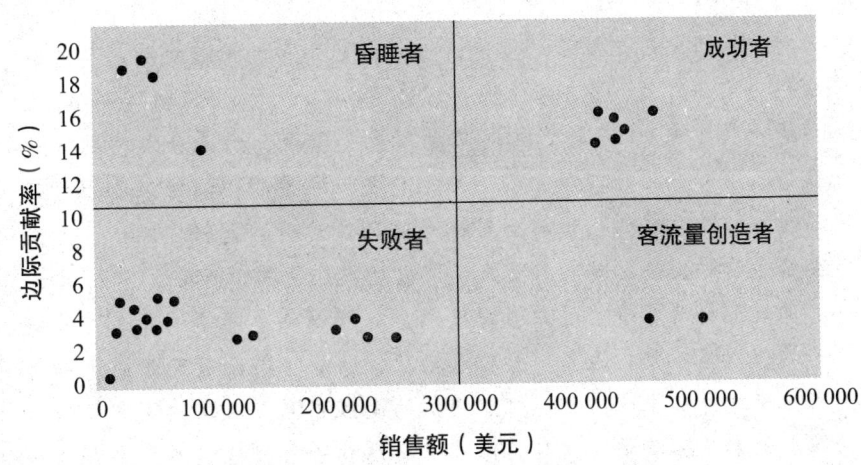

图表7.4　带有"盈利"与"周转"特点的产品组合

最有意思的产品要数"昏睡者"。这些产品会带来高额的边际贡献率，但销售量却偏低。其中一些产品可能属于服务型项目，因而只能被买入，而不能被卖出去。但是，这里还有一些早于其生命周期的产品（在市场上并不普遍），也会受到营销刺激的影响。这些产品的供应商很可能会支持加快销售额增长这一目标，并为销售和营销工作提供财务支持，保护分销商自身的边际贡献率。由于将客流量创造者和昏睡者连接起来的成功率通常很低，所以，能否想方设法做到这一点成为抓住真正机遇的关键。通过分析销售发票或客户消费行为，便能得出这个连接率。假设分销商的销售发票、销售线的平均数字（不同的SKU个数）在很多行业内都低于2，很容易能判断出其连接率会很低。如果分销商为改善连接率，能切实做到激励、培训销售团队，那么它产生的杠杆作用便会有效促进客流量创造者的销售，盈利能力也会大幅增长。

最后一组产品被称为"失败者"。这些产品的销售量和边际贡献率都很低，从而影响到整体经营业绩。产品经理应该至少每个季度都要重新审查这类产品，采取涨价（并增加边际贡献率）或将其从产品目录中移除的方法，为业绩好的产品留出现金。只是将这些产品移出，会给平均贡献带来明显影响。以下面的个案研究为例，就可以看出分销商是如何在其企业管理中实施这种方法的。

积极型投资组合管理

对分销商来讲，投资组合分析已经成为积极的管理规则。其四部分分别为宝马（成功者）、福特（客流量创造者）、法拉利（昏睡者）和拉达（失败者），而与之相对应的绿色、蓝色、红色和灰色则代表着销售人员和产品经理对它们的兴趣与关注程度。当消费者要求订购产品时，订购系统的指示灯会显示产品所属部分，并触发对话，力求改变消费者的偏好，或向其交叉销售边际贡献更高的产品。

通过分析消费者的近期消费记录，就可以确定哪些消费者的贡献在平均值以下。要打赢客户管理这场仗，就要了解高成交量消费者所有的需求，并确保他们了解所能提供的全线产品。入单系统可以标示出那些只购买客流量创造者的低成交量消费者。当这些消费者来电询问价格和是否有货时，销售人员应会向其推荐成功者和昏睡者。如果这样做未能影响他们的购买组合，那么便可以把客流量创造者的价格定得高一些。如果分销商发现消费者只购买客流量创造者，就说明这个消费者可能去其他地方购买其余产品，那么就不用挽留他。

经过6个月左右的时间，分销商就可以将其边际贡献率提升30%，同时，在增加销售额的前提下，将运营资本下调20%。只有通过对销售人员及产品经理的培训和激励，以及增强一些IT系统，才会为企业带来改变的方法。这些投资所带来的回报是非常丰厚的。

营运资本回报率

GMROII 和 CMROII 这两项生产率指标都非常重要,可以用于企业内部管理,但是这两项指标仅能监控到运营资本中的库存部分。为了完善商业模式,还需要能包括运营资本的两大要素——应收账款和应付账款——的指标(见图表7.5)。

在 ABC 公司的个案中,分销商的营运资本回报毛利率(GMROWC)为:

毛利/运营资本
=10.08 亿美元/17.55 亿美元
=57.43%

通常情况下,这个数值就像 ABC 公司的 GMROII 一样,表明企业的业绩处于平均水平,但是如果其 DSO 管理出色,这个数值就可能有所提升。

对于产品经理来说,这可能是最有用的指标了,但要获得这项指标,则要依赖出色的 IT 系统,从而将所有的运营资本要素分配至产品类别中。如果没有这个系统,那么在一些按周期做好的电子数据表中,某产品类别的生产率数据便会各不相同。无论何时,对分销商来讲,运营资本都是非常宝贵的,应该将其分配给那些能带来最大回报率的产品和品类。如果要提升营运资本回报毛利率,产品经理就必须对目录里数百种产品的收入和周转加以微调来保持平衡,因此,对某一类产品的营运资本回报毛利率业绩进行追踪调查,是确定产品经理业绩、激励产品经理提升业绩的好方法。跟任何一种以百分数或比率为单位的指标一样,营运资本回报毛利率无法反映出企业的规模,因此,要与销售量和美元值结合在一起使用。

图表7.5 营运资本回报毛利率(GMROWC)

营运资本回报毛利率(GMROWC)
毛利润/营运资本 =(毛利润/销售额)×(销售额/营运资本) 营运资本 = 存货 + 应收账款 – 应付账款

这项指标的最终版本为营运资本回报边际贡献率(CMROWC),这里

用贡献利润替代了毛利，但其他部分都是一样的（见图表7.6）。

图表7.6　营运资本回报边际贡献率（CMROWC）

营运资本回报边际贡献率（CMROWC）

CMROWC＝贡献利润/营运资本＝（贡献利润/销售额）×（销售额/营运资本）

营运资本回报边际贡献率很可能是用于衡量分销商短期业绩的最佳指标，因为它包括所有直接与产品、消费者和整体运营资本循环相关的成本和折扣。由于供应商经济效益的所有方面都在营运资本回报边际贡献率中有所体现，所以它还可能是指导分销商这方面工作的最佳指南。

品牌投资回报率——营运资本回报边际贡献率的别名

与营运资本回报边际贡献率比起来，有些分销商及其供应商更愿意使用"品牌投资回报率"这个更简洁的名词。他们使用与营运资本回报边际贡献率相同的框架来比较某一品牌在多家分销商内（或仅在一家分销商内）的销售情况。比较的结果很具启示性（见图表7.7、7.8、7.9和7.10）。

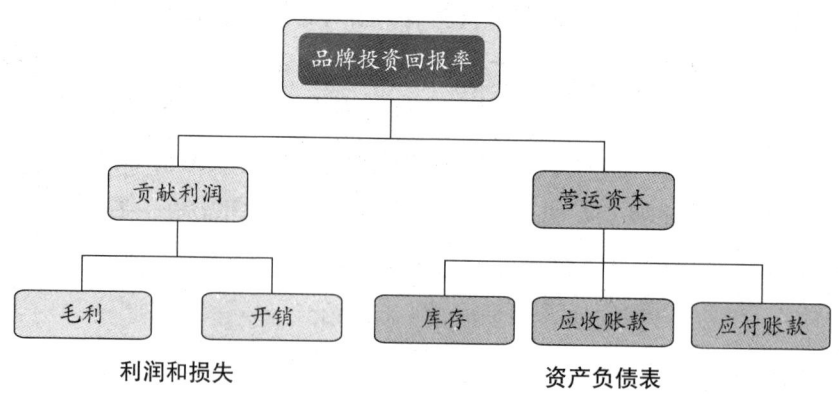

图表7.7　品牌投资回报率的组成

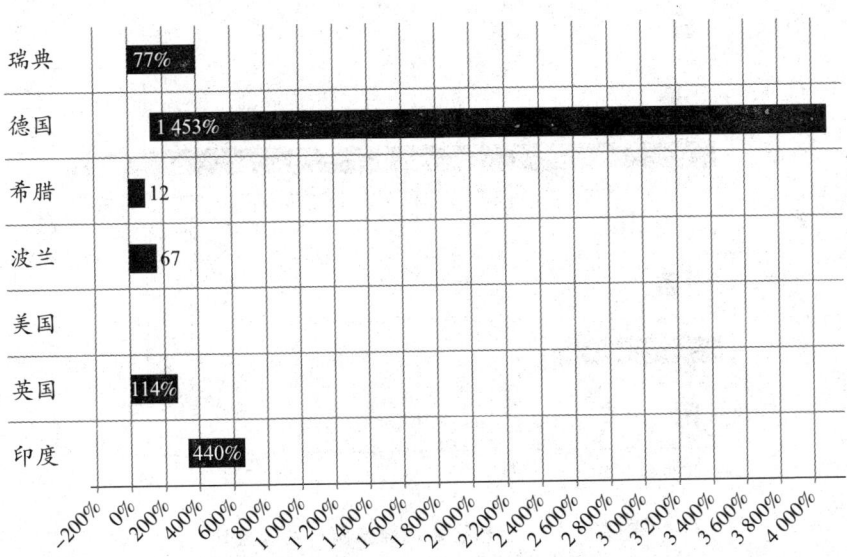

图表7.8 品牌投资回报率示例（按国家）

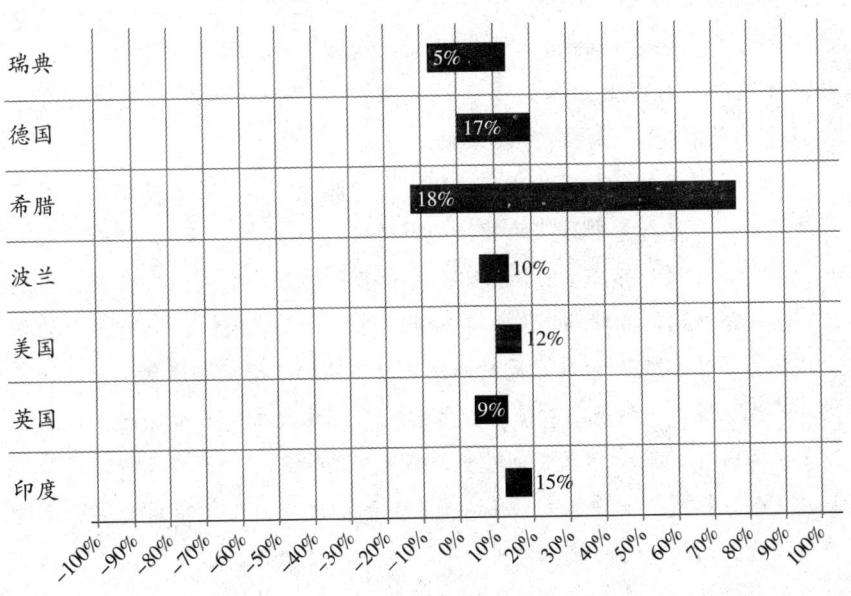

图表7.9 边际贡献率示例（按国家）

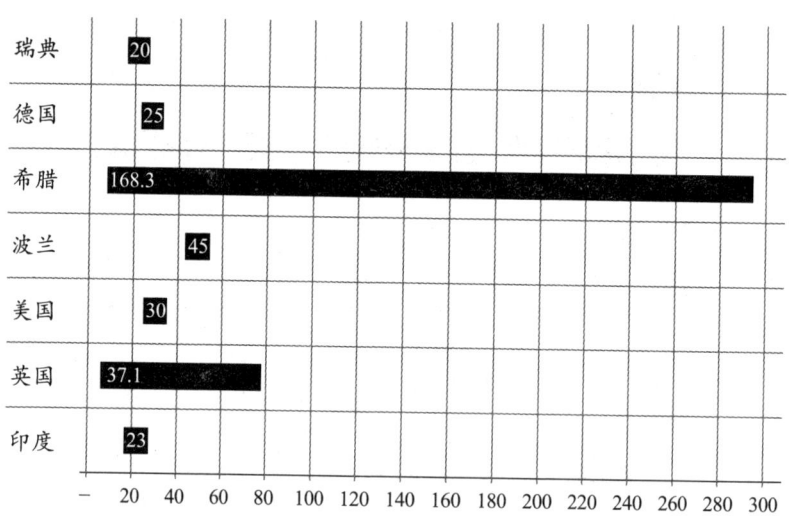

图表7.10 运营资本周转示例（按国家）

> 这些图表（引自真实供应商）说明，即便是同一家供应商的产品，在国际市场上，其各大分销商之间的业绩也会有很大的不同。通过这个分析，供应商的国际管理团队就能够让一线客户经理集中精力，瞄准合适的目标去做正确的事。他们以前用同一个基准来衡量所有国际市场的做法是没有什么可信度的。
>
> 进一步深入的话，供应商可以研究自身两个品牌在各大分销商的品牌投资回报率，并与竞争品牌的数据进行比较（见图表7.11）。分析结果表明，与分销商的全部贸易措施相比，其自有品牌更为有利；但在产品类别比较中，供应商的业绩却不及竞争对手。深入分析表明，供应商自身的平均值掩盖了其品牌A和B之间的一项与众不同的业绩。坏消息是，品牌A的业绩显然低于任何基准数值，等待它的不是被改造便是被撤回。好消息则是，品牌B的业绩胜过竞争对手，而且在品牌A出局的情况下，还能起到稳定与分销商关系的作用。在这个真实的个案中，该供应商是第一个进行这项分析的人，进而便能说服分销商按他的要求做。很多分销商意识不到他们所销售的不同品牌为自己创造了什么样的业绩。因此，他们会对一位能指点自己改善自身经营业绩的供应商心存感激。

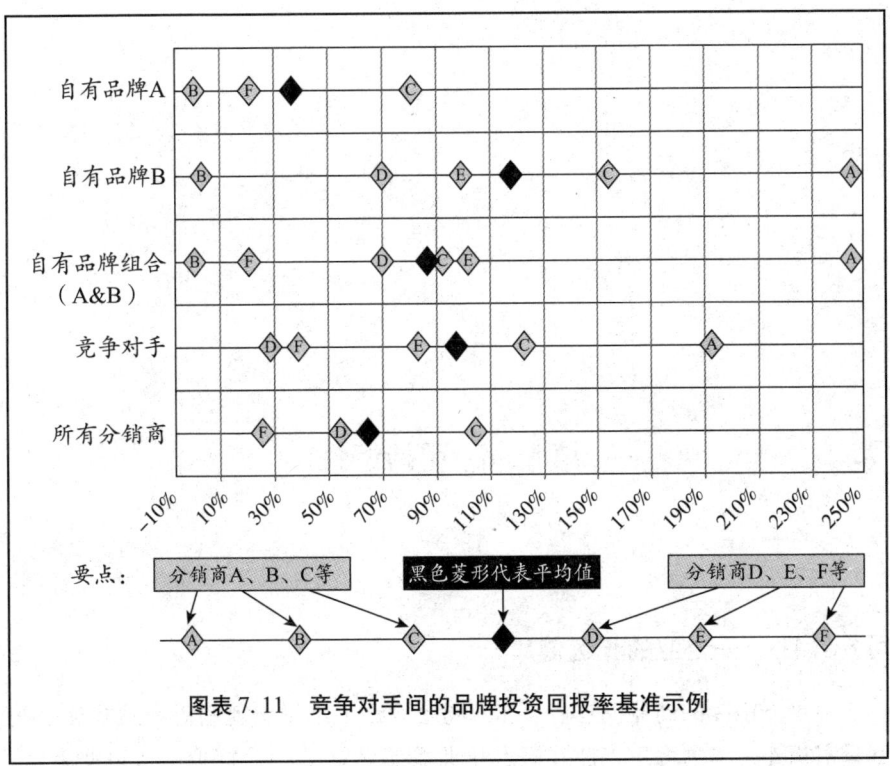

图表7.11 竞争对手间的品牌投资回报率基准示例

第8章 可持续性

可持续性——企业的长远健康

由于分销商的商业模式多与如何利用运营资本尽快地销售产品并从中获利紧密相连,本书将重点放在有助于监管经营业绩的指标上。从短期来看,这才是真正重要的,但是有效监管企业其他长期指标,包括固定资产和长期负债(比如,贷款和企业的资本结构),同样也很重要。当衡量管理团队能否创造高净资产回报率及高已动用资本回报率时,这些因素至关重要。

净资产回报率和已动用资本回报率

有两种相似且常用于追踪企业整体表现的指标:净资产回报率(RONA)和已动用资本回报率(ROCE)。首先来看一下净资产回报率(见图表8.1)。

图表8.1 净资产回报率(RONA)
净资产回报率(RONA)
净资产回报率 = 营业利润/(现金 + 营运资本 + 固定资产)

净资产回报率能衡量企业使用资产所带来的回报率,适用于分销商的业务单位、子公司或者部门等资产配置和整体业务都很明确的地方。在

ABC 公司的例子中，其净资产回报率为：

营业利润/（现金+营运资本+固定资产）
=5 600 万美元/（4.01 亿美元+17.55 亿美元+4.23 亿美元）
=2.2%

拥有超过 25 亿美元的净资产，回报率却刚刚超过 2%，这样的业绩可以说是糟透了。要么是管理人员上班的时候在睡觉，要么就是企业的商业模式出现了重大错误。要解决这个问题，可以通过竞争的方法拉低成本，也可以加强对运营成本的管理，将自身周转盈利的特点与竞争者对比，并从中找出自身最大的弱点。

可以从已动用资本回报率数值，来看资金利用的情况是否好一些（见图表 8.2）。

图表 8.2　已动用资本回报率（ROCE）

已动用资本回报率（ROCE）
已动用资本回报率＝税前净利润/（总资产－无息负债额）

ABC 公司的已动用资本回报率为：

税前净利润/股东资金
=0.44 亿美元/17.56 亿美元
=2.5%

这个数字稍好一些，但是投资者会将这个数字与其他投资机会比较，而且在大多数经济活动中，与把钱存进银行相比，这个回报率也会低很多。

已投资资本回报率

现在情况变得更加复杂。一些世界上规模最大、设施最完善的分销商，使用已投资资本回报率（ROIC）作为衡量管理目标和实施管理层激励的更完善指标。该指标主要反映商业模式的运行情况，并将其与相关股东投资份额联系起来（见图表 8.3）。注意，上面一行代表税后营业利润（有时被称作"税后净营业利润"，缩写为 NOPAT），意思是说，虽然使用的是税后利润额，但也不应该减去利息。

图表 8.3　已投资资本回报率（ROIC）

已投资资本回报率（ROIC）
已投资资本回报率 = 税后营业利润额/投资资本 =（税后净利润 + 利息）/（总资产 – 过剩现金 – 无息流动负债额）

下面来看看 ABC 公司的这项指标：

$$税后营业利润额 = 税后净利润额 + 利息$$
$$= 2\,800\ 万美元 + 1\,200\ 万美元$$
$$= 4\,000\ 万美元$$

$$投资资本 = 总资产（固定资产 + 流动资产）- 过剩现金 - 无息负债额$$
$$= 41.29\ 亿美元（4.23\ 亿美元 + 37.06\ 亿美元）- 4.01\ 亿美元$$
$$- 23.14\ 亿美元$$
$$= 14.14\ 亿美元$$

这样，它的已投资资本回报率为 0.4 亿美元/14.14 亿美元 = 2.8%。

对这个比净资产回报率或已动用资本回报率更好的数值，应该如何理解呢？已投资资本回报率是用来测量其数值是否高于加权平均资本成本率的（WACC），因为它能确定管理团队是否用当年的投资资本创造了价值。将加权平均资本成本率看作在企业所能承担的风险下投入的资本应当获得的利润（实际情况要比这复杂许多，因为资本是由资产和负债共同组成的，而加权平均资本成本率计算方法的技术特点有些突出。即便拥有相同的资产和负债额，与一家经营多年、商业模式获得认可的分销商相比，用加权平均资本成本率来衡量一个处于起步阶段的商业模式便显得过于严格）。因此，我们可以采取以下方法判断：

已投资资本回报率 > 加权平均资本成本率 ⇨ 管理创造了价值
已投资资本回报率 < 加权平均资本成本率 ⇨ 管理破坏了价值

换句话说，管理层不得不向股东证明，将投入的资本交给他们是值得的，因为他们可以运用其商业模式，创造出比把资金投入货币市场更高的回报率。为筹措几十亿美元的资金，货币市场确实是顶级分销商不得不光顾的地方，他们通过进入股票市场或者发行债券的方法来举债。正如在本章开头提到的那样，一般来讲，分销商会不断地汲取资金，经营规模越大，他们需要的资金就越多。所以分销商的运营团队充分意识到，在对运行于各类市场的子公司的管理中，能否提升已投资资本回报率，应当成为衡量和嘉奖管理团队经营情况的指标。

无论分销商是否拥有政府的资助，无论是上市公司、私人公司还是子公司，已投资资本回报率对于不同规模的分销商都适用。对于任何规模和类型的分销商来说，如果管理团队创造出高于投入企业的资本成本的价值，都应该得到奖励。但是，由于已投资资本回报率容易受到短期优化的影响，激励管理团队时也要小心谨慎。目标不均衡可能会促使管理层忽视增长的可能性，破坏创造长期价值的机会。正如之前所强调的，已投资资本回报率是一个百分数，也就是说它忽略了企业的规模、创造或破坏的价值现金维度。

价值创造

价值创造是一个有力而相当直观（虽然它的计算方法中包含了一些技术性很强的数学运算）的概念，要求管理团队不仅创造利润，还要创造出高于其用于创造利润的资本成本的利润。和已投资资本回报率一样，可以将这个指标与其加权平均资本成本相比较，来确定某一管理团队是创造还是破坏了价值。

价值创造（VC）指标（还被称为"经济增加值"，缩写为 EVA）的计算结果是一个现金价值，它比百分数更加直观，并且能反映企业的规模。其优势在于它能用于管理企业的各组成部分，在后面会讨论到这一点。首先，来看看基本价值创造指标的算法（见图表 8.4）。

图表 8.4　价值创造（VC）

价值创造（VC）
价值创造＝税后营业利润 −（投入资本 × 加权平均资本成本）

要计算 ABC 公司的价值创造额，就需要知道它的加权平均资本成本率，通常情况下只有上市公司才会用到这个数字，但是私营公司可以将这些公开的比率作为自己的指导方针（可能会带来额外风险）。假设加权平均资本成本率的部门平均水平为 6.2%，税后营业利润价值和投入资本金

额都采用之前算好的数值，那么：

税后营业利润 –（投入资本 × 部门平均资本成本率）= 价值破坏额
= 4 000 万美元 –（14.14 亿美元 × 6.2%）= 47 668 000 万美元

相对于企业规模来讲（近 200 亿美元的规模），这个数字并非十分巨大，但这是一个负数，意味着一部分价值遭到了破坏，也就是说管理层未能创造出超过投入资本的机会成本的利润。这个结果与净资产回报率、已动用资本回报率和已投资资本回报率所显示的结果是一致的。

有很多证据表明，价值创造是与股东财富能否随时间增长联系最密切的一项业绩指标，可以用来衡量企业管理人员是应该受到指责还是奖励，而且它也确实提供了一个可供衡量各职能部门管理人员业绩的参照标准。配合优质的培训项目和有效工具，管理人员便能了解在日常决策中应该如何利用价值创造、商业模式中的每个部分是如何利用价值创造树影响价值损益的，这也能将讨论过的所有部分联系起来。价值创造树就像是描绘商业模式的图表，展示了这些动态数据是如何相互关联的。企业内部的每个决策都会影响到企业业绩，而价值创造树则会体现这些决策的结果是如何作用于价值创造并影响价值的。

图表 8.5 为 ABC 公司的价值创造树。每个利润数额的右侧是与之相关的利润百分数（例如，毛利率 5.2% 在 10.08 亿美元的旁边）。每个运营资本要素右边是其所对应的天数（例如，平均应收账款回款期 36 天写在 18.97 亿美元旁边）。理解该价值创造树的最佳方法，就是观察动态变化是如何波及已投资资本回报率和价值创造的。如果有 ABC 公司下一年（第二年）的业绩，就能把两年的业绩相比较，看看发生了哪些变化。

假论在第二年，ABC 公司在严酷的市场环境下勉强求得发展，它过多的贴现使得毛利润变得较低。但是好的一面是，管理团队不仅有效地控制了开销，而且还在运营资本的管理方面做出了一些小的改进。

图表 8.6 为传统格式的资产负债表和损益表。企业的关键指标发生了怎样的变化？这些改变意味着企业在第二年是创造还是破坏了价值呢（见图表 8.7）？

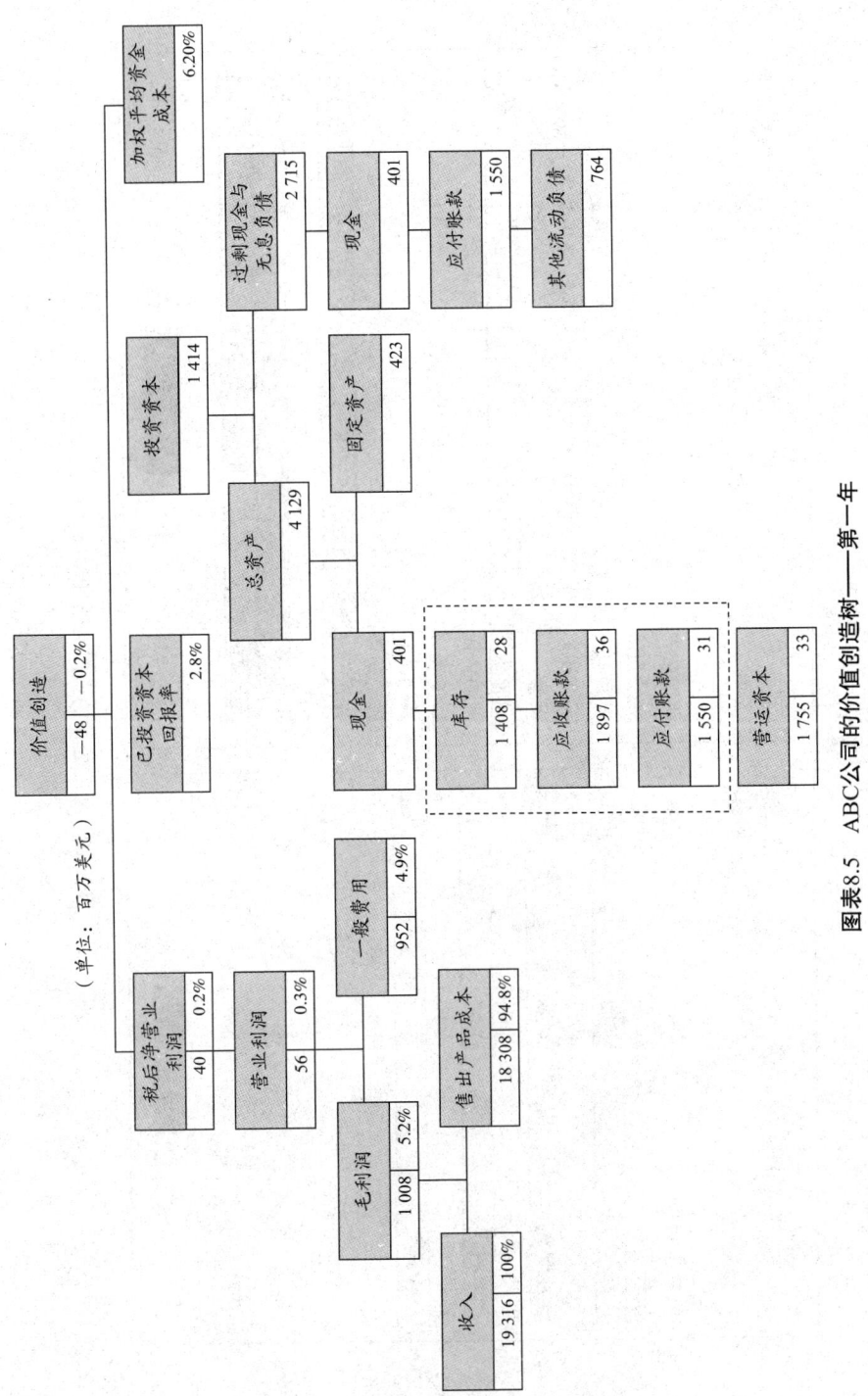

图表8.5 ABC公司的价值创造树——第一年

损益表

	第一年 百万美元	第二年 百万美元
销售额	19 316	21 504
销售成本	18 308	19 901
毛利润	1 008	1 154
一般费用	952	1 028
营业利润	56	125
利息	12	22
税前利润	44	103
税款	16	38
税后利润	28	66

资产负债表

	第一年 百万美元	第二年 百万美元
固定资产	423	456
流动资产		
库存	1 408	1 492
应收账款	1 897	2 011
现金	401	232
总流动资产	3 706	3 735
流动负债		
应付账款	1 550	1 690
其他	764	855
总流动负债	2 314	2 545
净流动资产	1 392	1 191
长期负债	59	75
净资产	1 756	1 572
股东资金	1 756	1 822

图表 8.6 ABC 公司的资产负债表和损益表

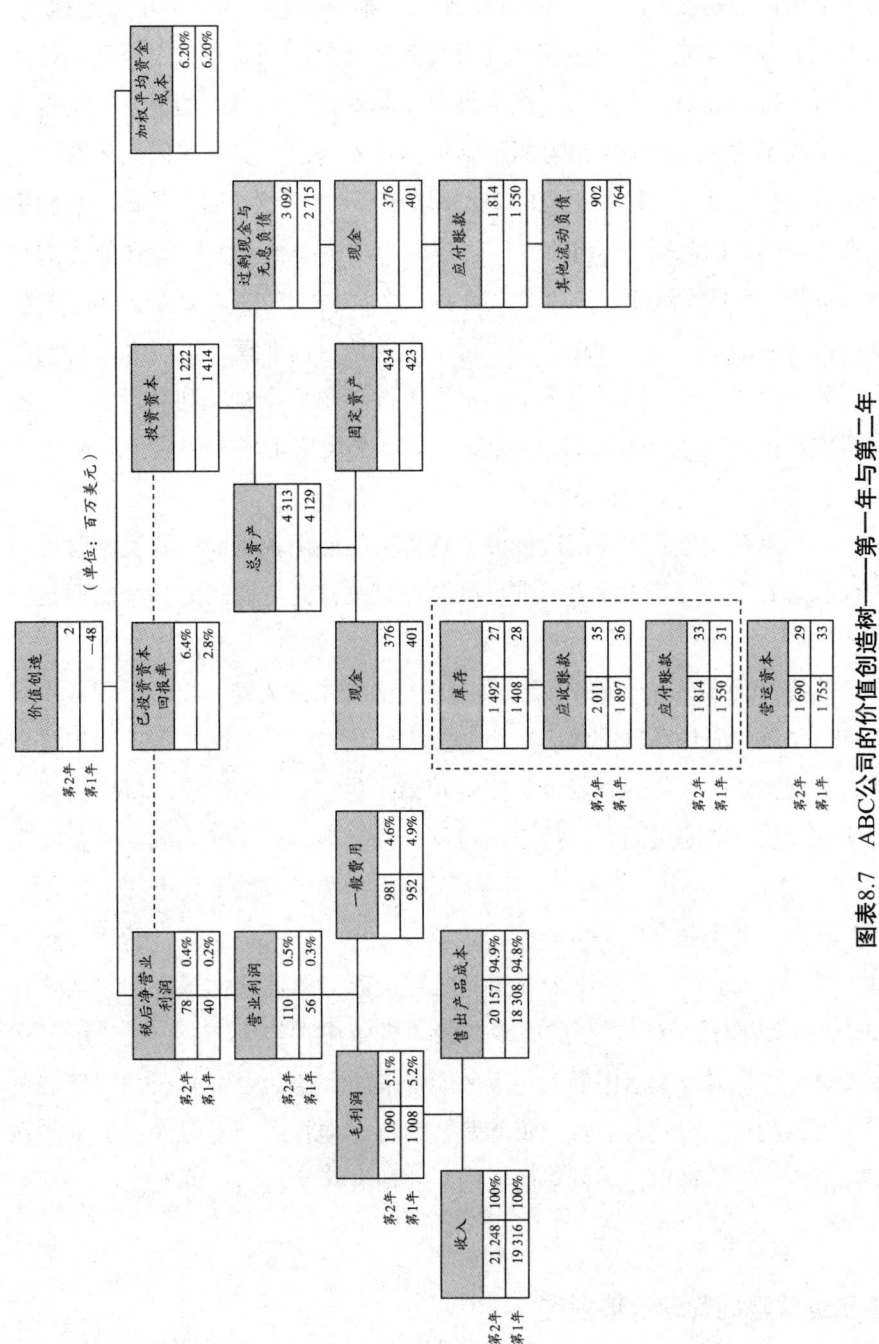

图表8.7 ABC公司的价值创造树——第一年与第二年

从树形结构顶部开始，可以发现，与第一年损失 4800 万美元相比，ABC 公司第二年实际上创造了 200 万美元的价值。然而相对于企业整体规模来讲，这个数值显得很小，但却可以将其看作一个很大的进步。是哪些改变造就了这一进步呢？沿着树形结构向下看，已投资资本回报率有了戏剧性的改变，从原本微不足道的 2.8% 增至 6.4%（这个百分比高于加权平均资本成本，因此创造了价值）。这是由于税后净营业利润的数值在减少投入的资本金的情况下，从 0.2% 翻了一番，达到 0.4% 的缘故。由于两项指标同时做出了改进，管理团队才得以有效地对商业模式加以大幅度的改进。如果只能在投入同样资本金的情况下改善税后净营业利润，那么已投资资本回报率就会变成 5.5% 这个低于加权平均资本成本的数值，ABC 公司就会遭受又一年的价值损害。

这一点至关重要。要创造价值，管理层就必须从利润率和资本管理两方面同时着手，对其业绩表现进行微调。只改善商业模式的一个侧面是远远不够的。

改善 DPO 或者应付账款天数是减少投入成本的关键。ABC 公司向供应商支付账款的应付账款天数比平均值多出两天，正是这两天帮助股东将支持营运资本所带来的额外资金负担转嫁给了供应商。（注意，ABC 公司并非平白无故就能晚付两天，是通过与供应商交涉，或转变供应商组合实现的。）除此之外，由于在库存天数和 DSO 或消费者天数上，也都缩短了一天，从而帮助企业降低了所需的营运资本。所以，总的来讲，营运资本一共缩短了 4 天。4 天真的那么重要吗？在这家分销商的例子中，它意味着 2.3 亿美元左右的资金，在所减少的投入资金中占绝大部分。这显示了在处理这些指标时合理运用投入资本所能带来的力量。从 ABC 公司的资产负债表可以看出，虽然其净资产每年都在增加，但投入交易运作的资金却在逐年减少，这全都得益于其对商业模式的精湛管理。

基于运营基础管理价值创造

价值创造能从全局的角度衡量整个企业，这是其优势所在，但是工作在执行层的经理跟它又有什么联系呢？即便在非常基础的管理层，每个经理都应该能意识到，他（她）所作出的涉及损益表和资产负债表的决定，会对价值创造产生怎样的影响。高级管理层在与下级和跨组织的交流中，扮演着重要的角色。目的便是让他们认清哪些是主要价值创造因素，并引起执行层关注。

但是，体系更加完善的供应商和分销商会从个体消费者层面看待这件事。分销商所关注的是，他们所销售的、来自主要供应商的产品能否为企业创造价值。绝大多数企业能够通过毛利率衡量客户（或供应商）的盈利率，还有一些会更进一步，通过边际贡献率进行衡量。现在，有些企业正将主要运营资本资产和负债分摊给消费者。这其中甚至包括对固定资产的影响，比如，分销系统和工厂使用率（factory utilization）（比如，对于一个波动剧烈、脱离正轨的生产工厂，某一提前下订单的客户会拉动整个工厂的效率）。通过将这些因素整合进价值创造的措施中，并将资本成本运用于你自己的企业，你就有可能看清某个客户（或供应商）是在为你创造价值，还是在破坏价值。图表8.8展示了某分销商对客户的分析实例。

每个圆圈的大小代表所创造的价值，而它们所在的坐标是以边际贡献和服务成本这两大价值驱动因素为轴所构成的。箭头和虚线代表分销商对每个账目的看法。根据图表中的分析，可以得出这样的结论：

- 客户A创造的价值最多。因为它的潜在边际贡献额大大超出了它的高额服务成本。下一年，为这个客户服务的客户团队会将工作重点放在服务成本动因上，促使该客户服务成本向右移动，以增加其为分销商创造的价值。通过分享如此所产生的回报，消费者和分销商都将从中获利。
- 与客户A相反，客户B是通过低服务成本为分销商创造价值，但需要提升其创造的边际贡献额。
- 客户E、F和G的位置都非常好，在创造高边际贡献的情况下维持了低服务成本。它们要做的只是发展壮大而已。同时，客户G也有可能提高其贡献额。

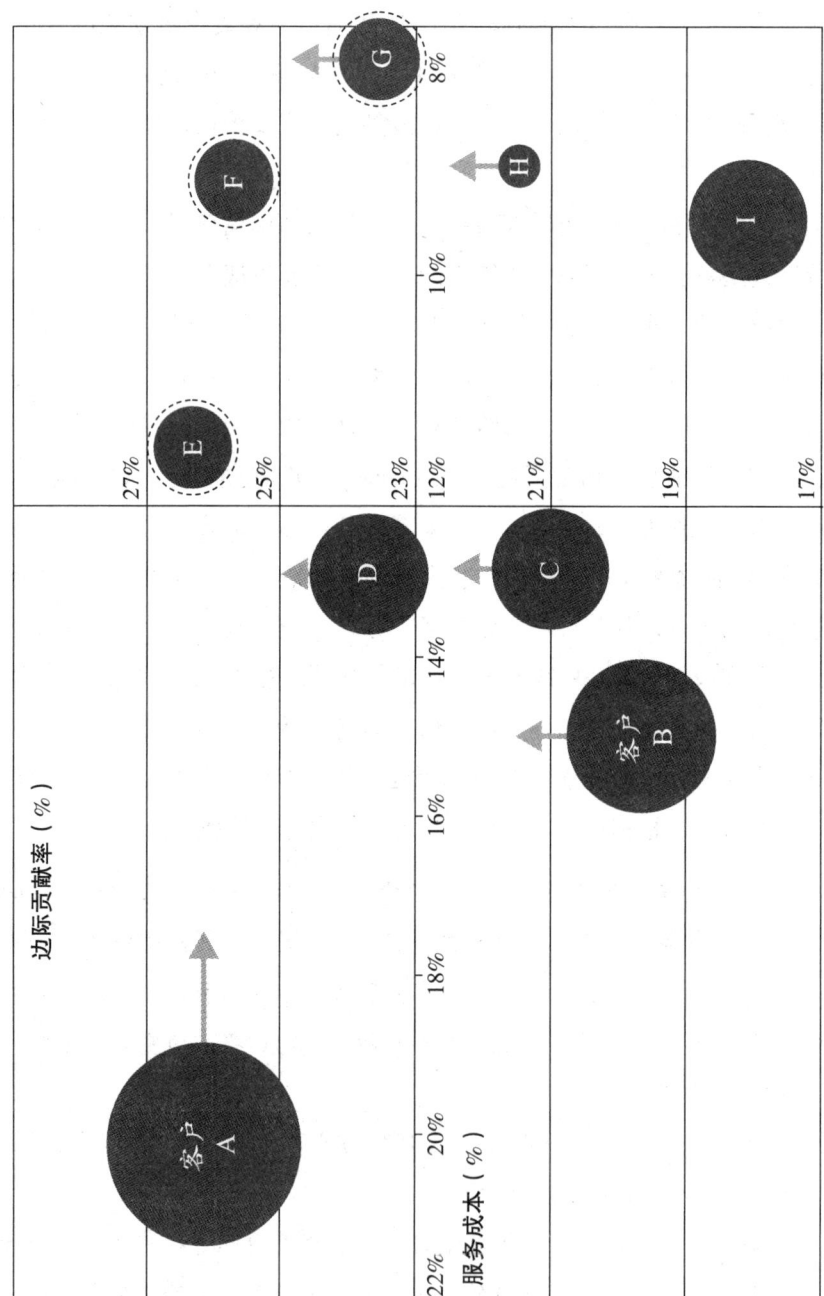

图表8.8 以边际贡献和服务成本为轴的不同消费者的价值创造分析

每个客户团队的任务，都是要更进一步深入了解推动客户圆圈的位置和大小变化的因素，然后和客户一起，将客户推向指定的方向和位置。所有客户团队可以定期聚在一起召开会议，分享彼此最好的做法和想法，并推广至所有团队，这对他们来讲是非常有帮助的。这种分析看上去可能很难，需要花费大量时间，且耗资巨大，但实际上只有第一次举行的时候才会这样。只要制定好成本和收入的分配算法，建立好来自公司信息系统的数据，那么分析模型就可以在任何时间开始运转。如果要进行重大变革，那就需要几个季度的时间来计划和实行，所以，不到一季度便做一次分析很可能是没有意义的。利用价值创造来处理供销战略关系的分销商将会占得先机，将合作引导向真正的价值动因，从而在双方获利的同时寻得发展。在传统的对峙策略中，双方会为一个可能正在不断缩水的利润率而争斗，相比之下，上述方法与之有着很大的不同。

第9章　管理发展

发展动态

管理分销商的发展需要面临巨大挑战，企业每天都会进行无数次的采购、定价、销售和库存决策，而这些决策又影响着体现在损益表中的利润与成本。可以看到，利润下降几个点，而成本增加几个点，此时利润就会出现亏损。市场环境对管理发展的挑战有重大影响，它要随着市场发展，而不是通过竞争来争取市场份额以求比市场发展得更快。而要在不断萎缩的市场中发展，则将面临更为严峻的挑战。

战胜这些挑战需要有某方面的竞争优势，比如，产品专卖权、更多（更有效的）广告和宣传、服务、供货能力或者更快的交付速度。获得这些竞争优势都需要成本投入，那么，除了补偿这些成本外，还会获得哪些发展优势呢？分销商能得到什么样的规模效应？竞争优势会带来两大好处：成本结构效率与营运资本效率。但迅速发展也存在局限性：发展需要增加营运资本，而增加营运资本就意味着吸收现金。在过度交易、耗尽现金之前，分销商的发展能有多快？下面我们先来了解极端情况，然后再探讨如何实现规模效应。

内部资助发展速度公式

已经了解了分销商的业务规模及其营运资本效率是如何限定、需要多少现金来资助业务发展。同样的原则可以用来确定分销商能以内部资源资助自己发展到什么程度（见图表9.1）。

图表9.1 潜在发展能力增长率（%）——内部资助发展速度

潜在发展能力增长率（%）
潜在发展能力增长率（%）=税后净利润率×营运资本周转次数

假设分销商正全力发展，将所有利润都用来满足不断增加的营运资本需求。这表明，分销商没有从税后利润中扣除任何红利，一切都保留着，作为额外的股东资金而加入资产负债表中，作为留存收益一项。分销商当然可以选择将资金用作他途，比如，购买固定资产，但是在此我们想找的是理论上的最大发展速度。也就是说，所有增加的资本都被作为营运资本中，以支撑增加的销售额。营运资本周转次数是资本每年被使用的次数（销售额除以营运资本），因此，将额外资本乘以营运资本周转次数，就可以得到额外的销售额了。

用这个公式来表示ABC公司（第一年）的情况就是：

税后净利润率×营运资本周转次数
= 0.15% × 11
= 1.6%

也就是说，第二年，采取同样的商业模式，ABC公司可以依靠自身资源以1.6%的速度发展。如果发展得更快，将耗尽现金余额且透支，或者将需要增加第三方借款，或者两种情况都出现。我们知道，第二年的销售额实际上比第一年多出9%，那么ABC公司是如何做到的呢？它做了两件事情：

- 将营运资本周转次数从11增加到了12.6（365天/29天）。将发展能力略微提高到1.9%（税后净利润率0.15%×12.6次）。
- 将现金余额从4.01亿美元减少到2.32亿美元（投入营运资本）。差额1.69亿美元的一部分被用来购买固定资产（长期负债净增），而余下的1.52亿美元也随营运资本周转12.6次，帮助销售额增加到19.15亿美元，相当于第一年销售额的9%。

换句话说，ABC公司在第一年年末的潜在发展能力较低，因此，不得不减少现金储备以资助发展。一两年内这样做可以，但任何分销商的资产负债表上都不会有取之不尽的现金。再一两年后将进入缓冲，不再有发展资金来源。在很多国家，大一些的分销商已上市，可以进入资本市场筹资来资助发展，或者通过促进收购来扩大发展。敲开资本市场大门的代价很昂贵，需要满足上市要求，接受公众（分析员）监督，需要满足最高的惯例水准，以尽可能发挥商业模式的作用。ABC公司获得的收益尚未达到标准，资本回报（ROIC）低于资本成本（加权平均资金成本，WACC），已投资资本回报率（ROCE）低于银行储蓄利率。如果ABC公司希望在未来几年中发展起来，就需要不断改善其商业模式，特别是要提高净利润率。

规模经济——利润率

大量证据表明，由于固定成本会分摊在更大的营业额中，分销商的活动受益于规模经济。分销商的一些成本直接随销售额的变化而变化——会计师们将其称为变动成本——这部分成本包括销售佣金。不过，大多数成本都是固定成本，实际上是会计师对阶段性成本的误称。事实上，随着对额外产能进行投资，所有的IT系统、仓储、物流、产品管理与营销成本都会逐步增加。实现规模经济的关键在于，在增加投资而产生额外成本之前，要确保产能得到充分利用。即使耽误增加产能六个月也可能是以最大产能或接近最大产能经营的6个月，而这正是规模经济之所在。

看一看图表9.2，其中显示的是：随着销售额增加而逐步增加的固定成本，与减去变动成本后的边际收入的顺利增加。当边际收入位于固定成本之上，然后在固定成本又增加时被超越，这两条线的相交点是净亏损与净利润的临界点。这个例子是对分销商实际情况的简化，表明商业模式在收支平衡点左右波动。每次当业务随着收入增加而出现利润时，管理层会投资以增加产能，随之伴随着另一组的固定成本，使经营活动又回到了亏损的状态。看看当管理层采取延缓投资的战略时，又会发生什么——具体见图表9.3。

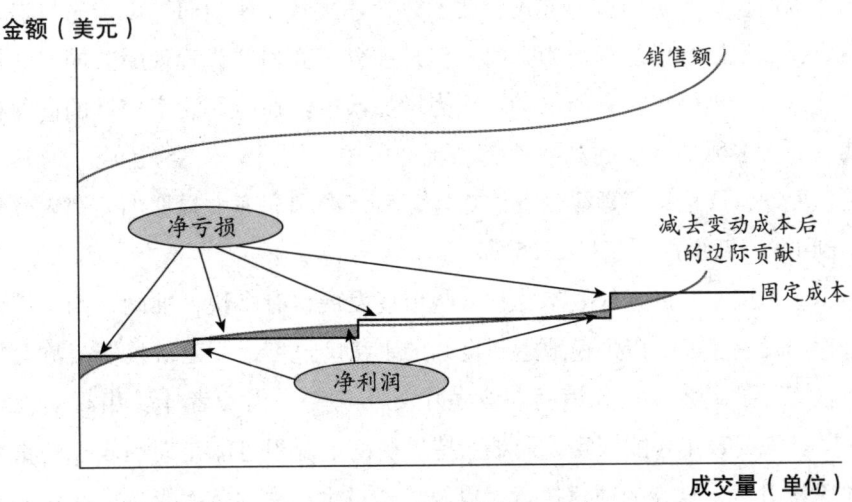

图表9.2　当销售额增加时，边际贡献与固定成本相互作用的情况

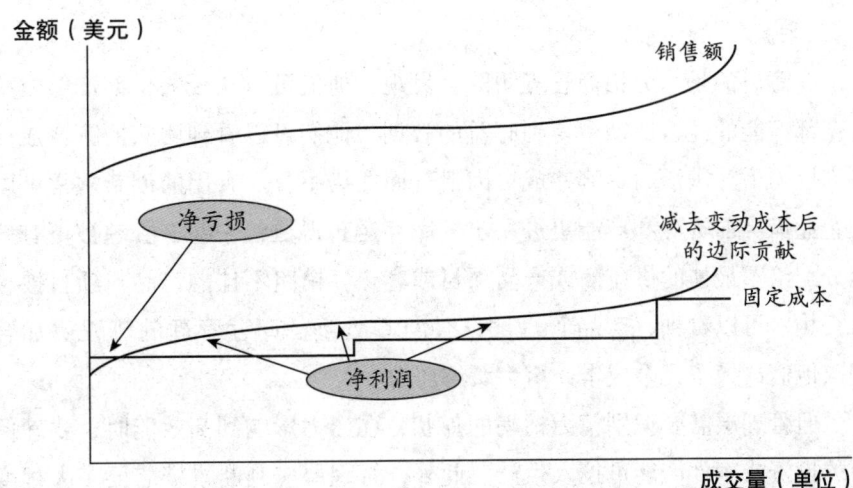

图表9.3　当延缓投资时，边际贡献与固定成本相互作用的情况

除了开始阶段外，商业模式一直保持着利润，而固定成本也同步增加。这一战略的关键在于延缓增加固定成本的投资，直到减去收入后，增长推动着供款超过了固定成本的水平。也就是说，当企业以接近产能的状态运营几个月（或几年）后，应该减压运营一段时间，但管理层需要将其当作以前投资产生回报的方式。大多数管理团队往往倾向于以未来发展为重点，以发展和增加投资为方向。但是在分销商内部，管理团队同时需要关注过去，确保将过去的承诺转化为增加回报。在净利润率较低的商业模式——大多数分销商的利润率都较低——中，这是一个至关重要的战略。可以发现，严格按照延缓投资战略运营后，净利润率大幅增加，销售额从不到1%一跃增加到超过2.25%。

管理层要有良好的战略感，清楚市场发展得有多快，准确预测分销商合理的发展速度，以平稳地达到良好的平衡。过度运用延缓投资战略会导致投资不足，会导致分销商在竞争中处于劣势、消费者体验出现负面效应，且需要数年才能恢复。最难保持平衡的情况很可能是周期较长的重要IT系统升级、复杂的项目执行，以及最初对生产率的负面影响。在一些案例中，可以看到市场上前三四家分销商之间的位置变动，其原因不在于价格、供货能力或服务水平差异，而在于其对复合系统执行方面的相对成功（与失败）。

有意思的是，分销商管理团队会发现，他们可以从投入全部产能或接近全部产能的经营活动中得到有益的教训。他们可以看到团队的哪些成员在高压力下充满活力、哪些成员因泄气而业绩不佳。有用的创新常常可以使企业借当前资源和产能更进一步：库存运转得更快一些，资源被更有效地分配给了最佳的供应商或产品项目或客户，销路不佳的产品与项目被尽早终止。可以看到，产品管理团队使订单处理、库存管理的流程更加合理，他们砍掉了冗余成本，努力缓解压力。

但管理层需要识别精力枯竭的症状，在压力影响到高效能时，要确保新的投资或额外产能可投入生产。此外，管理层应判断投资需要多大程度的变革管理。前面提到了系统执行所带来的冲击，这些系统在执行或升级时常常给流程团队带来巨大的负担。这些投资的收益经常在需要对流程进行根本性改变时产生,带有陡峭的学习曲线,工作重担也相应从后台人员转向前台人员。在全产能状况下运营时,不推荐改变系统和流程,否则就像是在飞行中途突然改变波音747的引擎一样。

事实上,管理发展动态可以被认为是不断进行的变化管理,常常是最难恢复正常的变化中"较柔和"的人为片段。管理变化的重大成功因素之一,便是对直接受影响的人灌输商业模式的并使他们深切了解商业模式、告知他们变化将带来什么样的冲击。在没有真正了解目标的情况下,团队的角色与实际工作需要可能严重不一致——有很多这样的例子。同样的人努力探索,以实现所要求的阶段性改变,他们既努力改变,又努力获得更多的洞察力与创新——而这些洞察力与创新只能来源于具有一手经验的人们,并使他们真正受益。人一定是实现规模经济的关键因素,在实现业务提升时,让他们担任熟悉的角色,通常会获得比仅仅"按数字管理"更多的成就。

规模经济——营运资本管理

在较大规模的经营活动中进行营运资本管理有一些显著优势。在库存管理中,缓冲存货可以成为存货要求的一小部分,因为大的分销商可以优先从供应商那里补充库存。对于A线和B线(量大的线)来说,来自大分销商的订单货物可以装一辆或更多辆卡车,与零散的订单相比,供应商可以更容易配送。这些因素结合起来,可以使大的分销商获得更高的销售额对存货比率,换句话说就是,分销商的存货周转率较高,面临的缺货风险较低。

在管理营运资本的所有因素中,扩大规模会增加对IT与操作系统投资的可能性。例如,只有更大的分销商能够从"看不见的库存"操作中获利。这些高自动化设施由精密算法支配着——由机器来存放和分装货物,这些算法根据订单提货的频率与数量来决定将每个库存单位放在何处。由于人们对产品的需求时升时降,这些系统会不断甄别什么时候要移动产品,并依靠计算机存储器而不是理论体系来安排布局结构。(设想一下,

30位取货员在仓库中忙碌地工作，而仓库每星期都要重新整理好几次，情况十分混乱——但机器人系统却能高效地完成这些工作。）同时可以使用另外的系统来提高赊销控制、赊销管理以及改善应收账款记账的效率。类似系统可以提高应收账款的管理效率，确保所有的保值单据被结算，使供货商贷方余额得到最大化。

这些系统需要庞大的资本投资，只适合结算业务达到上亿规模的企业，但能够极大地提高营运资本周转次数。此类系统并不能完全取代人的判断力与管理经验。一些情况下，由于缺少人的技巧，而抵消了一些重要投资的益处。举例来说，这些系统会劝诱分销商增加供货商、产品线与库存单位的数目以促进发展。不过，每个额外的库存单位都会带来一定的成本与营运资本，削弱该分销商商业模式的整体效率。在周转项目中，能迅速获得成效的原因之一就是淘汰后10%的产品与供货商。这样做可以释放营运资本和其他资源，它们可以被更有效地再用于前面提到的"昏睡者"与"胜利者"。

分销商保留存货的地点数量是另一个破坏财务规模的因素。每个单独的存货地点增加了所需缓冲库存的量，使大分销商的效率不及同等规模的本地参与者。运送与存储成本之间的平衡不断改变，在将分销运作集中化还是地方化的趋势中有所体现。这是一个复杂的计算过程，我们提醒分销商不要将额外地点当作发展战略的关键点。我们需要令人信服的证据来证明，在用额外的库存点来补充分销商的运营之前，核心库存点无法满足销量。供货商对服务更多供货地库存点的成本很敏感，如果不得不在一个以上的分销商分销点卸货，供货商就向分销商寻求经济补偿。

发展风险——规模不经济

发展也使情况更加复杂，从而导致规模不经济的情况。这些与处理数百万或数亿笔交易的企业的协调和控制有关。复杂性会掩盖分销商的问题，阻止发展。一些关键问题的答案——比如，从哪个客户、哪些产品中可以得到最好的回报——令人难以捉摸，隐藏在无数产品和客户的大量数据和信息中。各层管理人员需要在可控范围内协调团队。每个额外的库存单位、产品、产品线、供应商、客户群、服务提供以及位置都增加了复杂程度。

　　成功发展的分销商管理层将重点放在商业模式的基础之上。他们使用着在本书这一部分探讨过的指标，确保每个下级都清楚他（她）的行为是如何影响商业模式的表现。分销的成功源自对运营企业动态的了解，其中，利润只是收入减去成本后出现的，是小头，且收入与周转同等重要。

第10章 如何向分销商销售

向分销商销售的含义

本章的标题并不是太恰当。"向分销商销售"实际上指的是供应商满足分销商需求的流程。分销商作为供应商进入市场的途径，是将产品推到和接近终层参与者或者供应终端使用者市场的中间商。这个流程会让你联想到"渠道销售"而不是"直销"。事实上，供应商想要的更多。供应商希望分销商将重点放在自己的产品上，通过各种手段的结合——比如，市场教育、产品管理、市场营销、促销以及竞争性销售——来主动推销。供应商也希望分销商代表自己采取第3章中所列出的一项或更多的活动。而且，供应商希望随着时间的推移，与分销商培养并建立合作关系来增加销售额，这更像是客户管理而不是销售。不过，除了方便记忆外，从商业意义上看，在考虑如何让分销商信服产品或售出产品的优点时，"销售"是个不错的思维方向。你希望作为供应商与分销商建立商业关系，而"销售"要求你思考商业关系的各个方面。

分销商对供应商及其产品自身毫无兴趣，只是将它们看作战略与商业结点的一种途径，也就是将产品周转盈利。而消费者认为，这种产品的显著特征只与分销商说服他们所说的产品对其需求的满足要高于竞争者的同类产品有关。换句话来说，如果那意味着消费者打算从分销商的下游客户处购买的话，分销商需要运用更好的诱饵战术。如果你没有最好的诱饵，仍然可以成为分销商喜欢的诱饵供应商，前提是你需要让分销商相信与你做生意可以获得最大利润。也许这是因为作为供应商，你准备投入更多来刺激客户认知度、对品牌的爱好，以获得更高收入，或者你愿意让分销商得到更高的毛利润，或者你愿意出资帮助专注的销售人员打造销售团队。或许，你会分配寄售库存或延长赊销期限，这样分销商就不用为你的产品投资营运资本了，或者你会授予他独家分销权，这样他就不用面对其他分销商的竞争。或许，你只是通过"这样的交易"来打入市场，并没有直接的销售力量来与同行竞争、引起渠道冲突。也许，你会努力投入这种商业模式，这样，分销商便会知道他对你的任何投资都会得到保护。这些原因中的任何一条都非常有说服力，激励分销商储存并促销你的品牌和产品。对于供应商来说，这都是需要付出的。你要确保在这种关系上的任何投资都会被分销商认可。这便是销售心态的作用。记住，你正在销售一种商业合作关系，你正在销售你的渠道价值主张，而不是在销售产品。

销售流程

优秀的销售人员都是从了解和研究客户开始的。他们花费时间与精力来了解客户的需求：他们的商业目标是什么？哪个目标会带来最大的挑战？他们的弱点在哪里？他们面临着什么样的威胁与挑战（他们是否清楚这些威胁与挑战）？当你希望与分销商达成合作时，就会碰到这些问题。它们是你销售流程（见图表10.1）的第一阶段。

图表 10.1　开发分销商的流程

了解并分析你的目标分销商的合作战略十分重要。你必须依此来定位你们的合作关系,告诉他,你在努力帮助他实现目标。无数供应商未能抓住分销商的需求并做出反应而浪费了时间,例如:

- 当分销商宣称计划调整自己的产品范围,以向客户提供最好的产品时,供应商们的目标就是要使分销商拓宽产品范围。
- 当分销商努力在保持收支平衡的基础上略有盈余时,供应商们更关注的是(其低利润产品的)销售额。
- 供应商们未能提到其高端产品将带来高额利润的潜能。
- 当面对庞大的终端用户营销活动时,供应商们只说他们将不受其约束。
- 资金掣肘的分销商渴望发展,但不知道供应商的标准条款中包括延长赊销期限。
- 在合同中,供应商用较小字体书写对分销商有利的条款。比如,快速消费品行业中的价格保护条款(当供应商降低价格时,保护分销商的利益)。

大多数分销商乐于分享他们的目标及计划实施的战略。供应商通过巧妙询问(经典的销售技巧),可以了解分销商感到脆弱或压力之处:哪些客户正在投向其他分销商?哪些产品发展得不够快?哪些没有达到目标利润?分销商接下来打算进入或开发哪个市场?你还可以了解到哪些供应商正在破坏他们与这家分销商的合作关系,因为他们正在增加渠道矛盾(比如,采用直销方式)或者在同一地区增加新的分销商。

> 在20世纪80年代末,爱丁顿集团(Edrington Group,即原来的Robertson and Baxter)为自己一流的苏格兰纯麦芽品牌Glengoyne在法国寻找一家分销商。爱丁顿知道Taittinger——一家大的香槟酒厂,也是葡萄酒和烈酒分销商——刚刚失去了对Glenmorangie威士忌的分销权。对于Taittinger而言,Glengoyne将会带来高额利润,并能有效补充产品目录空白。但是,爱丁顿并非唯一一家想借助Taittinger分销力量的供货商,因此,爱丁顿需要确定能够战胜其他竞争者。爱丁顿集团很快便了解到了

> Taittinger 所缺乏的、最想要的是高档苏格兰威士忌，以和自己的自主品牌搭配出售，从而为公司带来大量现金。当时，自主品牌供应商们大多生产的是低品质廉价超市品牌，无法交付 Taittinger 所需要的高质品。于是，爱丁顿集团提议向 Taittinger 供应优质产品 Defender Scotch，作为整个分销计划书的一部分，该计划书还包括 Taittinger 分销 Glengoyne 麦芽酒，最后被 Taittinger 认可。
>
> 爱丁顿集团成功地分析了该分销商的战略与需求，找到了将 Taittinger 与公司紧密相连的机会，实行开发战略，生产 Defender 并向 Taittinger 提出计划书，该计划书以其整体商业需求为基础，而不是局限于单独讨论 Glengoyne 麦芽酒的价格和营业额。

从策略性对话中得到的洞察力应成为你回复分销商的基础。现在，你知道该如何定位自己的战略，将市场、机遇与共同目标联系起来了。将分销商的商业目标当作你可以将自己的商业计划"挂"上去的挂钩。每个目标都是你们合作的潜在机遇。你要做出什么样的投资？或者，针对这些机遇，你要采取什么样的行动？这些怎么才能为分销商创造价值？你正在打开新的市场空间、发展新型渠道、开创新的服务机遇吗？你正在产生额外的市场拉动力，而这种拉动力将增加销售额吗？或者，你正在促成某种形式的差异化，而这种差异化将提高利润？相比竞争者，你能提供更具吸引力的分销战略吗（个别分销者）？你会减少所需的存货或降低分销商的销售成本吗？所有这些都可能引起分销商的兴趣，但要将它们与分销商的目标紧密相连，确保它们是相互关联的。

对于那些合适的机遇，要发展关系计划的战略与战术。对于这一点，大多数供应商都做得很好。但重要的是，要确保这些战略与战术能明确推动分销商实现目标。大多数供应商对这一点做得不好。人们常常听到的是他们将做什么，却很少听到这样做将如何帮助分销商实现目标。

现在，你要准备并确定你的商业计划，这包括战略与商业方面。即使是最足智多谋的分销商，也需要知道他们是将你看成为他们带来生意的人，还是他们可以与之合作一段时间来实现目标的人。告诉分销商你将帮助他实现哪些商业目标、你可以帮助他加快实现哪些商业指标。准备期间，将分销商的商业模式作为一览表进行核对，标出你的建议将带来的突破，见图表10.2。

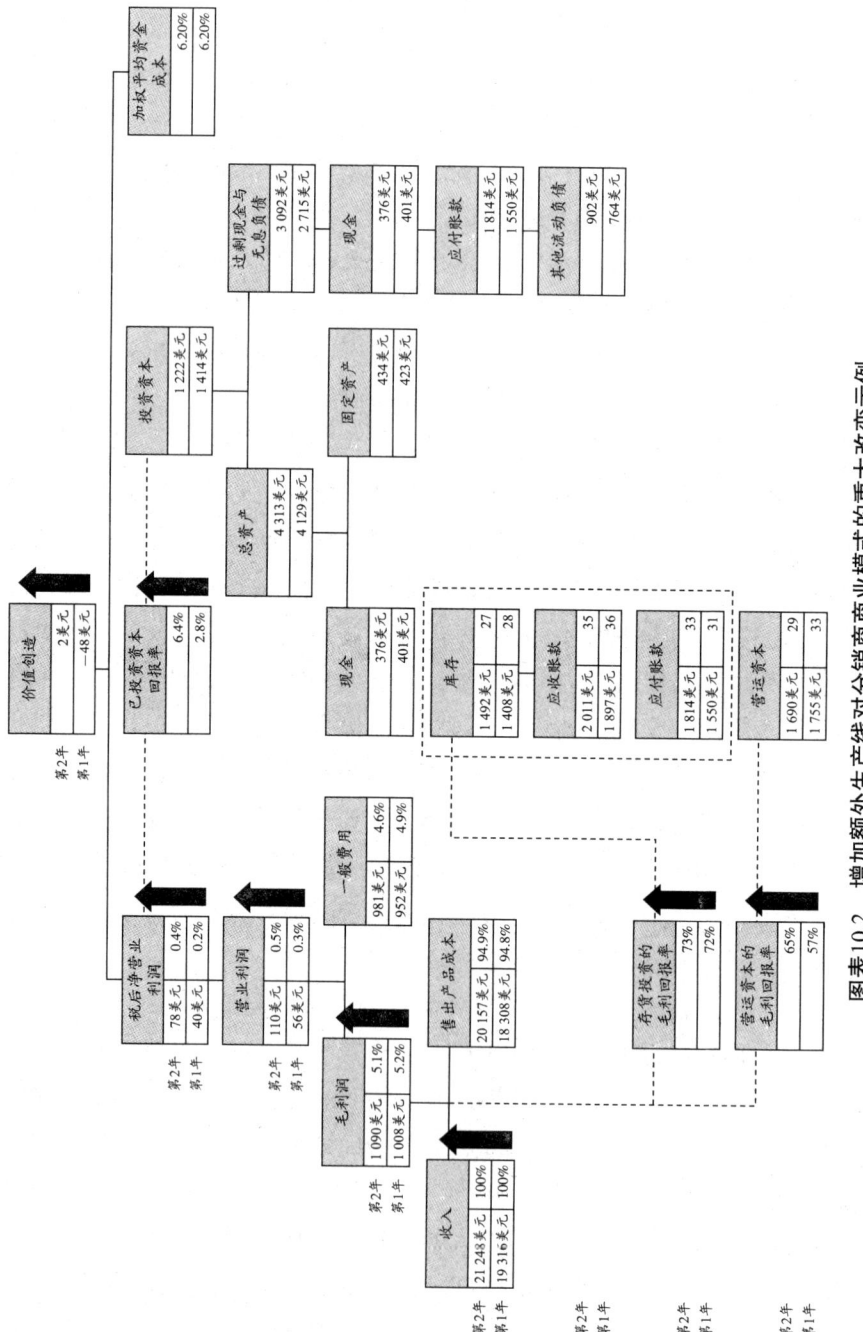

图表10.2 增加额外生产线对分销商业模式的重大改变示例

注意，通过增加生产线，将为分销商提高供应商说明的 8 个指标。在合作中全部使用这些会计术语会使对话陷入困境。可以从中挑出分销商管理团队自身关注的一两个指标，来强有力地举例说明。例如，供应商说明将如何提高投资资本回报、将优先实现的指标，特别是如果那是他们奖金计划的关键指标时，ABC 公司的管理团队一定会印象深刻……

> Uniroyal 轮胎在意大利曾经由 22 个地区分销商组成的分销网络负责销售。Uniroyal 是一个优质品牌，与倍耐力（Pirelli）和米其林（Michelin）相互竞争，而其他不太知名的品牌则在其间以价格为优势竞争着。由于各分销商都经营多个品牌，他们需要知名品牌来填补下面两个档次的产品线。Uniroyal 管理层看到了保证分销商投入更多时间、精力和资源的机会。他们找到了一种廉价的无名品牌，贴上 Uniroyal 的商标后出售给分销商，避开了低价、量大的部分市场的竞争。尽管这些产品的利润率远远低于 Uniroyal 品牌的产品利润率，但公司从分销商的收入中得到了更大的份额，巩固了在分销商中的地位，也保护了他们的高利润产品。

管理客户关系

大多数分销商都希望能与供应商维持长期的合作关系。他们知道，改变重要供应商将带来高额成本，只有当商业状况、关系管理方面出现恶化时，才会与供应商解约。但是，能成为重要的战略合作伙伴、具备调节分销商市场准入的整个能力的供应商，与只引导目录管理人员注意力的重要供应商之间有较大差异。有些供应商可以仅通过市场份额控制分销注意力，但如果没有主动的客户管理，即使是最聪明的供应商也会忽略这种关系的潜能。小一些的供应商们可以借由他们的客户管理能力来突出自己。这需要很多技巧，包括多层次销售、关系建立等，这些在其他书籍中可以看到。不过，关键的差异点在于对这种关系的商业动态的全神贯注，以了解对分销商很重要的关键指标为基础，并能很好地预测这些指标将如何在日常运作的基础上工作。

可以用一个例子来说明具体可以做什么。设想你是代表 Megabrands

（一家小工具制造商）的客户经理，你正在与 National Distico（国内市场的主要分销商）进行艰难的谈判。情况如下：

- National Distico 的产品经理告诉你，她的目标毛利润率是 11%。她还无意中说出小工具配件副线的利润率为 15%，但这些只占她的销售额的 10%。
- 她就要停止销售你们的 4mm 工具（库存的三个牌子之一），因为它们只能提供 7% 的毛利润率。你认为竞争对手的 4mm 工具的利润率是 12%（其中有一个品牌几乎仅为该客户供货）。
- 你猜测，6mm 工具占约 1/5 的销售额，利润率约为 11%；而 8mm 工具占约 20% 的销售额，平均利润率为 13%，剩余的是 4mm 工具。
- 你知道，Megabrands 约占 National Distico 每个产品线的三分之二。除了 4mm 工具外，你相信 Megabrands 的利润率与 National Distico 销售的其他品牌类似。

必须展开论点，说服她不要将你的 4mm 工具清出仓库，并提出行动建议来帮助她完成目标毛利润率，实现双赢。首先，我们将已有的数字按类别勾勒出一幅清晰的图画来。(见图表 10.3)

图表 10.3 Megabrands 在 National Distico 的工具产品类型中的当前位置

产品线	销售构成	占毛利润的比例	毛利润（美元）
工具配件	10%	15.00%	150
4mm 工具——Megabrands		7.00%	
4mm 工具——竞争对手		12.00%	
6mm 工具	20%	11.00%	220
8mm 工具	20%	13.00%	260
总　计	100%		

现在，可以计算出 4mm 工具的销售构成总计一定占 50%（100% 减去其他产品线百分比总和），而且知道 Megabrands 约占 4mm 产品线的三分之二，因此，可以推断出 Megabrands 的 4mm 工具占到了该类产品的 33%，而竞争对手的则占 17%。现在可以扩充每个产品线的销售构成与利润，来

计算出资金利润——显示为毛利润（美元）——并据此计算出目前该类产品整体的混合利润。为了保证全面性，还可以计算出最后一列，也就是利润构成，这一列显示了每个产品线带来的资金利润（见图表10.4）。

图表10.4 National Distico 的工具产品目前的利润构成（或者混合利润）

产品线	销售构成	占毛利润的比例	毛利润（美元）	利润构成
工具配件	10%	15.00%	150	14%
4mm 工具——Megabrands	33%	7.00%	231	22%
4mm 工具——竞争对手	17%	12.00%	204	19%
6mm 工具	20%	11.00%	220	21%
8mm 工具	20%	13.00%	260	24%
总　　计	100%	10.65%	1 065	100%

现在可以看到，产品经理的确面临问题：她的产品类别目前的利润率是10.5%，不及目标利润率的11%。你面临的第一个挑战是通过讲述论点来保护你的位置。这些可能包括：

- 因 Megabrands 的 4mm 工具占到该类产品总资金利润的22%而带来的资金利润损失。
- 竞争对手们无法取代 Megabrands 的 4mm 工具，因为其中的一家竞争对手只对 National Distico 提供产品，因此，不可能被贸易客户熟知，于是，该类产品总销售额可能损失高达33%（Megabrands 的 4mm 工具的销售额）。
- 这样的销售额损失可能会危及 Megabrands 的总额折扣，进一步减少边际贡献，或者影响 National Distico 作为 Megabrands 客户的优先选择，在渠道程序、营销资金等方面失去地位。

只有勇敢的产品经理才会无视这些论点而继续自己的计划，将 Megabrands 的 4mm 工具清出。你很有希望拯救产品线。注意，这些论点建立在对分销商来说很重要的其他指标（销售额、边际贡献、资金利润）的基础上，但你还没有实现对这位产品经理来说至关重要的一个指标，那就是毛利润。

在仔细了解了该类产品的财务状况后，你可以采取以下措施：

- 增加工具到工具配件的交叉销售，因为15%的毛利润率超过了该类产品中其他产品线的毛利润率。激励销售团队将连接率从目前的10%提升到比如说15%，将会对图表10.5的情况带来突破，使混合利润率增至10.9%。
- 增加6mm和8mm工具的销售比例，因为"上行销售"计划将使该类产品超出11%的毛利润率目标。还可能增加销售总额与资金利润，大一些的工具，其单价将高出4mm工具的单价。
- 最后，引进新的产品线，这种产品线的毛利润率要超过所取代销售构成中产品的毛利润率（注意，销售构成的总计必须一直是100%），这也将加快提高混合利润率。

图表10.5 采取 Megabrands 的提议措施后，National Distico 的工具产品的利润构成（或者混合利润）

产品线	销售构成	占毛利润的比例	毛利润（美元）	利润构成
工具配件	15%	15.00%	225	21%
4mm 工具——Megabrands	31%	7.00%	217	20%
4mm 工具——竞争对手	16%	12.00%	192	18%
6mm 工具	19%	11.00%	209	19%
8mm 工具	19%	13.00%	247	22%
总　　计	100%	10.90%	1 090	100%

于是，通过巧妙地利用类别经济学，Megabrands 可以改变形势，从可能失去 National Distico 的最大销路改变为说服 National 保持产品范围的完整性，并通过介绍新产品线来拓宽产品的范围！唯一的投入可能是共同按照提议的方式激励销售行为的改变。

从这个例子中，你可以看到分析形势对成功而言至关重要。英勇的客户经理以令人信服的论点说服分销商维持合作。即使这些论点没有解决分销商的问题，也显示了该分销商提议的做法（放弃或不再重视该供应商）

将使情况更加糟糕,从而争取到了时间,甚至可能迫使该分销商对其他供应商施加压力。正是提议采取的措施解决了问题,这才是真正的客户管理,实现双赢,采取行动使双方都受益。注意,这种情况下起作用的措施可能有所不同,但技巧在于找到适当的措施,实现双方的目标。

处理好与分销商之间的关系是一种组合管理挑战。有些产品或产品线可以实现营业额,有些能促进发展,还有些会实现高额利润(参见成功者、失败者、昏睡者与流量创造者)。定位产品的关键在于采取措施,使其带来积极性突破。市场份额很高的产品从来都不会带来足够的毛利润率,因为这样的产品会被大范围分销,被不断地用来引导分销商自己的价格定位(比如,价格竞争力)。不过,它会带来关注度,通过一起合作,你可以制定战略,将连接率提高到更高利润率的产品上(要以开放的心态为非竞争性互补供应商带来关注)。

针对强迫商业情况的一些经验规则

当你面对分销商与自己的位置时,只能根据具体情况提出具体的商业论点。不过,有一些经验性的规则可以为你提供有利的开端。

如果你是市场领导者

供应商可以因品牌或某个具体产品或某个产品线而成为市场领导者。出现这种情况通常需要很多因素:

- 重点关注市场领导者从其高水平的单位产品销售量中产生的毛利润(美元),即使其毛利润率较低。说明这些"可兑现的"毛利润可以补偿分销商很大部分的一般固定费用。这一说法可能对品类购买者没有什么意义,他们的业绩指标包括实现一定的目标利润率。但是,作为市场领导者,你应该与分销商管理上层形成合作关系,他们会了解到这是一个有效的论点。图表10.6演示了这种商业论点。

- 将重点从毛利润转移至贡献利润。作为该类别中的主要品牌,销售你的产品的成本将低于不太知名的品牌。销售渠道也会受益于你的终端客户营销活动，终端客户从分销商处订购类似产品，而该分销商无需投入太多的销售时间、促销措施。如果在分销商实际评估自己的贡献利润时没有提到这些益处，那么应该在名义边际利润中有所反映。

类似地，从物流角度看，销售额更大的知名品牌产品的运输成本也比较低，也会有较低的退货率以及较低的相关的（昂贵的）逆向物流成本。

相同的商业论点延伸到了售前支持与售后支持，销售渠道很少会要求帮助推销他们非常熟悉的产品。即使是引入新产品的成本，也会因较高的销售额而被摊销，把每个单位的销售成本降低至微不足道。

■ **将关注重点从销售回报转至资产/资本回报**。市场领导者的高额销售常常意味着，他们的资产回报良好，为他们带来平均值以上的营运资本回报。对于分销商来说，这是"周转盈利"的重要联合指标。产品类别中支配收入的那些产品需要为分销商带来这些资产/资本回报指标。很多分销商对品类经理设定某种形式的回报目标，而更多的分销商则用营运资本回报指标来设定目标。

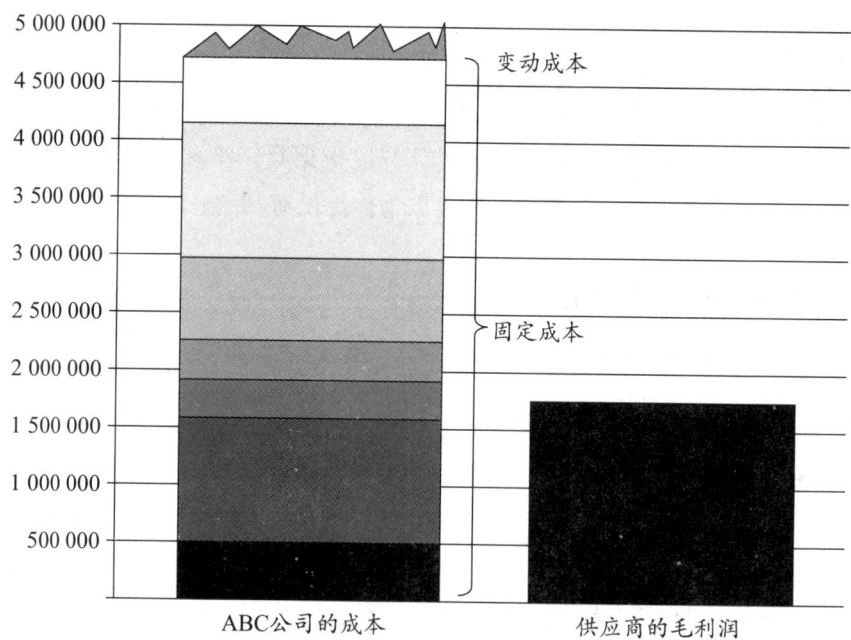

图表10.6　补偿分销商固定成本的供货商毛利润图

在处理与分销商之间的商业情况时，这三个要素将成为核心要素，所以在行动前务必做好功课。分析你的产品组合将如何实现分销商现在使用的指标以及你期望的目标。问自己以下问题：

- 在每个类别中，我们的产品是提升还是拉低了关键指标？
- 总的来说，我们的品牌推动了还是拖延了分销商商业模式的执行？
- 我们的品牌将为分销商带来什么样的毛利润［美元，或贡献利润（美元）］价值？占分销商一般固定费用的多大比例？
- 我们能说明我们产品带来的贡献比我们的毛利润要好一些吗？
- 由我们的品牌带来的关注度将产生一定的关联销售额与利润，我们有什么证据能证明呢？
- 我们的产品通过分销商流转得有多快？我们能表现出较好的营运资本回报吗？
- 我们的"问题"指标有哪些？我们的"星级"指标又有哪些？
- 分销商的初、高级管理人员关注哪些指标？

如果你是一家规模较小的供货商或者新进入者

规模较小的供货商很难赢得分销商高层管理人员的关注，因此，你需要将注意力集中在品类经理的身上，证明他们做得很好，可以实现管理人员关注的指标：

■ **重点关注毛利润率（%）**。作为规模较小的供货商，常常遇到的情况是，你的产品未能广泛销售，你只能指望一家或几家指定分销商做得更好，为产品创造市场。分销商的品类管理人员致力于实现他们的目标毛利润率（%），而途径之一便是增加高利润产品的销售比例——比如说你的产品。在这方面，很少有分销商会积极主动地去做；如果能使你的一些重要产品成为公众关注的中心来提升利润，将会出现很好的主动客户管理。如果紧盯产品系列中的高利润产品，即便仅投入了有限的营销成本，也会得到很好的回应，为你带来收入。

大多数产品类别会有一两个市场份额领导者，分销商从它们身上赚到的利润很少，因此，会转向第三、第四品牌来补偿利润。要做到这一点，分销商需要卖出足够量的二线品牌，以提升此品类的混合利润。你的机会来了。向分销商强调他对你的产品拥有很大程度的独销权（真正的独销或接近独销），因此，他将从你所有的终端用户与终层营销投入中受益。对其转换一线品牌提供补偿，提供证据说明你产品的销售与支持成本都很低。如果你规模很小，可能需要重点关注终层渠道的一部分，并集中营销活动（并且引导分销商的努力方向）来获得提升。

- 强调增长速度，特别是以百分比来表述。所有的品类管理人员都在寻求产品类别的增长，而且，如果规模不大时，你能更容易地表现出相对较快的增长速度。
- 强调关联性机遇。与核心产品相比，大多数分销商会从配件中赚到更多的钱。但对于每个核心产品，它们会销售多少配件呢？常常不到 1/50。当然了，并非所有的交易都是面向需要配件的终端用户，但我们看到很多分销商都在寻找并利用一些非常有利可图的关联性机遇。你的角色是帮助分销商看到将你的产品与流量创造者结合起来的潜能，并根据这些提议来构建销售团队与激励交易渠道。

总结

分销商是将很多部门与市场联系起来的关键一环。尽管他们似乎只执行一些基本功能，如开仓卸货、提供赊销，并向交易渠道提供一站式采购的便利，但其对新兴市场与成熟市场的渗透力证明了他们的价值。

分销商商业模式很难处于正轨，大规模销售（成千上万的 SKU 单位）带来的利润也很少，每个 SKU 单位都对存货水平与添货数量有要求。而且，分销商必须确保只向信用良好的客户提供赊销，然后还需要他们按时结款。分销商必须找到销售渠道想要的产品，然后从供应商那里争取到最好的条件，以保证其营销与销售成本主要由这些供应商的营销资金来弥补。借此，分销商创造的价值必须大于其投资者从对等风险的投资中获得的价值。

按照传统，通过将商业模式分成"盈利"与"周转"要素，分销商管理控制着业务，但却是关联指标（比如，存货投资的毛利回报率与营运资本的毛利回报率）反映了产品、类别与客户群体真正的财务生产率。更精明的管理人员现在采用价值创造原则，来衡量、激励团队重点关注业务中的价值层面。

　　希望与分销商有效合作的供应商需要更深入、更透彻地了解合作伙伴的战略，知道他们在销售一个完整的商业模式。必须要有一个模式，对分销商的经济发展起积极的作用。成功的供应商能通过分析知道在何处可以向分销商传递商业利益，掌握分销商更多的资源。实现这一点的供应商获得的奖励便是以低成本进入市场，从而通过大量的交易渠道确立并维持有利可图的市场份额。

第三部分
终层交易渠道参与者

第 11 章　终层交易渠道参与者的角色

终层交易渠道参与者

本书这一部分中所使用的术语"终层交易渠道参与者"可能对你来说没有任何意义，但这部分将重点讲述与终端消费者相互作用的那些参与者。这种相互作用是各种各样的，包括直接的产品供应。例如，交易商或零售商以及整个系列的服务参与者，他们为终端消费者安置、安装或整合产品。也包括那些不直接接触产品，但却对消费者的选择有很大影响力的参与者。例如，指定新房间或新大楼设备的建筑工程师，或者向小公司推荐簿记组件的会计师。

每个行业都用自己的术语来标出其不同类别的参与者，反映传统、角色或仅仅是专业用语。图表 11.1 说明了将在本部分谈到的按行业区分的一小群不同参与者，这也许能帮助你找到自己感兴趣的参与者。

图表 11.1 按行业区分的不同终层交易渠道参与者类型

行业	终层交易渠道	代表性活动
汽车：车辆、零部件、耗材（油、雨刷、轮胎、配件、清洁器等）	交易商	销售、服务和维护汽车、自行车、货车、卡车
	车间	服务和修理汽车、自行车、货车、卡车
	修车厂	供应并安装轮胎、排气管、制动器、离合器等
	饰品店和配件店	供应（可能也安装）零部件、配件和耗材
	加油站便利店	供应耗材、一些零件和清洁器
信息技术与远程通信：硬件、软件、组件、交换器等	中间商、交易商、公司中间商、独立软件供货商（销售其软件运营所需硬件）	销售和支持计算机、软件、电话等
	增值交易商、增值经销商、解决方案提供商、服务提供商	安置、安装、配置信息技术和电信系统，可能会使用他们自己的专业软件或解决方案
	系统整合商	确定、设计、安装电信系统并整合复杂的信息技术和/或电信解决方案
建筑：窗户、管道、水龙头、开关、锅炉、散热器、防盗报警器、木材、油漆、玻璃、工具、专用服装等	一般维修工（如管道工、木匠、装饰工、玻璃工、电工、供暖工等）	供应并安装新产品、系统或更换产品、系统，服务并修补已有安装
	专业维修工（如窗户安装工、厨房安装工、警报器安装人员等）	设计、安装和整合窗户、厨房、警报系统等
	DIY 超级商店	供应各类产品
	硬件或专门商店	提供建议并供应产品，有时候能提供或作为中间人安排安装服务

从这些有限的选择中，你可以发现有非常多类型的参与者，而且规模不等，从单个人的独立贸易商到中小规模的商业机构再到全球性企业。尽管差异较大，但令人惊异的是，各类合作者在价值链中所担当的角色或从事的活动存在高度的共通点。由于共通点的存在，他们的商业模式也反映出了一些基本特性。

有一些参与者非常专业，但是你会发现他们的业务只是在本书所探讨的模式中的一个版本。从某种程度来说，任何行业中的很多机构都是混合型，这通常由消费者需求或期望所导致。举例来说，销售汽车高保真音响系统和汽车报警器的商店发现，他们需要经营一个维修点（通常是在商店背面），以将系统安装进客户的汽车中，更好地销售这些配件。大多数消费者往往没有相应的时间、技巧、工具和专业知识，因此，除非这家商店能打开汽车内饰板进行安装，他们的高保真音响和报警器系统才能售出。其他也是如此，但很多公司却没有也不想拥有安装和配置新IT或呼叫系统所需要的专业技术。

在当今这个人与人之间的联系日益增多、越来越复杂的世界中，无论是销售给消费者还是商家，定制、安装、整合产品的需求都是终层交易渠道角色的主要驱动器。一旦安装好了，这些产品和系统就需要后续的维护、服务、修复和升级。除了快消品，很少有产品能作为独立的商品出售。在一个技术千变万化的世界中，内部开发或拥有相关技术毫无意义。不但这些技术需要继续发展，而且确保技术保持领先的代价也很昂贵。专业安装人员的业务完全以技术开发这类工作为核心，技术会拥有（希望拥有）稳定需求，因此，可以投资以保证其技术处于发展前沿。聪明的安装人员也会开发技巧和专有工具，以更快、更安全地完成工作，并开发预算工具，这样就可以准确预算工程费用，了解误差幅度和利润。

在本书下一部分探讨的终层商业模式是有关零售商的。零售商完全从事着他们的工作，不同于角色只包含一些服务因素的参与者（该服务将在本书第四部分涉及）。不过，请注意，很多终层交易渠道可能在其混合商业模式中包含零售因素。许多零售商也提供服务，因此，通常他们采用的是混合模式。

可确定的是，终层交易渠道在销售流程中起着关键作用，使产品为终端消费者服务的技巧与专业知识十分突出。这也就意味着，这些参与者向上至供货商、下至终端消费者传递着产品的价值，这将促成一种颇具吸引力的商业模式，对此将在第 12 章中探讨。不过，首先，需要更详细地了解他们的角色，因此，无论是哪种行业，你都能发现这些参与者或管理与之合作的关系。

终层交易渠道参与者的可能角色

关于终层渠道参与者有很多有趣的事情，其中之一便是对于不同的人而言他们也不同。例如，对于中小商业客户来说（比如，"Acme Widgets"），其 IT 供应商（"Advanced Computing Co"）可能是一家解决方案提供商。Advanced Computing Co 设计出服务器、计算机、存储器、交换机和其他硬件的组合，使得 Acme 公司得以运营办公软件、网络、电子邮件、记账系统、管理应用，等等。每次当微软公司升级操作系统后，Advanced 公司都会告诉 Acme 公司是否需要升级，然后安装并整合系统，确保工作不受到影响。Advanced 公司还可以提供日常的支持、故障排除服务。Advanced 公司之所以一开始就能获得与 Acme 公司合作的机会，是因为它可以提供一款基于 Oracle 公司数据库产品的专业生产控制软件。于是，Advanced Computing Co 同时是：

- Acme Widgets 的消费者需求引导者（customer advocate）
- Acme Widgets 的解决方案供应商
- Acme Widgets 的服务供应商
- 各种软件供应商（如惠普、IBM、Cisco）的中间商
- 微软公司的增值经销商
- Oracle 的独立软件供应商（independent software vendor）
- 会计软件供应商颇具影响力的合作伙伴

再举一个例子。史密斯夫妇决定在房顶修建阁楼，建成一个带独立卫

浴设施的卧室。他们与 Easy Lofts 达成协议，委托其完成这项工作，并说明了所期望的卫浴设备。Easy Lofts 草拟了设计方案并对该项目作了规划。他们订购了三个特制的阁楼窗户、加热管与散热器，并把卫生间的安装工作分包给了专业安装公司 Pipes and Co。Pipes and Co 向史密斯夫妇指出，他们的首选设备实际上并不适合阁楼改造，并推荐了其他产品，同时还推荐了符合建筑规定的抽风机和线槽，由 Easy Lofts 安装。

于是，Easy Lofts 成为了：

- 斯密斯夫妇的主承包商（master contractor）
- 窗户、管道与散热器供货商的产品指定者（specifier）
- 窗户、管道与散热器供货商的交易安装者或者中间商
- 对 Pipes and Co 的主承包商
- 木材、石膏灰泥板、地板、灰泥、油漆等的交易中间商

Pipes and Co 成为了：

- 卫浴设施的产品指定者
- 卫浴设施的交易安装者或者中间商
- 抽风机和线槽供货商的影响者

实际上，有一家或多家当地建筑商的贸易商供应木材、石膏灰泥板、地板、灰泥、油漆以及卫浴设施等，他们是这些产品供应商的第一层分销商。

为了消除每个行业混合使用不同标签的复杂性，建议一些无论你所在行业使用什么术语你都能够识别并应用的常见角色。终层交易渠道参与者可以选择履行的分立角色有五种（见图表 11.2）。

这些角色是：

- 供货商的延伸（extension of a vendor）：从根本上来说，这种角色反映的是某种形式的外包能力，通常负责物流或后勤处理。离岸外包活动近来日益发展，合作伙伴可以参与的活动范围与深度都在增加。合作伙伴在活动中可以承担一些商业风险。比如，为大额采购提供信用担保；或者仅仅收取经营活动的费用。比如，货物发运或者物流。

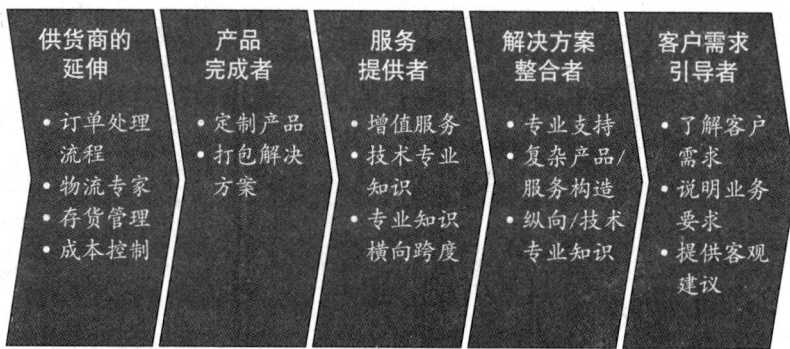

图表 11.2　终层交易渠道参与者的角色

- **产品完成者**（product completer）：向单一客户或者整个客户群体提供供应商产品某种程度的定制。当是零件供应商时，角色会十分广泛，在各种情况下会不时地被称为原始设备生产商。例如，贝尔伯（Brembo）刹车系统安装在法拉利的汽车上，法拉利就是原始设备生产商贝尔伯的产品完成者。换句话来说，产品完成者的角色很简单，就像打开盒子，加上当地产的某种供电电缆和当地的语言手册，然后就可以发送给终端客户了。
- **服务提供者**（service provider）：提供一系列大量服务中的任一种。比如，设计、售前支持、售后支持、安装、现场设置、维护、提供资金，等等。提供的服务可以是最微小的（比如，帮助选择能满足消费者需求的合适产品），也可以是很基础的（比如，为暖房供应商提供的半成品窗户和门做好暖房基础建设），具体因产品而异。本书将以"横向"术语体现服务提供者的特色，也就是说，其技能和能力与产品有关，而不是与客户相关。
- **解决方案整合者**（solution integrator）：将客户的洞察力（纵向技能）与知识用来呈现解决方案，符合客户的具体要求。大的解决方案整合者或许通过将业务进行细分，以覆盖广泛的客户类型，而小的解决方案整合者可能仅关注一种类型的客户。服务供应者与解决方案整合者的重大区别就在于他们的定位不同，后者经常帮助客户使几种产品和服务作为一个整体无缝运作（比如，主承包商在客户现有的工厂中使用新的生产线），而服务提供者则是确保他们的某些产品能正常工作（电工安装控制系统，而装配工架起传送带和操作站）。服务提供者必须让产品正常工作，达到要求；解决方案整合者则必须使整个解决方案能为终端客户工作。

■ 客户需求引导者（advocate to customer）：该角色影响力越大，越多的技能与知识会被用来说明并选择解决方案。这些参与者的角色已高度专业化，因此，只是断断续续地被需要。其例子包括独立理财顾问，他们帮助消费者选择最好的人身保险、养老金计划，来实现理财目标和保障风险承受能力；还包括战略咨询顾问，帮助客户选择最好的信息技术系统，来支持其战略；也包括医生，针对疾病，开出药方，实现最好的医疗救治；还有会计师，他们向小企业客户推荐最好的记账组合程序。

你可能会发现，这些角色的定位在改变，从以供货商延伸端的完全供应者一直改变到客户需求引导端的完全购买者。就像将在下面几个章节中看到的一样，这会增加与这些角色相关的商业模式的复杂性。想一想这些角色被按照知识价值链或核心竞争力来定义就知道了（见图表11.3）。

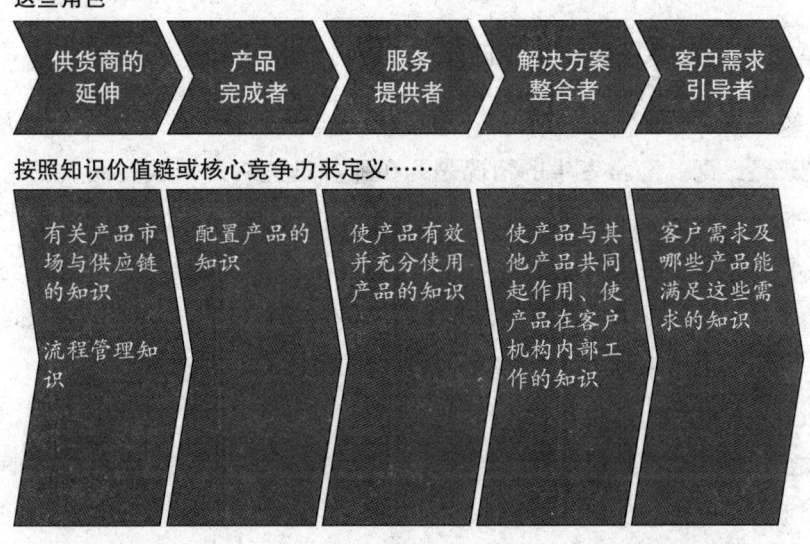

图表11.3 以知识价值链或核心竞争力来定义的终层角色

在很多行业，合作伙伴可以流畅地完成这些角色中的一部分，甚至在某些情况下，可以完成全部角色，出现例外的原因是：利益冲突太大，以致无法覆盖一个参与者价值链的两端。通常来说，分歧在于：①产品完成者与服务提供者之间，在此，服务提供者的角色从根本上来说是"站在消费者的一边";或者,②服务提供者与解决方案整合者之间,在此,服务提供者的角色是"站在供应商的一边"。

注意,即使是第一种情况下——以一家汽车零配件工厂(比如,Halfords)为例,服务提供者努力以合理的价格向消费者提供正确的零配件,零配件供应商也很愿意培训并支持服务提供者来正确安装他们的产品。聪明的供应商希望确保服务提供者了解其产品类别以及产品与竞争对手产品的区别。甚至会提供专业的培训,以使参加培训的人成为能干的技工,实现思维共享、统一推荐。来看看第二种情况,看看大医药公司是如何通过举办新技术研讨会来设法影响处方医生(GP)的——这些研讨会碰巧在佛罗里达的迪斯尼乐园举行,虽然人们已引入了严格的道德控制,确保"渠道合作伙伴"不会越界,不会从支持消费者(病人)转到站在供应商一边。

将渠道角色与渠道参与者相匹配

就像探索每个角色一样,你可能会将这些角色与所在行业的合作伙伴类型进行匹配。经常发生的情况是,在那些迅速巩固或改变结构的行业中,你会发现扮演多重角色的合作伙伴组合在与那些仅履行一个角色的合作伙伴相竞争。在更为成熟的行业中,这些参与者形成大家都能理解的有效角色,直到某种形式的科技、政治、经济或法律冲击改变这种情况。例如,在家用电器市场上,其结构通常有些像图表11.4那样。

打算改装厨房的消费者在采购前会经过慎重考虑,参考各方信息,然后才会从零售商订购所选择的产品。当产品被送到消费者的家中后,厨房装配工会负责进行安装,并确保它们被整合入厨房。而幕后所发生的是,几家物流机构将这些产品从工厂运送到零售商,而且可能会经过分销商再运送给零售商。

不过,近来在美国和一些欧洲国家的市场上,大宗产品零售商们已经开始采取行动,期望通过提供服务来获得更高利润。他们建立网站,提供在线或店内厨房设计服务,并负责完成整个安装与整合工作,他们这样的角色看起来更像是图表11.5中所示的新市场结构。

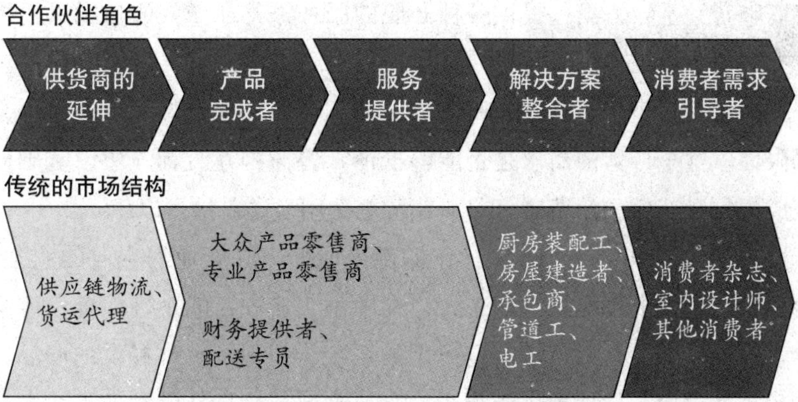

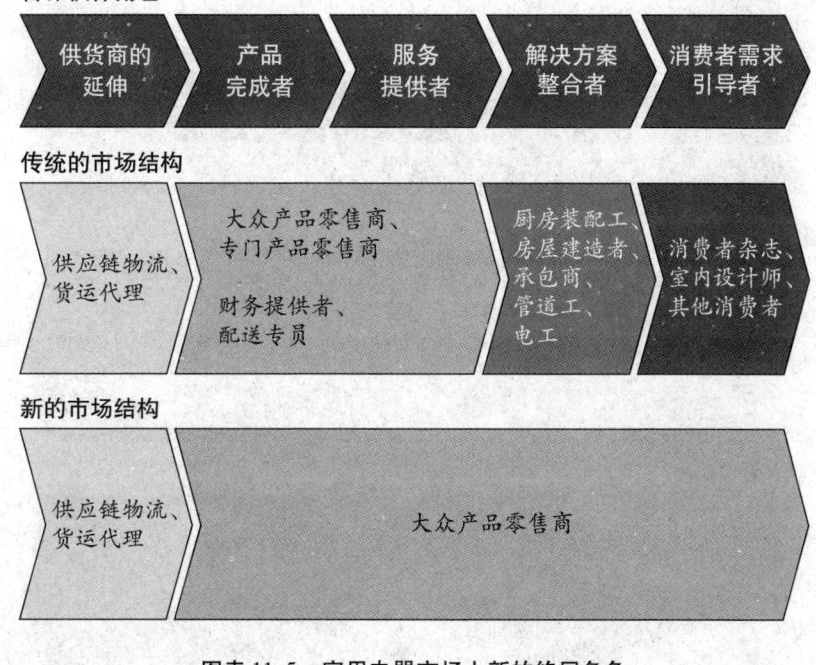

图表 11.4　家用电器市场上传统的终层角色

图表 11.5　家用电器市场上新的终层角色

通过提供一系列设计、样板建议以及更多的家用电器供应商、价格点，零售商成为了可靠的消费者需求引导者。通过承担完全安装的角色，零售商整合一系列方案，提供各种必要的服务，并在需要的情况下提供融资选择。消费者当然可以选择单独干，但对于缺少时间、现金充足的消费者群体来说，将整个流程外包所带来的便利性超过了选择、价格溢价方面的局限性。这个群体的需求是否能够抵消零售商构建流程、建设基础设施来完成可靠且有效的消费者订单所花费的费用，还需拭目以待。

也有一些客户履行着合作伙伴的部分职能。在企业对企业的业务中，经常会出现这样的情况。举例来说，在中小企业中，能正确整合信息系统的少之又少。客户必须自己确定所需的系统，但不了解被提供的产品，因此，很少能够最有效地利用所购产品。一些计算机交易商发现了其中的潜在机会，将自己定位为客户需求引导者、解决方案整合者的角色，通常会选择他们能够提供专业服务并成为其服务专家的客户群体。这两种市场结构有些像图表11.6所示的情况。

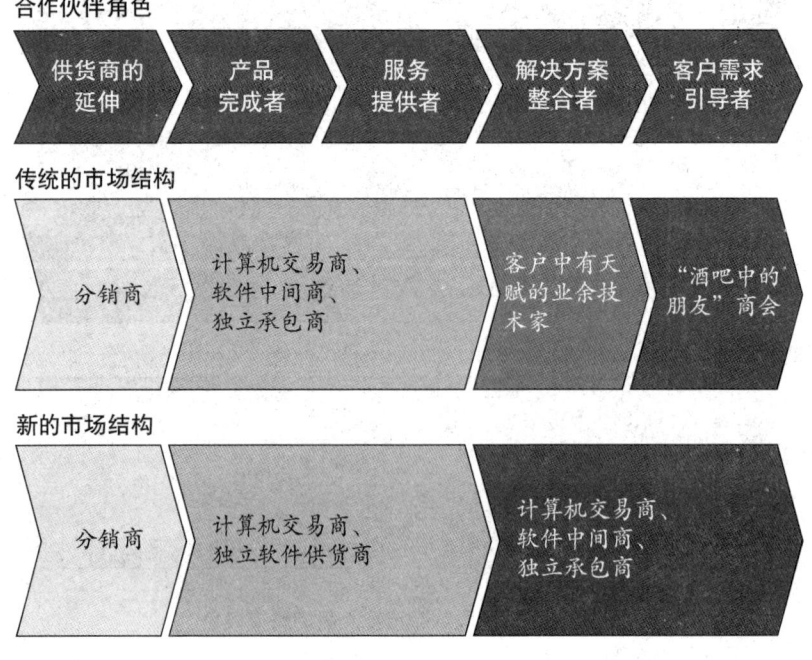

图表11.6 计算机产品市场上传统的与新的终层角色

在许多行业中，随着行业的日渐成熟，为了生存，渠道参与者不得不像这样"转换方向"（从供应商一边转向消费者一边）。在创新部门，供应商需要开拓市场，慷慨地弥补渠道，开启终端客户的需求。这自然会促成构建充满服务提供者的一个渠道，而这些服务提供者都"站在供应商一边"，指望供应商补偿他们。随着部门不断发展、成熟，会出现两种情况：服务提供者的数量增加，而客户开始要求更好的整合，弥补未能定制合适系统的缺憾。服务提供者发现进退两难：产品服务费的利润率在下降，而同时他们又缺乏完成客户要求的高端工作的竞争能力。服务提供者要么在产品服务方面占据价格优势（通过提高规模效率），要么"转换方向"，要么具备完成高增值整合工作的专业能力（例如，成为解决方案创造者），从而可以从客户那里得到补偿。通过协商工作范围与所需专业技术知识的程度，可以从客户那里得到大部分或全部补偿。

不同角色支配着不同的补偿模式

所有交易渠道补偿最终都是由终端客户支付的，但一个行业中合作伙伴角色的结构似乎与这一事实相悖。以"交易折扣"为例，供应商按照给终端客户的价格给予交易渠道一定的折扣。折扣通常由供应商决定。例如，分销商购买的产品数量越多，就会得到额外折扣，或者，若具有高技术领域中的认证资质，也能获得额外折扣。许多供应商都支持"理想合作伙伴计划"（Preferred Partner Programme），按照该计划，达到某些标准的合作伙伴可以获得直接和间接的折扣（比如，高层次的售前支持工作），而其他合作伙伴却无法获得。

在大的分销结构中，无数的交易渠道参与者都在以微小的差距竞争着，于是这些交易折扣便成为区分的基础。获得大额交易折扣的大机构（通过购买更多的量确保更大的折扣）可以将自己的部分折扣转让给终端客户——被称作"街享折扣"——并通过低价来赢得生意。小一些的机构无法提供这些价格，导致每次都要向供应商叫屈，或者最终因为价格不合算而放弃该供应商。注意这种补偿谈判的重点是如何在交易机构与供应商之间发生的。整个过程中，客户在哪里？他们的意见是如何被获知的？有时候，客户从小机构开始整个售前流程（当然是被交易渠道称为售前的）——他们也许更懂得客户的具体需求，这往往会使问题恶化。然后将生意交给最便宜的（大一些的）投标者——他们出现得稍晚但杀手锏是低廉的价格——来完成这一流程。

供应商发现，如果继续放任这一情况不管，将失去绝大多数合作伙伴，只有一些具有价格优势的分销商幸存，这将破坏他们的分销网络。而这也将毁灭他们发布新产品、将产品嵌入市场特殊部门的能力。他们需要做出回应，要么使交易渠道很难"街享折扣"，要么抛弃数量而将技术与能力作为折扣的基础。

使交易折扣"钉"在渠道中的典型做法是并不固定部分或全部折扣，这样交易方在获得折扣之前将不会让出太多。供应商可以找到各种各样的方式来创造不确定性，有时候这种情况被称为"暗箱折扣"（black box discounts）：

- 以回扣或"后台利润"（back-end margin）的形式设计交易渠道折扣，而不是将折扣加入价格中，作为"前台利润"（front-end margin）。在一段时期内（一年、半年、一个季度等）实现某些目标后，才能赢得回扣，因此，除非目标已实现，否则贸易机构无法确保赢得回扣。目标可以是一定的销售量，也可以是终端客户的满意度或完成的质量级别。每一时期都需要对目标进行再协商，这将给供应商造成客户管理负担。每一时期的目标类型也应改变，这样便可以随时间的变化来创造更多的不确定性。不利的一面是可能出现订单和退货的混乱局面，渠道首先受到影响而以各种方式放开。
- 交易期结束后给予奖金。这些奖金可以随一系列规定提前宣布，也可以在交易期结束后对特别表现进行"奖励"。注意，一定不要太早告知，否则预期的奖金会被纳入场外价格中。奖金可以与供应商的表现挂钩，这可能会影响待分配"奖金锅"的大小，也可能会影响渠道规模，而渠道规模决定了每个参与者所要分的"奖金锅"。
- 按照一个时期内合作伙伴的表现来排名，对不同的等级给予不同的折扣。可以通过有别于销售量的方式来确定表现。比如，所服务客户数量或质量及客户满意度。直到交易期结束后，合作伙伴才会知道自己的表现属于哪个等级，因此，不能放弃更高的折扣。
- 将这些不同因素相混合，但过度复杂也会使交易参与者放弃，无心销售该供应商的产品。

资格认证的做法可以应用在非高科技行业，也可以应用在高科技行业。在非高科技行业，资格认证适用于以下因素：遵守经营宗旨、符合健康与安全原则、具备基本技术条件、坚持同行商业惯例等，甚至连产品基础也能受益于经过培训的销售与安装小组，因此，只要已参加过供应商产品培训就可获得资格认证。而在高科技行业，资格认证显然是十分有必要的。Cisco 为最优秀的合作伙伴提供最优惠的贸易折扣，但前提是他们须拥有必要数目的合格工程师，符合其所在层次的合作伙伴计划，这使得 Cisco 走在了 20 世纪 90 年代 IT 领域的前列。这种做法意味着，大的机构不再具有价格优势，而 Cisco 可以将其交易渠道宣传为最能满足客户网络需求的一种渠道。

"暗箱折扣"的另一种方法是对渠道合作伙伴终端发挥的功能或参与的活动进行补偿。在基础层面，这可能只是供应商多给一半或百分之一的折扣来收到"售完"（sell out）信息的形式，分销商还要按要求详细地告诉他对终端客户的实际销售情况。在一些行业，这一做法已覆盖了很多功能和业绩层面，也混合了以下框内所示的更多传统的折扣结构。

按功能付费

很多年来，一家大的电影与家庭娱乐分销商对其在德国、英国和西班牙的渠道合作伙伴进行补偿，补偿形式为：完全根据销量给予折扣和回扣。具体是通过账单折扣或月底、季末、年底折扣的形式进行。尽管分销商努力说服渠道合作伙伴竭尽全力采取一系列活动，自己却没有识别和奖励类似表现的机制。

分销商果断地改变了方式，决定重新分配现有补偿，针对合作伙伴基于能力而完成的四方面活动来补偿，这四个方面具体为：除基本补偿模式之外的归类（ranging）、存货（in-stock）、消费者接触（consumer touch）和效益（efficiency）（见图表 11.7）。

- 其他因素，如合作伙伴的销售规划、产品展示和卖面陈列，会基于按功能付费的基础进行奖励。
- 有些活动，如消费品营销，仍不包括在正常条款之内，将通过酌情进行的营销发展资金来补偿，而这些资金是按照活动价值分配的。
- 虽然仍然保留着数量目标，但却很灵活，可以反映单个合作伙伴的表现，而不是提前设好预收的比例。
- 最后一组的活动是情绪安定因素（hygiene factors），被认为对分销商的角色十分重要，因此，不提供酬劳，实际上也不需要酬劳。

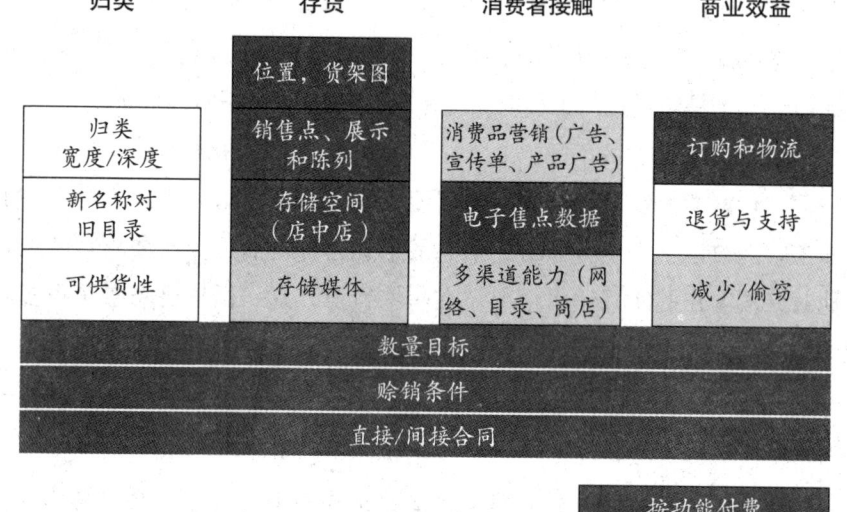

图表 11.7　以"按功能付费"的模式图解补偿结构

通过这种方法，这家电影与家庭娱乐分销商能更好地控制渠道，付费让渠道为其工作，且无需补偿那些不想合作的伙伴。随着公众越来越多地关注，确保一切分销费用都对经营业绩有利，这些混合类型的补偿安排也会越来越普遍。

不过，这种方法也决定了供应商与贸易伙伴之间的整个补偿协商与消费者无关。为什么呢？答案主要在于供应商需要这笔交易来"完成"出价。这笔交易满足前面提到的所有需求：当消费者需要时可以及时供货，按照消费者希望的方式配置，通过他们在公司或家中的方式来安排，并提供符合其财务状况的支付方式。这些活动的完成都需要成本，供应商意识到，需要补偿渠道将产品推向市场所做的重要工作。因此，供应商会以某种方式说明该部分的补偿。不过，这并不是交易渠道向消费者提供的整个出价。每笔销售都是一个项目，同样地，消费者应该说明想从交易渠道得到的具体服务范围。"心细的"消费者就会这样做，协商讨论所需服务、相应报价，以使需求得到满足。但如果消费者不知道详细情况，又该协商什么呢？例如，购买汽车一年后，你知道怎样来保养自己的车吗？汽车技术不断地快速发展，95%的车主很可能对此都没有头绪，也就无法协商所需要的服务了。于是，供应商（福特、日产，等等）介入进来，说明车龄一年、行驶了一万英里的车辆所需要的保养服务，并鼓励交易商提供指定价格。消费者还可以说明是否需要接送车辆服务、检查仪表盘中发出的奇怪声音、安装儿童安全坐椅等服务；如果不在保修期内，贸易参与者和消费者可以协商所需费用。如此一来，便得到如图表11.8那样的补偿图。

该图顶部是合作伙伴角色。在这些下面，商业模式展现了从供应商提供相关活动——按照供应商与交易渠道之间的合同规定——发展至消费者指定的活动，消费者寻求外包工作和风险，以确保出现一定层次的业绩（你将具有一年车龄的汽车保养得有多好）。消费者所支付的费用直接与收到的价值和表现或抵消的风险相关。继续以汽车为例，比起在拐角的修车铺修车，你在特许（或授权）经销商处修车花费得要多，但你知道那些为你修车的人掌握了你的车型最新技术，而且修完后，如果你发现了问题，可以回到特许（或授权）经销商处，不用你提出来，他们也会给你解决问题。（当然你需要确保还在3年保修期内。）当你的车放在经销商处维修时，汽车会得到免费清洗，你还可以免费使用经销商提供的车辆。作为消费者，你支付这一切的费用。你也可以去其他交易商那里修车。不过，在

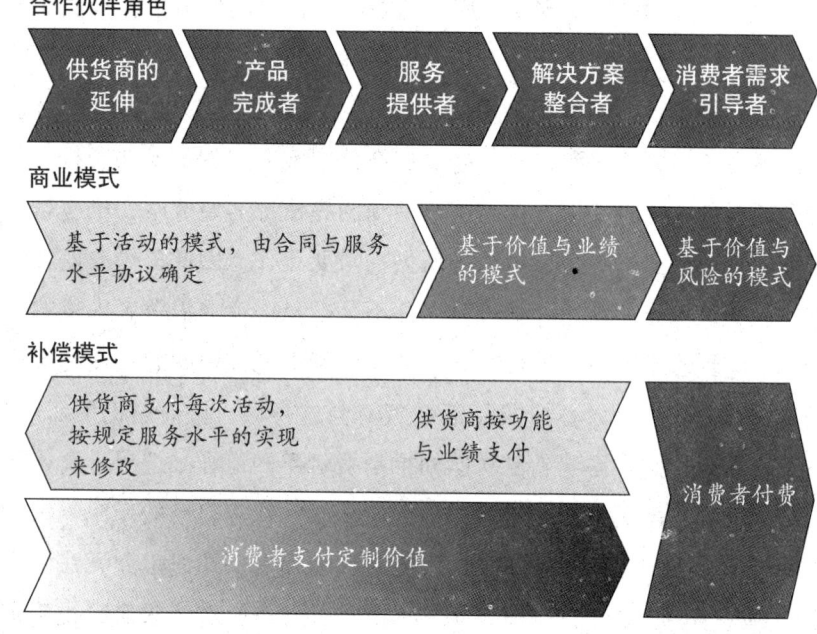

图表 11.8　不同合作伙伴角色的商业模式和补偿模式

汽车寿命的某个时期，你的性能与风险管理需求可能会发生改变。你只做好大修的准备，也不想管保修期。坦白地说，汽车经过清洗后，你会只看到停车时造成的擦伤、撞伤，且更清晰了。但你真正需要的是，有人能给看一下，让车辆在冬季结霜的第一天早上发动，因为他就在拐角，而且你也无需提前两个星期预约。这是不同的绩效要求，价格也不同。注意，消费者控制着价值/补偿等式。情况见图表 11.8，其中，供应商支付需要渠道完成活动的费用（尽管有一些业绩要求），而消费者规定价值和风险管理定制包。

消费者需求引导者与开展销售的参与者

本章前面就暗示过"合作销售（sell-with）"参与者的角色，尤其是消费者需求引导者角色。该术语当然由供应商使用，说明了与将产品带向市场相关的角色。正如其名所暗示的，这些参与者不处理产品，也不将产品从供应商送到消费者手中，而这些都是"渠道零售（sell-through）"参与者负责的工作。但是，在某些行业，这些"合作销售"参与者对销售流程起着关键作用。客户装备不良，或者甚至无法说明他们想要的，这些情况常常出现。技术采购部门会出现此类情况，"合作销售"适用于商业市场和消费者市场。建筑工程师与室内设计师会指定他们的设计作品所需产品（经常是产品的品牌）。IT顾问会说明企业所需的硬件和软件架构，并且经常被问到用来建设并运行架构所需的产品及其品牌。

因此，如果"合作销售"参与者不"触及"产品，其商业模式又怎么会工作呢？从图表11.6中可知，消费者付费是主要补偿模式，因为正是消费者发起了购买流程，并寻求他认为能最好地了解其需求与预算的参与者的帮助。这对供应商形成了挑战，供应商依赖消费者需求引导者认可、指定或推荐其产品，而不是竞争对手的产品。供应商的开口源自消费者需求引导者，而消费者需求引导者需要确定他了解最好的产品选择、新技术与材料等，需要确定他知道每个最佳产品的选择能更好地配置以解决什么问题。于是，大门向可信赖的供应商打开了，告知并教育消费者需求引导者和供应商按照关键渠道销售客户的方式来处理这些关系。这就意味着，供应商应该定期举办会议，讨论当前项目与前景，并按照消费者需求引导者期望的形式提供强大的信息支持，做一切工作来确保消费者需求引导者将自己定位为拥有一流的、最好的、有效的资源，可以很好地解决技术问题的供应商。

这一切都可以被描述为有影响力的"合作销售"合作伙伴行为，但是供应商能更进一步激励消费者需求引导者对推荐造成商业影响力吗？应注意避免使消费者需求引导者受到损害、陷入利益冲突之中（参见财务服务行业的案例）。切记，激励可以是经济的，也可以是非经济的。类似的策略是提供对消费者需求引导者颇有价值的资源，比如：

- 免费的技术支持、演示以及"额外的"产品，能够使引导者以较低价格完成工作。

- 简单的产品知识以外的培训，降低消费者需求引导者的成本。
- 源自供应商网络、营销与销售活动的中间人介绍和引导。
- 在具有吸引力的地方举办会议和其他活动，作为对消费者需求引导者的奖励和鼓励，而消费者需求引导者无需出资。

财务服务行业——谁来为交易付费

财务服务行业是一个有趣的例子，其中，很多财务顾问（比如，交易渠道）为消费者服务，但却是由他们所推荐和销售的产品供应商支付佣金得到补偿（养老和人寿保险公司）。长期以来，人们都认为这种情况会被滥用，因为显然存在着内在的利益冲突。一些顾问拒绝了这种利益冲突，仅作为回报消费者付费而工作。而其他顾问则专门、公开地为自认为能提供最好产品的供应商服务——他们的补偿以推荐产品所得的佣金形式体现。精明的消费者宁愿付费给独立的财务顾问，因为他们需要忠告，希望能从更广泛的供应商选择产品。不过，这就意味着不够精明的消费者们需要更多的建议吗？答案很可能是肯定的，但当出现明显费用时，他们并不愿意支付。他们的确为了获得建议而付费，但该费用被包含在产品的整个价格之中，于是他们便认为那应该是免费的。结果，当按照条款，中途退出保险单时，他们恐慌地发现：自己前18个月支付的大部分费用都被按照佣金支付了，而保险单的价值远低于目前为止每月所支付的费用。这时候才了解所接受的咨询服务的收费情况，但已经晚了。

在某些行业，供应商已经在为引介或推荐销售提供直接补偿。在此，对"合作销售"伙伴影响力的衡量面临着巨大挑战；甚至当目前关系中尚无影响者时，找出一笔销售交易是哪个合作伙伴促成的并不容易。会计公司对中小企业选择哪款会计核算软件具有的影响就是其中一个例子了。微软通过其 Great Plains 产品经营会计软件包业务，通过仔细询问客户如何选择软件包、谁影响了他们的选择等方法进行试验。如此尝试了几个月后，微

软发现，成本和行政负担超出了获得的财务杠杆收益。该项目需要在会计公司（非常分立的部门）普遍存在，才能达到微软公司的补偿会影响销售的临界点。需要做很多的手工作业，才能找到影响者，判断其影响力，并确定适当的补偿水平。

"合作销售"参与者与战略联盟

并非所有的"合作销售"参与者都是消费者需求引导者。在很多情况下，两家或两家以上的供应商需要合作提出一个完整的解决方案，但他们都不是消费者需求引导者。可能是解决方案整合者，或者可能都是服务提供者。不过，通过形成战略联盟，他们也许能促成更高销量或更好的转换率或进入新市场，但当他们自己操作时，却难以实现这样的目标。如果双方都具有均等的市场支配力、从一笔销售中均等受益且能够有效合作，那么该战略联盟需要的不过是共享的销售计划和均等的资源投入。但是，在大多数情况下，一方会努力平衡另一方的市场支配力，并试图找到某种方法以一种战略合作关系来实现这一目标。

图表11.9说明了这种关系得到促进是如何取决于双方的相关市场支配力以及他们努力工作的时间范围的。如果一方的市场支配力相对较弱，并能证明通过双方合作后较强的另一方将能够因自己的努力而产生重大收入，那么会有所帮助。SAP软件公司开拓国外市场的方法就是其中的一个精彩例子。SAP联合大的系统整合商，比如，埃森哲公司（Accenture）与普华永道咨询公司（PWC Consulting），推荐自己的创新性极强但很复杂的Enterprise Systems软件，并告知他们SAP公司从软件许可销售中每挣得一美元，系统整合商们都将获得10到30美元的收入。具体为进行咨询、系统安装和配置、有关变化管理工作，来调整企业客户的进程，使他们获得最大化投资收益。系统整合商们不得不进行大规模投资，提高技巧与能力，而SAP几乎免费提供了很多课程，以巩固这种战略关系。结果，在不到4年的时间中，SAP让几乎所有的系统整合商告诉他们的大客户都采用SAP软件，带来大量业绩，并使SAP占据了包括美国在内的全球市场垄断

地位。如果 SAP 当初让出许可销售利润的一部分，涉及数量会太小而无法引起系统整合商们的兴趣，也会削弱 SAP 的利润。通过将重点放在相关收入拉升上，SAP 利用了几乎所有系统整合商的市场支配力。

战略合作关系（在本书中）建立在共同期待产生长期收入的基础上。要使双方都获得成功，就需要彼此投入时间和金钱，双方机构高层积极恪守应承担的义务，这非常重要。最好的联盟是：将重点放在具体市场或机会上，且双方的关系建立在收入预期、角色清晰、沟通以及一致性的基础上。特别是，这种合作关系必须为各方都带来收益。

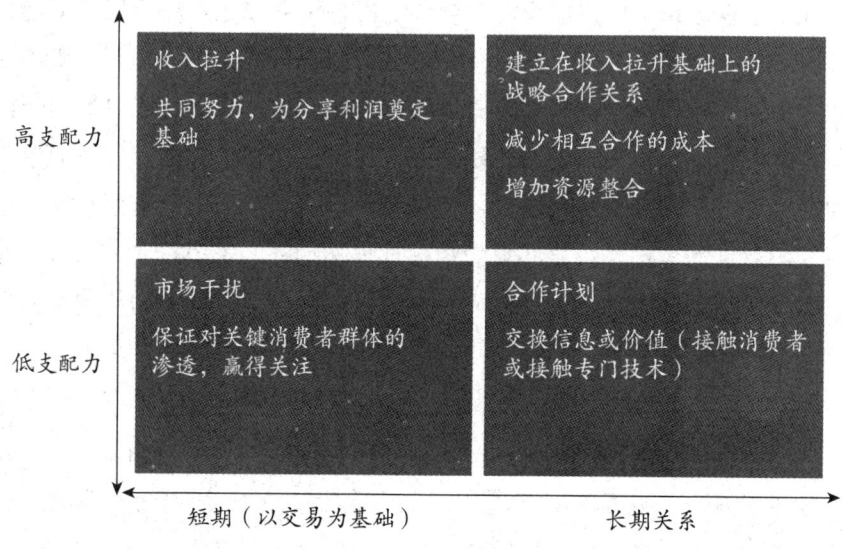

图表 11.9　可能的"合作销售"模式矩阵

将本框架运用在你所在行业部门或渠道

你可能会发现，术语"服务提供者"或"解决方案整合者"与你所熟悉的具体类型的渠道参与者毫无关系。而且，用这些术语来描述管道工、厨房安装工等传统职业似乎有些夸张。但不要受此影响，记住，这些是角色描述，而不是参与者描述，它们是有意被放在消费者而非供应商的背景中。根据经验，按照这些角色来思考会很有用，可以帮助供应商阐明他们的渠道战略或上市模式。实际上，惠普曾经使用过这一架构，彻底检查其针对企业客户的计算机和打印机产品在整个欧洲市场上的分销模式，由此提高了市场地位和分销效率。

第12章 终层交易渠道参与者的商业模式如何起作用

角色决定商业模式

正如在第11章看到的,终层交易渠道参与者的商业模式包括产品再销售和服务提供的混合。这种混合差异很大,从某些情况下服务提供成为销售一部分的参与者,到服务提供囊括整个销售、没有产品再销售的参与者。

在合作伙伴类型剖析图中(见图表12.1),当你从左转向右时,服务所占的比例通常会不断增加。这反映出为了使每个角色更具竞争力、更为有效,出售商品有着较高的附加价值和高水平的定制化。在本章后面的内容中,将继续探讨其中的关联。

随着逐渐发展成熟,大多数行业的一般趋势是:终层交易渠道参与者增加服务方面的销售。原因如下:

- 随着市场的成熟与发展速度放缓,终层参与者需要为了自身的发展而努力竞争。他们发现,提供服务是增加差异化的基础。
- 更高的差异化往往会促成服务的更高利润。
- 与只再销售产品而不提供服务相比,服务方案内部包含的产品再销售可以产生更高的利润。

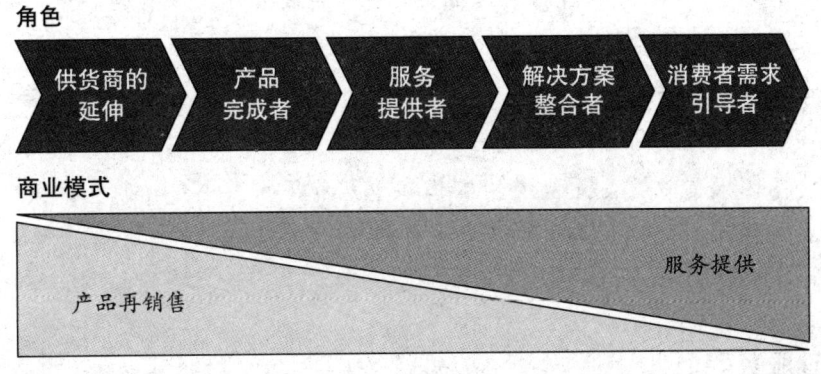

图表 12.1　各合作伙伴角色中常见产品／服务混合

- 服务往往并非资本密集型，因此，可以轻松地以有限的资金发展业务。

这些参与者几乎不会将自己的"产品"与"服务"商业模式分开，不过，接下来的部分将只讨论服务模式，以了解其所面临的特殊挑战，这些挑战与产品模式的挑战有很大差别。在本书这部分的最后，将重新整合这两种商业模式。

服务直接或间接地（比如，通过网络交付）来自人

服务通常由人花费时间和技能后交付，这对服务商业模式有重要意义。想一想依赖产品作为商业模式基础与人作为商业模式基础的差别（见图表 12.2）。

这样的分析可以通过那些管理服务企业所面临的特殊挑战与应做的回应进行总结：

- 对产能敏感——需要管理销售渠道。每月需要支付高额的固定成本。
- 固定产能——需要管理产能使用率。人的时间无法储存来满足需求，因此，需要使需求与供应保持一致。

- 以项目/合同为基础的价值交付——需要管理可回收率。生产单位的项目通常是一个存在很多变量的项目，而所有的变量都会影响交付时间、成本与质量。
- 以人为基础的价值交付——需要管理人。人很难管理，人们期望管理人员能够关注他们的工作和生活的平衡、士气、职业发展，等等。

管理服务型企业

首先需要依次了解如何管理这些服务型企业面临的特殊挑战，然后才能在下一章探讨一个总的模式，该总模式将说明主要价值驱动因素以及这些因素是如何相互影响的。

流量敏感——管理漏斗

服务型企业的利润率对销售水平（或销售量）的变化非常敏感。服务的利润率与产生的销售量直接相关，因为交付服务的人的成本是固定的，要么是领薪水的员工，要么是合同工人。

举例来说，普特尼管道工公司（Putney Plumbers）有50位合格的管道工，他们每人每月的工资是2 000美元，公司的一般费用是75 000美元（这个例子类似于有50位技术员工或系统分析员的一家系统咨询公司）。这就意味着，普特尼管道工公司每月至少需要产生175 000美元的收入，才能收支平衡（50位管道工×每人2 000美元工资+一般费用75 000美元）。

现在，来看看下面几个月的收入，了解毛利率与净利率的情况（见图表12.3）。在产品行业中，几个点的毛利率变化就足以引起管理层的高度关注，不过在这个案例中，一月份的利润是四月份的两倍，原因很简单，一月份的收入是四月份的两倍。而在产品行业，这两个因素可能会毫无关联（经济不景气时管理层决定降低产品价格以增加收入的情况除外）。四月份较低的毛利率反映了未用产能的成本，即管道工们没有工作可做。换句话说，尽管4个月来收入大幅变动，但销售成本却固定不变。

图表 12.2 以产品或以人为基础的商业模式的差异

活动	产品	人	商业模式特点
采购	通常在 24 小时内采购到	可以花费数月时间来招聘、培训并整合人员,使其能够提供某种技能服务	• 需要较长的前置时间来配置人员或技术 • 销售发展要有不错的可预见性,以满怀信心地补充人员 • 从短期来看,产能实际上是固定的
库存(存货)	可以保存一段时间	时间无法被库存,就像飞机上的座位,或宾馆里的房间一样,一旦飞机起飞,或者夜晚过去了,就没有客人再买单了!	产能需要存在的时候被售出,即 6 月 23 日的产能必须提前 6 月份内使用。更具体地说,售出日在 6 月 23 日使用。再比如一些,各类技能员工的时间一定要在 6 月 23 日得到使用
满足需求	产品采购与库存水平可以有所变化,以满足需求	• 人无法被买人、卖出,但可以被雇用一段时间(通常为几年) • 分包商解决问题,但成本为负,质量会有影响	• 这就意味着,不论销售量如何,当月的销售成本实际上都是固定不变的 • 毛利率与净利率不断浮动,直接与销售量波动有关
赊销采购	大多数产品都可以通过赊销来采购,赊销期限通常从几天到几个月不等	员工希望能按周或按月得到薪水,分包商们通常是按月结算	服务的结算时间取决于客户验收或认可,会有所延误,而供应方没有对应信贷

图表 12.3　普特尼管道工公司每月的收入与利润

月份	收入	销售成本	毛利润	毛利率	净利润	净利率
1	300 000 美元	100 000 美元	200 000 美元	67%	125 000 美元	41.7%
2	200 000 美元	100 000 美元	100 000 美元	50%	25 000 美元	12.5%
3	250 000 美元	100 000 美元	150 000 美元	60%	75 000 美元	25.0%
4	150 000 美元	100 000 美元	50 000 美元	33%	-25 000 美元	-16.7%

一个月过去了，普特尼管道工公司对于公司的未用产能毫无办法。这种产能现在也过去了，永远消失了。为了尽可能减少未出售给客户的时间损失，普特尼公司必须作出规划，尽可能有效地利用这些时间——送员工参加回转管最新发展的培训课程等，或者，如果能说服员工在空闲时间休假的话，就让他们提前度假。在管道行业，通过向老客户打电话、提供冬季检修服务及优惠的锅炉维修服务，以及其他能带来额外收入的措施，有可能招揽到额外的即时业务。这种方法能带来贡献收入，但要当心，不要侵蚀整个业务收入，也要防止消费者形成等待优惠活动的习惯。服务提供者需要预售一定比例的产能，这是预防性维护与年度服务合同被认为对消费者物有所值的一个原因。在这些优惠中，为了获得稳定收入，服务提供者只好牺牲利润了。

在普特尼管道的例子中，净利率的波动比较极端。从一月超过40%的高利率大幅下降到四月的近-17%。这反映出这类行业的固有风险——一年内几乎所有成本（工资形式）都是固定的（取决于行业平均薪酬水平），而收入只能提前几天或几星期看到。这也说明了紧急服务成本会很高的原因，这时管道工不得不重视即时产能。

在企业实际中，没有任何成本是固定不变的，就连工资成本也会受到诸如应计假期（休假当月公司的工资成本会减少）在内的账务调整与员工交替的影响。因此，实际财务变动类似于图表12.4所示的情况。

图表12.4中展现出当年的季节模式，其中，8月与12月的业务水平遭受重创，因为消费者或员工在度假，大大降低了收入。对于该模式

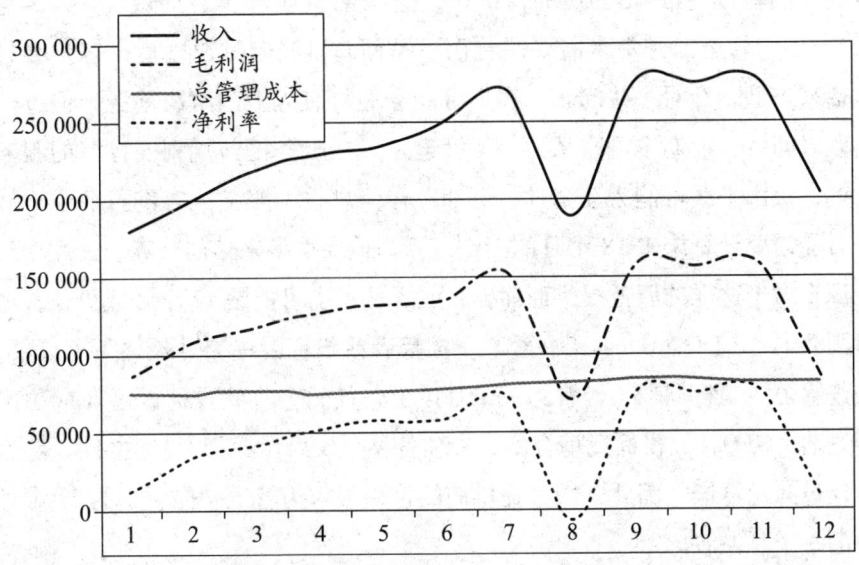

图表12.4　服务提供商月度财务变动图

曾出现过数年稳定的服务行业而言，这可能算不上是个问题，服务提供商会确保在当年的其余时间增加收入，获得较好的利润率，以安然度过亏损或盈亏持平的月份。真正的挑战在于明确收入提升的几个月是业务在真正发展，还是昙花一现的"泡沫"或幻影。如果在接下来的几个月中收入水平增加——或许是通过口耳相传和当地电台的近期推广活动，并且普特尼管道工公司确信自己正在发展，那么公司可能会决定增加人员，处理额外需求。不过，如果公司错误地判断了形势，那将会面临极其艰难的几个月，新招来的管道工会无所事事，并担心着自己在公司的未来。

普特尼管道工公司或者任何服务机构的管理层应该怎么做，才能应对行业的产能敏感性呢？最好的办法是增加未来收入管道的可见性、建立远期订货簿（有时候称为"未交货订单"）。为管道工们预定新业务、安排工作表的时间越久，每个月的利润就会越高，而管理层也能更有信心地解读需求信息。

每个服务提供商都会发现，收入管道的可见度都有一道自然的"水平线"。在普特尼管道工公司的情况中，这条水平线可能会很短（1 到 3 星期），因为管道工作常常需要改善而不是预防，当问题出现后，客户会打电话来求助。针对一些问题，客户可能会等待有人上门解决问题，但过了一段时间后，他们宁可联系另一位管道工。在服务提前规划安排好的服务行业，该水平线可能为几个月。例如，在信息技术服务或咨询行业中，客户可能需要计划未来 18 个月的工作，因为他要准备来年的预算、分配项目资源。对于这样的服务提供商而言，收入可见度可能是 12 个月或更长，通过预测的"销售管道"，潜在客户、招标者或投标者提交并最终下了订单。嵌进管道的销售周期，经常为三个月以上，其间会收到投标邀请（或称报价邀请，RFQs）、投标邀请合格、参加各种会议后形成招/投标文件，然后再经过几轮洽谈。因此，服务提供商的订购收入为管道中能看到的 12 个月中的 3 个月左右。

大多数服务提供商发现，订购收入会"移动"，即会从一个星期或一个月重新安排至另一个星期或另一个月，原因如下：

- 客户的商务活动导致延迟。
- 客户决策和签署文件花费的时间比预期的要长。
- 客户的季度预算被冻结，于是项目被推至下一季度。
- 客户一方的关键人物生病、调岗或离职。
- 如果工作是整体项目的一部分，前置任务落后了。
- 未能交付该项目所需要的一些或全部设备、材料。
- 客户关键人员不在。

注意，这些原因并不意味着该项收入被取消，而只是延迟了。但对于该服务提供商的现有产能与固定成本来说，带来的结果便是一周或一个月内收入的减少，从而大大影响了毛利率与净利率（如图 12.4 所示）。不过，问题并不止于此，所定工作的这些延误会间接影响到未来几周或几月的即时产能。例如，该服务提供商有几位项目经理对交付工作至关重要，那么当被延误的工作加上原定工作都需要完成时，这些专业资源就会从当月的"失业"状态变成下个月的"超负荷"状态。也有简单的选择——比如，告诉客户当初的延误导致问题出现，现在客户必须等待，再加上一些因素就会使情况更为复杂——比如，希望让客户感到满意，因为这可能是服务企业的最大客户，或者延误的工作是整个项目的第一阶段。服务企业的管理团队需要认真判断，有效分配资源，尽量增加短期收入和利润率，巩固长期的客户合作关系与未来收入。

有经验的服务提供商建立了一套类似交通调度的系统，对因不同的客户、工作类型、淡旺季所造成的收入变动进行调控。他们为最可能出现的业务下滑作规划，从周期性出发，考虑如何更好地处理对资源的需求冲突，尤其是尽可能地为未来做好计划，因为他们知道无法改变现在，时间会流逝，他们也无法储存现有的时间。

固定产能——管理产能使用率

与需求管理的问题一样，服务提供商也必须处理好供应一方，即服务提供商自己的资源。成功的关键在于让资源尽可能在交易期间得到充分的利用，尽可能增加每个人创造的收入，但不要过度，也不要过多地驱使人们工作。

一般来说，从事生产性工作的人喜欢忙忙碌碌，不介意为了在合同日期截止前完工而偶尔在晚上或周末加班，特别是在有额外奖金的情况下。不过，人们每月工作的时间是有限的，经常性加班往往会导致出现质量问题、精力耗尽以及过快的人员流失。人们自身常常错误地判断自己的产能，在高收入的诱惑下自愿接受更多的工作，因此，管理人员应在分配工作时明确加班的时间限制。如果客户有需求，应该安排一些合理的加班时间，因为需求下滑往往会减少一个星期或一个月的实际产能。另一方面，有时的确会出现偏差，客户们会打电话提出紧急需求，要求提供比计划量更多的工作。保留一些产能来满足短期需求是很明智的，而加班是摊配产能的捷径。

有些人比较会"隐藏"，会保留自己、同事或下属的工作能力，认为"要留着完成与 ABC 公司的大合同，我们随时期待着这一天"。管理人员需要控制这些决定，否则产能使用率会迅速落后于经济水平，而这种保留会导致大量的资源被闲置不用。经验可以帮助企业决定应该在什么时候服务已定任务，而不是将资源留待未定任务。

管理产能使用率需要权衡短期与长期产能、固定与分包员工、自身与外购技术、积极与谨慎的招聘计划。

从短期来看，供应方会面临以下这些主要的挑战：

- 关键员工生病或缺席。
- 员工流动带来的技术和产能的流失。
- 项目常常需要关键员工加班。
- 分包商未能履约。
- 缺乏经验或自信过高的员工是现有的唯一资源，影响交付产品或项目的质量或成本。

以上这些因素都会改变服务提供商关键资源的产能与可用性，如果关键资源不可用，他们将无法产生收入。对于服务提供商而言，没有什么比产能被限制在1星期或1个月——短期产能——更令人沮丧了。尽管需求或预定工作将转化为下个阶段的收入，但延误仍然会降低当期收入，大大影响毛利率与净利率。要权衡追求高利润率的最佳效率（准确数量的合适人员的混合）与长期客户的满意度和忠诚度。真是要多糟糕有多糟糕，当针对客户需求做好最佳的人员安排后，一位关键的项目经理或专家打来电话说，他（她）母亲去世了，下星期需要请丧假。现有解决方案包括花上额外成本用额外资源来弥补这一不测事件，或者开发拥有相关技术的分包商。这两种解决方案都不理想，都涉及成本、可用性及可能出现质量不高的风险。

产能与使用规划要求管理者很好地了解每位员工、每个小组的不同技能和经验，了解每位客户的需求。这就意味着，大的服务提供商需要分类维护每位人员所掌握技术的数据库，以便当新项目或客户提出需求时可以随时找到并分配现有资源。这可能会有些棘手，因为技术并不会很轻易地符合标准定义。在前面提到的服务提供商普特尼管道工公司，客户经理可能会把一份新客户合同中所需要的技术定义为"高级供热系统与控制"，而拥有这些技术的管道工们可能将它们写成了"CORGI 资格水平 3""高级管道工程师",甚至是"高级管道系统与控制"。在有几百位服务人员的机构中,技术定义的差异可能导致资源的不当安排或过度安排,从而影响收入与利润。

对较长时期——如接下来的一两年——的产能规划需要具备一些战略眼光,以实现为满足收入发展而制订的商业计划。由于市场和消费者需求在未来会发生变化,因此,决策应以需要哪些服务、出价、技术和资源为基础。服务提供商需要决定如何保留差异化,且必须了解什么技术能够支持这一差异化。需要根据服务提供商的专业程度,决定是从外部招聘还是发展内部人员。而产能规划需要考虑市场中技术人员的招聘与培训的前置时间。

当服务提供商发现需求在增长、管道业务在发展时,通常会增加人员。服务提供商的管理团队通常由精通基础业务的人员支配着,但这些人员并不一定在确保利润和发展的经营管理决策方面富有经验。这就意味着,服务提供商往往会将重点放在人员的广度和深度上,只乐于补充新技术与技能。但是,他们会低估将这些人融入高生产力团队的挑战,而这样的团队可以将大量工作时间花在有利可图的客户合同上。本章稍后将讨论管理人员的复杂情况,但问题是什么时候、如何拓展资源库来匹配规划的收入和利润率目标。作这些决定时,应考虑以下问题:

- 有多少岗位需要进行人员更换?
- 哪些专业技能会经历需求增长,而哪些又会遇到需求萎缩?
- 我们计划采用什么样的新服务或供应?
- 我们需要多少种技能、什么程度的经验?
- 我们对需求发展与改变方面的设想有多自信?
- 我们的需求模式有无季节性、是否稳定?
- 如何正确平衡多面手与专业技术人才?
- 哪些技能对我们的差异化至关重要?我们需要拥有并保护吗?
- 我们应该将哪种技术外包,又该雇用哪种技术人才?
- 在管理我们所需的技能方面,我们的经验有多丰富?

人——或者更具体地说是人的时间——是服务型企业的生产单位，因此，很自然地想知道人的时间这一资源的基础，因为资源基础支撑着拓展收入的能力。但是，它会促进企业对人员的补充，企业可能会花 3 个月的时间招聘新的高效能人员，不过，一旦人员增加了，如果需求未能实现，想辞退员工时，就会有法律（与人为）障碍阻止开除该人员。过剩的产品可以被廉价出清，变成现金（尽管利润较低，甚至为负利润），但过剩的人员可能会涉及数月的冗员成本，带来柔性冲击，使人员士气低落、缺乏忠诚，并会影响到服务质量和与客户的关系。几乎增加服务机构产能的所有决策都是长期性的，不能只为了解决短期人员的短缺。只有经过仔细判断后，才会知道该在什么时候去雇用人员、需要哪些技能人员，也需要十足的管理技能来决定技能或资源在什么时候是冗余的而需要移出。有些人认为，只有当管理人员不得不在直接员工中处理冗余问题后，他们才真正有资格作出增加人员的决策。

以项目/合同为基础的价值交付——管理可回收率

对于大多数提供商来说，通常是与交付单位签订一个项目或者合同，该项目或合同需要准时地在固定预算范围内完成，并达到确定的质量标准。（例外情况是"专业代工"的简单要约，也就是说，雇用人员到客户处工作一段时间——且客户负责所分配的工作及其质量。）在其他情况中，基于其配置适当的团队和资源、管理工作流程、在一定时间内完成一定工作、满足预算并达到所要求质量水平的能力，服务提供商也可能需要交付某种形式的经验或产品。而作为合同交付的报酬，服务提供商希望尽可能"回收"其通过价格创造的同样多的价值。从服务提供商的方面来看，他希望能按照自己获得合理利润、与客户保持合作关系（这种关系非常稳定，可以带来更多的业务与推荐）的方式，来管理自己的可回收率。注意，不要"欺骗"客户或市场，即使在市场上开发出了非常独特的条件或获得了独特的机遇、会带来尽可能多的短期利润率，但这样可能会损害稳定的客户关系。[参见彼得·德鲁克的《企业五大致命过失》(*Five Deadly Business Sins*)，1993 年 10 月 21 日《华尔街日报》

A 版第 18 页。]

　　服务提供流程最艰难的部分也许是同意做什么以及相应的报价。每个合同都是独一无二的——不过很多都是"同一类的",要求服务提供商在决定价格时考虑多种因素,并顾及风险与未知情况。服务提供商必须首先明白标的是什么……可能非常直接（比如,"管道工,给我把锅炉换了"）,也可能异常复杂（比如,"承包公司,接手并运营我的全球财会工作,包括相关的信息系统"）。经验丰富的服务提供商会知道如何划定范围、该问什么问题、会有什么风险、客户可能想作什么选择、从客户的角度看真正的价值驱动者可能会在哪里,等等。他知道什么时候允许风险意外,或者什么时候为自己的工作约定合同以从自身排除风险。

　　从工作定价来看,处于最复杂一端的服务提供商会用确定的方法来交付服务,这将帮助他们将合同细分成几个阶段、任务和步骤,然后用评估标准来确定需要用来交付的资源数目和价值。甚至连简单的服务也可以拆分并分别定价。

　　结果便是确定的工作范围、固定的或因惯例（律师们总是采取可变价格,而油漆工们则接受固定价格）而定的可变价格、买方和服务提供者的协商力量。当服务需要一段周期时,就要有一份服务标准协议说明要提供什么,有些要素可能是固定的价格——比如,服务台,而有些则是可变的——比如,待支持使用者的数量。该服务提供者会将目标利润含在价格中,目标利润的多少会因各种因素而变动,包括但不限于：

- 类似合同的市场价格。
- 切实可行的替代方案的市场价格（比如,内部采购）。
- 客户非赢不可,还是会为服务提供者留有余地。
- 合同有了新突破,提供了创造新服务的机会,服务提供者掌握了新能力或技术。
- 合同吸收未用的新产能。
- 服务提供者所需资源的成本。
- 服务提供者对待风险的态度。
- 服务提供者的专有技术或知识产权。

- 服务提供者的销售技巧。

最后一项的销售技巧可以为服务提供者带来盈利，也可能造成服务提供者损失，因为这些技巧可以提高客户对从合同中得到的价值期望。通过销售技巧（这里并不是说硬性推销双层玻璃与分时度假等），而是运用聪明的、有洞察力的技巧，发现客户生意中的价值驱动因素，并将项目的获益直接与之相联系。

例如，作为一家信息系统整合商与管理咨询公司，安德森咨询公司（Andersen Consulting，即现在的埃森哲公司）从20世纪80年代末到90年代初在欧洲以每年50%~60%的速度增长着，并比直接竞争者的收费高出30%。它是如何做到的呢？它在了解目标行业方面投入重金，清楚地了解到系统应用是如何解决让企业老板们担心的基本问题，并确保系统应用也能处理首席技术官与首席信息官们——他们是竞争对手的争取对象——关注的问题，并重点关注影响股东价值、股票价格与董事会保障方案的问题。同时关注减少库存水平、加快新品上市的时间、增加客户利润和资产收益，等等。想董事会之所想，安德森咨询公司使项目对董事会更有价值，与之相比，多花的咨询费用似乎并不重要。通过向客户许诺会有与别人不同的更好结果，从而突出报价的优势，而且也将其体现在了利润上。重要的是，安德森投入大量时间与金钱，培训合作伙伴与管理人员学习自己的"赢得新生意"（Winning New Business）的方法，并让他们完成3天的方案撰写课程，从而使他们系统地利用其来之不易的销售优势。

到目前为止，已经讨论了以项目（合同）为基础的价值交付的前端内容——服务提供者如何有效定义每位客户具体工作的价值主张。后端也同样重要——承诺后，服务提供者就必须实现承诺。这就需要有项目管理、风险管理、人员管理技能，而且坦白来说，还需要幸运女神的眷顾。管理良好的项目有时候也会受到服务提供者无法控制的不良事件的影响，比如，关键人物因故突然无法工作，或者由客户安排的多个服务提供商中的其他提供商无法完成任务。有人可能会说，有效的风险管理会预见这样的风险，并落实应急措施，但是这里存在一个概率成本的权衡，无法考虑到所有意外。

除了运气不佳外，服务提供者应有能力处理好各个因素，在预算范围内按时、保质地完成项目。应用正确的价格分析方法，可以使服务提供者管理并控制好交付。项目的步骤、任务和阶段都应该按计划正确执行，并了解相互的关联情况。完成有些任务可能会比预期需要更长时间、更多的资源，但优秀的项目经理会从比预期用时、消耗资源少的任务中得到缓冲。在所有项目小组控制下出现变化的项目中，有些是在他们的影响下发生改变，而有些却不受控。经验丰富的项目经理会利用影响力让情况按部就班地进行，减少不可控状况带来的冲击。

举例来说，在很多项目或合同中，由于起点脱离预期——遗留的IT系统情况并非如客户所说、壁纸下面的石膏风化了、连接锅炉的管道不符合建筑规定……工作会因此受阻或延迟，于是服务提供者需要做额外工作。为了确保利润不受影响，额外的工作就需要得到费用补偿，严格的合同与项目管理会确保客户支付这笔费用。服务提供者的一切工作都要得到报酬，这一理念被称作"可回收率"，即回收实际交付价值的完整价格。换句话说，当服务提供者收到全部合同规定的收入时就是完全回收。有时候，通常出于以下的"营销"原因，服务提供者会让出一定的可回收率：

- 担心不断对琐碎的额外工作提出补偿会惹恼客户。
- 放弃一些回收被认为是值得的，以增加赢得后续工作或下个项目的机会。
- 服务提供者应提前预想到类似问题，承担相关费用来维持在客户心目中的形象或声誉。

可回收率不佳的另一个原因在于服务提供者在交付项目过程中自身出现了问题。这通常会引起某种形式的资源滥用，而客户是不会为服务提供者的错误买单的。类似问题包括：

- 工作完成质量不高，需要返工或改进。
- 服务提供者或项目小组个别人的技术不够熟练，导致耗费更长时间、消耗更多资源。

- 员工调度效率不佳，项目雇用的员工水平过高或不足（但当时只有这些资源）。
- 用分包商来替代服务提供者自身的资源，因为这些自身资源已经离开了服务提供者，或者被派去做其他更重要的项目。
- 为了如期完成，用额外资源来补充小组。
- 预期过于乐观。
- 服务提供者所选的供应商延误工作或工作未达标准。

大多数服务提供者都可以列出无数曾经做过的项目，这些项目积累了很多严重问题，导致较低的甚至是负的可回收率。为英国公共部门提供的大量IT项目情况就十分糟糕，服务提供商因延期交付或交付后的系统只能实现合同中约定的部分功能，而被解除合同或扣缴罚金。

当客户中途改变要求——经常是出于可以接受的商业原因，而服务提供者却没有标出相应费用时，服务提供者常常无法实现可回收率。例如，由于客户自己的资源未能配置到位，而导致合同期限被延长。这就意味着，服务提供者被合同约束得更久，即使资源被分散到更长的期限内，也随时都要投入更多的资源，增加的"放下又拿起"的工作量导致了资源的消耗。但是，合同中常常难以规定类似问题，结果只能是服务提供者让出可回收率。这常常和客户与服务提供者之间关系的比较力量有关。很多大企业与公共部门的客户都学会了将未来工作的前景或损失当作应对服务提供者的双刃剑。这会削弱服务提供者对"要求改变"或服务范围增加方面的费用进行完全报价的能力，也会影响他们的可回收率。

以人为基础的价值交付——管理人

对人的管理并不是简单的数字游戏。人难以管理，并期望管理人员能够关注他们各种各样的工作经验、工作和生活的平衡、士气、培训和发展，以及为他们提供职业发展的良好机会，等等。从很多方面来说，人们为交付服务而提出的要求与客户的需求，甚至是服务提供者自己的需求都不一致（见图表12.5）。

每当服务提供者有机会赢取新客户、争取新业务或开始新项目时，都需要平衡这些可能矛盾的需求，来为合同和客户分配人员。每个决策将可能有利于3个利益相关者中的一个，而损害另外两个的利益，但从长期来说，必须保持恰当的平衡。糟糕的管理人员很容易向"响轮"屈服，向最挑剔的客户、意见最大的合同经理或最为不满的成员或员工让步。优秀的管理人员要有评价长期客户价值、服务小组开发能力、管理个别成员的业务空间的能力。管理人员还需要解释、说明决策依据，让相关个人都了解他们的优势。为了做好资源与调度安排，管理人员需要具备人际交往技巧，公司整体要有强力的项目管理技能，以及良好的沟通和销售技能。

大型服务提供商在人力管理架构方面会投入大笔资金，以保证所有员工都能得到最好的培训、个人发展、反馈、评估、薪资福利，这样，他们才会愿意与服务提供商一同奋斗、发展他们的职业。作为回报，服务提供商拥有了忠诚的、积极的、有相应技能的团队，他们在客户服务、报价和提供差异化服务方面经验丰富，当需要提供相关服务的时候会格外努力。最好的服务提供商机制要能够追踪进展，识别良好、糟糕和不作为的执行人员，并尽早解决问题。良好的人才管理体系会识别员工是否可用、经验有多丰富、经验是否与目前工作相关，以及员工自己对未来工作的倾向。

服务提供者提供的服务越"高端"，其保留并发展交付工作所需的专业人员的能力就越重要。对服务提供者而言，一个人离开，或更糟糕的情况下出现一小组经验丰富的专门人员离开，可能会是灾难性的，因为随之而来的常常是客户违约与更多的员工离职，而且他们可能会奔向直接竞争者。到市场上招募新员工可能需要几个月的时间，招募后，可能需要长达一年的时间来让新员工完全具备生产能力，他们掌握着服务提供者的独特经验。服务提供者可能要花费重金来让员工参加培训、提高技能，而且需要将这些看作投资，并进行保护以保证得到期望的回报。

图表 12.5　服务提供者的利益相关者及相互冲突的期望

工作特性	员工的期望	客户的期望	服务提供者的期望
经验符合要求	工作多样化，提供全新的挑战与个人发展，可以增加"个人资本"，不愿意一直都做同样类型的工作	经验丰富、专业人员，以前多次做过类似工作，每次都能完美交工	人员十分专业，可以在预算范围内按时、保质地交工，没有出现水平过高的情况，因此，也不会太贵，也不缺乏经验，从而不需要密集监督、培训的过程
调度安排	稳定的工作，没有太多压力地完成工作。有空余时间，可以和家人去度假，等等	越快越好，有足够的时间来验收。有能按时完工的资源，不会间断	在一段固定的时期内，稳定的全职工作，没有停工期或中断期
员工的延续性	为一位客户工作一段合理的时间后，有机会为更大、更有声誉的客户工作。有机会参与新客户的新工作	人员一直不变，因此，不用引导服务小组，也不会让自己的人员分心。无需解释，就能了解客户的预期。不分心，不缺席	灵活轮转、安排员工到最需要的岗位。需要将做得最好的人安排给风险最大或最有价值的客户，可以安排最好的员工来争取新项目与新客户

以服务为基础的商业模式

借助第 8 章中解释过的价值创造（VC）树形框架模式，可以看到典型的服务提供者的损益表与资产负债表的主要因素，并将其呈现为商业模式图，展示所有不同运作是如何互动的。企业的每个决策都影响着运作方式，价值创造树展示了这些作用沿着树层叠着，来改变创造的价值或破坏的价值。（注意，创造的价值是超过资金成本的利润水平，而其中的资金成本是用以产生那些利润的。）

可以看到，以服务为基础的商业模式以平衡人力资本为中心，而在产品行业中则是以营运资本为中心。因此，由于使用了相对较少的资本，服务提供者的价值创造大大依赖于其营业利润。在本章中谈到的关键管理杠杆嵌入该价值树框架中，可以说明重点是如何通过左边——商业模式的损益表方面（见图表 12.6）——发挥作用的。

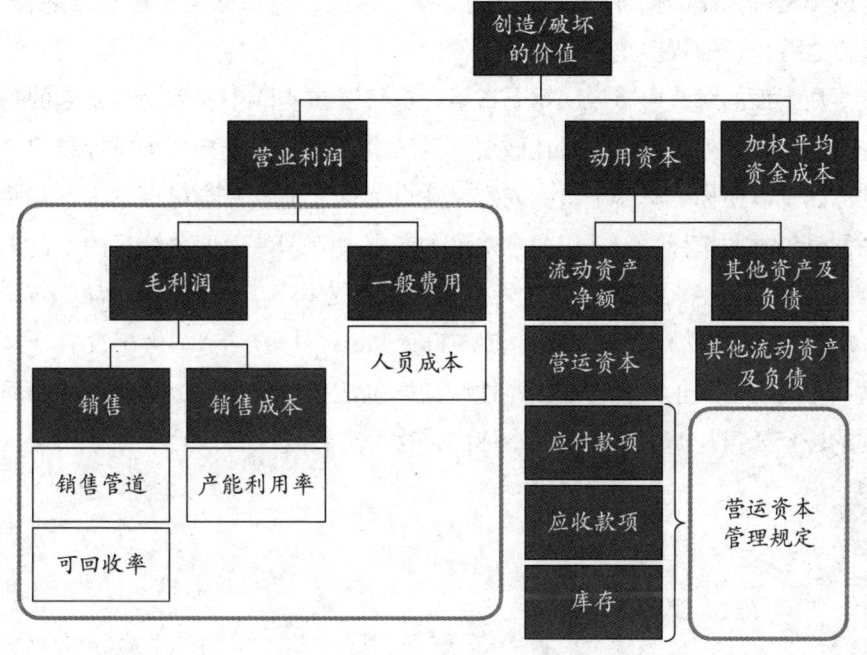

图表 12.6　服务提供者的价值创造树

在右边（资产负债表），营运资本也很重要，服务提供者通常没有大量资金，因此，需要有节制地使用他们有限的现金资源。

在下面的章节中，将讨论该框架的每个关键元素，强调关键指标及其与服务提供者管理的关联。

服务型企业商业模式指标概览

为了说明服务商业模式的因素是如何工作的，以 XYZ 公司为例，XYZ 公司是一家服务提供商，价值创造树可见图表 12.7。浅色框中的要素是适用于任何企业的标准财务指标，显示着以逻辑树展现的财务报表（参见第 8 章有关该框架的详细说明）。深色框中的要素代表某服务提供者的具体指标，绝不会在对外财务报告中出现。不过，它们是服务提供者商业模式的关键内容，会出现在内部管理报告顶部或接近顶部的位置。由于服务提供者的类型、运作的商业模式都千变万化，因此，其指标类型也有很多种，计算这些指标的程序也少一些。

在下面的章节中将说明重要指标，探讨以在实际中看到的为基础的一些变化情况，列出推荐的最佳做法。后续章节会说明选择某个指标或定义的原因，以便你了解哪个指标或定义适合你的企业。在金融课本中，你很少能看到这些指标，但其中的一些可参考有关管理专业服务公司的专门书籍（比如，大卫·梅斯特的《管理专业服务公司》（*Managing the Professional Service Firm*）；New York：The Free Press，1997 年）。由于没有计算这些专门指标的正式会计准则，这些指标也没有通用定义，你可以询问遇到的每家公司是如何计算这些指标的，这很重要。

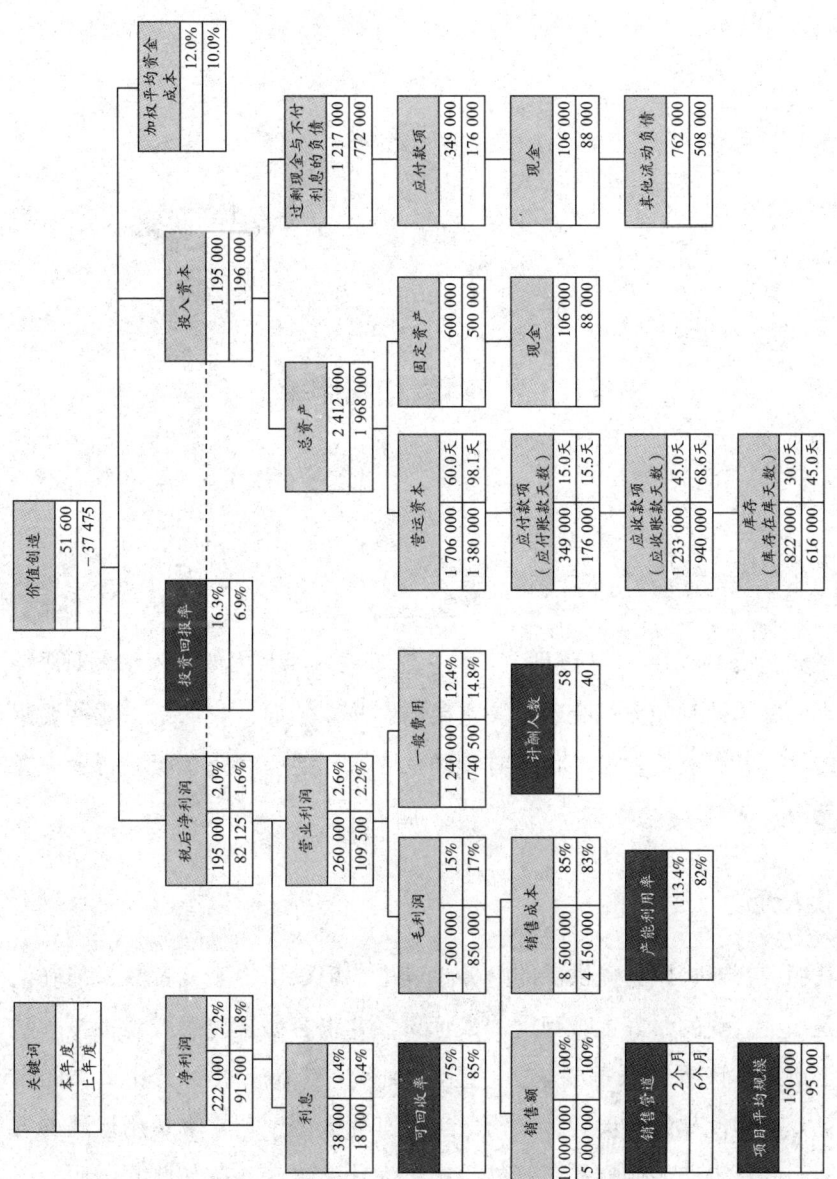

图表12.7 XYZ公司（服务提供者）价值创造树

第13章 销售和利用率

销售

正如在第12章中所看到的，任何一星期或一个月内的收入水平对服务提供者的整体盈利能力都有着至关重要的影响。然而，收入是由哪些要素构成的，或者更确切地说，什么时候确认收入，这些问题在产品行业中尤为复杂。

收入确认

在服务行业，服务提供者的财务报表中，记录销售额或者收入的确认区域是最为主观的，其主观程度令人惊讶，并很容易被滥用或者操纵。从理论上讲，应该看看服务提供者的会计政策，看看它采用了什么样的做法，但是，即使你能解读会计术语，也没有什么用，它常常是用代码的方式编写，并获得非专业财务主管的授权。为什么这些业务如此复杂呢？以XYZ公司为例提出一些问题。XYZ公司有三种类型的服务收入流：

- 分成多个阶段、周期超过15个月的大合同。

- 通常需要3个月左右就能完成的小合同。
- 定期服务、支持和维护合同。

现在，在签订大合同的情况下，你会认为什么时候销售已经完成？

A. 当客户打电话承诺签订合同时
B. 当客户签订合同时
C. 当第一批顾问到达客户的场所时
D. 当第一个月的产品已经完成时
E. 当客户签收了第一个月的产品时
F. 当客户交付了第一个月的产品时
G. 当所有的工作已经完成时
H. 当客户签收了所有的产品时
I. 当客户交付了所有的产品时

这些选项按照会计师从最"激进"到最"谨慎"的确认方式排序。很少有人会在满足所有的选项或者在满足A选项时确认收入。同样，很少有人会认为公司应该等到满足I选项时才能确认任何收入。会计师将15个月的合同称为"长期合同"，根据国际会计准则，在产品已经生产出来，并且收入和成本能够可靠地计量之后，就应该确认收入和相关的利润。简单来说，根据XYZ公司的做法，这意味着选项D和选项E是最被广泛接受的收入确认点。注意上文的楷体字部分，这意味着随着收入的确认和相关利润的预计，XYZ公司必须考虑合同签订的方式，并明确合同完成时不会有所亏损。如果有低于目标利润或者甚至有亏损的可能，那么就必须相应地减少预计的利润（在第14章，将着眼于利润层面以及XYZ公司处理利润记录的方式）。

收入确认的做法将取决于XYZ公司控制项目的严谨程度和收费工作人员（那些为客户工作赚取收入的人）的活动记录方式。在服务从高端日益走向低端的范围，记录工作时间的卡片持续不断地记录了分配给特定客户合同的时间。把这些记录工作人员工作时间的卡片按等级进行结算从而得到总收入，再进行收入确认。注意，这意味着该项目的进展情况应该按照完工进度进行评估。如果项目经理在工作已完成35%的阶段进行评估，但是按照结算的时间记录显示，该项目费用已经占了整个合同估价的45%，那么就需要判断：如果工作的性质是，前期需要的资源更加昂贵，可以确定该项目有望在不超过合同价格的情况下完成，那么所有的收入都可以登记。反之，如果资源在整个合同的交付期或多或少是混合组合的状态，那么XYZ公司应该只登记35%的合同收入，并在此基础上"注销"额外的10%花销。如果做不到这一点，XYZ公司在记录收入上就存在风险，也就是说，不得不在第4个月仍然花费一些时间来完成头3个月的工作。但是由于在第4个月没有结算能力，所以就不会有收入确认。这就意味着，XYZ公司确认收入过早，谨慎的会计师会极力避免这种情况。注意，会计核算的相关性原则和客观性原则会在以后的阶段显示这个判断是对还是错。这并不意味着XYZ公司应该重新确认前几个月的收入，而只是表明，在给定月份的最后时间需要认真和谨慎地判断，以免出错。

  同样的原则也适用于小合同，在小合同中犯错误的余地会小一些，可能把收入按照合同的月份来分配是较令人容易接受的，同时处理起来也比较简单。鉴于XYZ公司签订的合同既有长期合同，也有短期合同，并且已经运行了时间记录系统，那么它很可能在确认收入时，对这两种类型的合同采用相同的办法。这样，它可以花费更少的时间来判断，同时误差也会变小。

  首先要看到的是，当XYZ公司进入了一个新的服务系统或者以不同的方式签订合同时（改变它所承担的风险），它所作出的判断将会是经验不足的判断，即使是小合同，也可能存在高风险。随着时间的推移，大多数服务提供者会学会如何合理地确认收入，如果是由项目经理作出判断，而此项目经理又没有达到某一特定总收入目标的管理压力，那么这个判断就是最好的判断。一旦管理团队染上了"平移收入"的毛病，就会影响他们在合同收入确认方面的观点，他们也就很难摆脱这些通常会被曝光的"擦边"做法，由于收入被侵占，在某个月尽管每个员工都在努力工作来完成合同，但是却没有任何收入。更为严重的问题和现金流量问题往往就是在这种情况下出现的，服务提供者必须提防这样的收入"管理"办法，这是自我欺骗——现款结存不容许这样的操作。

第三类收入来自定期服务、支持和维护合同。这些合同可以是固定价格或变动价格的合同，也可以是两者混合，既有固定因素也有可变因素的合同。固定价格的合同就如同一张保单，让客户觉得有保障，合同的价格就如同保险费，XYZ 公司承担了"索赔"的风险。少量的上门服务会获得较好的利润，而大量的上门服务则会导致 XYZ 公司的损失。通常情况下，服务提供者会简单地把合同价格除以合同所覆盖的月数，将得到的数额确认为每个月的收入，这样，每个月的成本就会下降。由于大量的合同和非常多的覆盖月数，收入本身看起来会比较平稳，这种结果十分令人满意。只有在服务提供者知道一些不同的事情时，才会调整这种做法。例如，它可能知道，在合同的最后 3 个月它将接到较高比例的上门服务。如果有数据和追踪记录表明会出现这种情况，它可能在最后 3 个月分配更高比例的固定价格合同。变动价格合同通常会遵循变化的基础。例如，如果上门服务的数量决定价格，那么无论是使用实际价格（如果有所不同）还是标准价格，上门服务的数量在任何一个月都将决定该月的收入。

衡量管道

由于服务的性质，几乎所有的服务提供者在确认收入前都已经售出服务。正如在第 12 章所看到的那样，冗长的销售周期需要服务提供者售出的服务远远超过实际登记的收入。收入的可见性（销售管道）是成功的关键因素，服务提供者必须能够有效而一致地加以衡量。服务提供者衡量其管道的最有效工具是根据时间段来登记收入，时间段可以按周或按月计做一个会计期间。不同的名称都适用于这一管理工具，包括销售时间表或者预定订单或销售管道，以及许多其他的名称。一个关于"销售时间表"的例子如图表 13.1 所示。

注意，时间表的日期是 7 月中旬，所以销售时间表显示了在一年中前 6 个月的实际销售额（千美元），以及直到现在为止下半年每个月的预计销售额。重要的是，时间表在事件驱动的基础上更新，即每当有情况时，销售额就会上升或者下滑。

图表 13.1 销售时间表中显示的订货量

销售时间表——第 1 类

单位：千美元

部门	客户	说明	工程号码	1月	2月	3月	4月	5月	6月	7月	8月	9月	10月	11月	12月	总计
汽车	ABC 公司	技术项目	ABC342	11	10	10	10	10	10							61
制造	DEF 公司	战略项目	DEF001	22	22	10	16									70
零售	GHI 公司	研究项目	GHI233		25	17	17	15	5							79
零售	GHI 公司	第二阶段	GHI234					5	15	15	15	15	15	15	15	110
汽车	JKL 公司	技术项目	JKL040					30	20	25	25	30	35	30	5	200
制造	MNO 公司	战略项目	MNO002	10	15	15	15	15	15	15	15	15				130
飞机	PQR 公司	研究项目	PQR027			15	15	15	15	15	15					105
通信	STU 公司	技术项目	STU004	25	25	20	10	5								85
通信	WXY 公司	技术项目	WXY112													0
总类别 1				68	97	87	83	95	80	70	70	75	50	45	20	840
商业计划				65	75	75	75	75	75	75	80	80	80	80	80	915
换算				-3	-22	-12	-8	-20	-5	5	10	5	30	35	60	75

在这个例子中，销售额在前6个月一直跑在业务计划的前面（这也是"转换"的数字被用黑色和负数来表示的原因）。然而，在7月中旬，仍然要做一些工作来赢得7月的业务量（5 000美元的短缺），这一年下半年的其他5个月也需要越来越多的销售额。这是非常典型的服务提供者，也就是说，以一个月为销售周期，但是，如果销售周期为3个月，就相当令人担忧，除非有大量的业务不被公开。上述时间表被称为第1类，对特定的服务提供者而言是指实际确认的销售额（甚至在确认后还可以改变），第2类是指已经对潜在客户和现有客户出价或报价，或者做好投标文件，或者已经提交报价单。第3类是指销售团队已经确定，并有希望出价或报价。要有资格充任第3类，服务提供者就必须决定产品能够量化的价值，并估算可能的工作时间表。

图表13.2反映了其余的销售管道在第2类和第3类中的表现，注意，有一栏是完成工作的概率，这是用加权法在第2类中估计收入的简单方式。每个月的工作时间表在第2类和第3类中将更加灵活，因为在确认工作完成前还有很多步骤。在第1类中，时间表根据发生事件而更新，并且管理团队会高频率地进行监控。

通常利用以下公式（见图表13.3）计算销售管道。

由服务提供者决定如何在销售时间表中运用严格的概率检验来考虑实际数量，销售管道可以概括为图表13.4。

把它与每个月80 000美元的平均销售目标相比较，正如业务计划所标明的（8月至12月期间），得出销售渠道为4.6个月（369 000美元/80 000美元）。

这是好还是坏呢？要考虑的第一个因素是评定这条销售管道是不是典型的销售周期。如果这家公司只需要一个月的时间来引领销售，那么接近5个月的销售渠道就是非常理想的。另一方面，如果销售周期是6个月，那么事情就不如希望的那么好。正如从第1类中看到的，在未来的5个月仍有75 000美元的销售额需要完成，以达到全年的业务计划。回顾第2类，按概率加权的未来出价只有109 000美元，所以该公司完不成业务计划的可能性很大，除非它的概率假设非常精确。虽然整体销售管道数量（4.6个月）是有

图表 13.2 销售时间表中显示的销售管道

单位：千美元

销售时间表——第 2 类							本年度											
机构	说明	第一次接触日期	预计提交日期	概率	买方	行动	1月	2月	3月	4月	5月	6月	7月	8月	9月	10月	11月	12月	概率总计	总计
ABC公司	技术项目	2月9日	3月13日	10%	史密斯	紧随史密斯								15	25	25	25	25	12	115
ABC公司	技术项目	2月9日	3月13日	10%	琼斯	紧随琼斯										25		25	5	50
QWE公司	战略项目	5月30日	5月30日	75%	帕特尔	重新出价							15	5	15	15			37	50
RTY公司	研究项目	5月10日	5月21日	50%	辛格	在7月22日开会									3	3	7	3	8	16
GHI公司	研究项目	2月1日	3月1日	50%	威廉姆斯	确定最后的范围									5	10	5		10	20
FDE公司	技术项目	6月27日	6月27日	75%	布朗	确定期限								5					7	10
EEW公司	战略项目	11月15日	12月20日	50%	格林	在7月30日拜访							20	25	15	15	15	15	30	60
小计							0	0	0	0	0	0	15	9	63	68	77	68	109	321
第 2 类加权							0	0	0	0	0	0	15	9	25	28	19	14	109	
第 3 类																				
ASD公司	技术项目	3月8日		10%	怀特	报价									25	25	25	25	10	100
JKL公司	战略项目	5月1日		10%	布莱克	同意范围									15	15	15		5	45
SADF公司	研究项目			10%	格雷	会见董事会											25	25	5	50
WER公司	技术项目	4月19日		15%	罗宾逊	会见技术部											50	50	50	100

用的，但必须注意其使用，因为它过度地简单化了形势。更重要的是销售管道如何随着时间的推移而发生变化。销售管道增加无疑是好事，但这种增长可能不会受短期的销售额所推动，因此，目前的收入仍然是不确定的。如果管道正在减少，那么要立刻关注，确保能够产生赢得更多合同的机会。销售管道缩短才是一个真正的问题。管理层要做好工作，就应该每周甚至更加频繁地检查销售时间表，销售管道数量只是一个有案可查的总体测量。

图表13.3 销售管道

销售管道
销售管道 =（已订购的销售额 + 预计获得的销售额）/ 平均每月的目标销售额

图表13.4 销售管道的总结

8月第1类	70 000美元
9月第1类	75 000美元
10月第1类	50 000美元
11月第1类	45 000美元
12月第1类	20 000美元
第1类总计	260 000美元
第2类加权（总概率）	109 000美元
第3类（太不确定，可忽略）	0美元
已预订的销售额加预计销售额的总计	369 000美元

在XYZ公司的价值创造树中（见图表12.7），本年度的销售额比去年翻了一番，这个结果看上去非常惊人。但是（这是一个很重要的"但是"），其销售管道从去年的6个月下降到本年度的2个月，可谓真正的暴跌。怎么会发生这样的情况呢？这不可能是真的，可能吗？但不幸的是，这个例子非常真实地说明了服务提供者所面临的一个最大问题——"盛宴和饥荒"。当（特别是较小的）服务提供者承接一些大型项目时，他们把注意力完全集中于交付，并不关注销售管道。这个问题往往加剧了这一事实的发生，即投标过程中的新业务往往需要更多有能力的人来做，比如，准备招标文件的技术部分、估计工作所能达到的成果。然而当他们的时间

消耗在目前的工作上时,他们就不可能利用这些资源来赢得新工作。较大的服务提供者有专门的销售团队,因而能更容易地克服这一挑战,但是规模较小的服务提供者的销售成果往往占据首位,公司的创始人或者重要高管都会从技术层面来考虑问题,他们更为关注的是销售和交付。对于这些服务提供者来说,当一个或两个主要合同已经完成时,销售管道就能够突然暴涨至6个月甚至9个月。这将导致公司对关注已久的销售额大松一口气,把重点切换到如何完成这些新的大项目。然而,销售活动的开展和关闭之间的切换并不容易,一旦"放下"销售任务再想把它捡起来会很困难。正如将看到的,XYZ公司由于业务量翻倍,要与如此众多的挑战者搏斗,因而管理层的注意力容易分散,很难集中在销售管道上。

利用率

利用率是衡量服务提供者生产率的关键指标。它是一个强有力的指标,适用于商业中的整个服务体系、个别部门或团队,甚至每一个负责结算的工作人员。高利用率意味着高比例的工作人员进入生产、创收工作。

利用率的计算

不同的服务提供者采用不同的方式来计算利用率,但在大多数情况下,会采用大致相同的公式,如图表13.5所示。计酬时间是花费在客户签订的合同或项目上的工作时间,通常是针对特定项目的员工的工作时间卡片上所记录的时间。标准时间是指计酬工作人员在工作期间应该提供的工作小时数或天数。

例如,一名全职工作人员全年工作52周,减去4周的休息日,再减去2周的法定假日,等于46周,或230天,或以8小时工作制计算为1 840小时。有些公司可能会考虑休病假的天数或者培训的天数,因此,进一步降低了标准时间。大多数企业不会把加班时间计算到标准时间中,因为这会损害企业形象——大多数员工需要了解如何计算和应用利用率,他们将不乐意看到加班时间被算入其中。

图表 13.5 利用率

利用率
利用率 = 计酬时间/标准时间 × 100%

利用率是一个敏感数字，经常被用来评估个人或团队的业绩，或者被用以判断个人的生产率。因此，在用这个方法逐月计算时，作为分母的标准时间应该扣除个人休假、法定假日。这是每个月都需要做的计算，要用"实际月份"，如图表 13.6 所示。

图表 13.6 利用率计算示例

月份	计酬时间 A	法定假日和休息日所占据的时间 B	标准时间 C	调整后的标准时间 D =（C−B）	利用率 E = A ÷ D
1 月	160	0	160	160	100%
2 月	160	8	152	146	110%
7 月	80	80	160	80	100%
8 月	80	0	160	160	50%
9 月	172	24	168	144	120%

如图表 13.6 所示，即使这个人在 7 月休息了两周，他（她）在工作期间的利用率仍将显示为 100%。请注意，在 2 月和 9 月，利用率超过了 100%，这意味着他（她）的工作时间超过了标准时间，同时这也表明了高水平的生产率，有利于提高服务提供者在一些高端服务的盈利能力，服务提供者将支付高级员工固定的薪资，而不用付加班费（这将被有效地纳入员工的补偿水平）。在这些公司中，高利用率转化为超级利润，因为超过 100% 的利用率意味着每小时获得的收入所花费的销售成本为零。

这一计算适用于特定的人群、团队、部门及个人。很简单，累计每一个收费员工的总工时数，并使用汇总的数字来计算。

管理利用率

在服务提供者价值创造树的例子中（见图表 12.7），XYZ 公司的利用率去年为 82%、本年度为 113%。该如何看待这些数字？提高生产率始终是好事吗？这一指标在以后会进一步提高吗？

鉴于是在与人打交道，那么利用率的百分比会受一种自然的限制。此外，在质量不会下降的情况下利用率会持续一段时间，但随着时间的推移，工作人员会倦怠，因此，要增加新雇人员的比率。很多人都经历过短时间的高强度工作，以在最后期限前完成工作，一些人就靠这种压力茁壮成长。然而，在这样一个极度紧张的工作周期之后，大多数人还是需要一点时间去减压和充电，许多服务型行业的公司都提供休闲场所设备（TOIL），从而使员工在过度加班后得以有效恢复。这将帮助他们减少总加班费，并提高员工的满意度。如此一来，任何由于最后期限所驱使的利用率最高峰，都将与正式的或者非正式的休闲场所带来的最低谷相匹配。

经过几个月后，个人的计酬模式可能如图表13.7所示。请注意，员工每个月工作的小时数（天数）不尽相同。12月和1月遇到季节性假期，2月在商业中以"短月"而著称。一般单凭经验的方法，利用率水平需要保持在85%～115%之间。低于85%意味着每个收费员工的收入较低，从而盈利能力也会较低。持续高于115%的水平往往会导致质量问题，随着时间的推移，高强度工作过度消耗了员工的智力和体力，最终他们会选择离开，增加了员工的更替率。这条经验法则适用于小组、团队或个人，不过需要注意个别统计，确保统计的平均数据不会因为几个过度加班的员工而被拉升，也不会因为少数偷懒的或者技能不达标的员工的拖累而下跌。

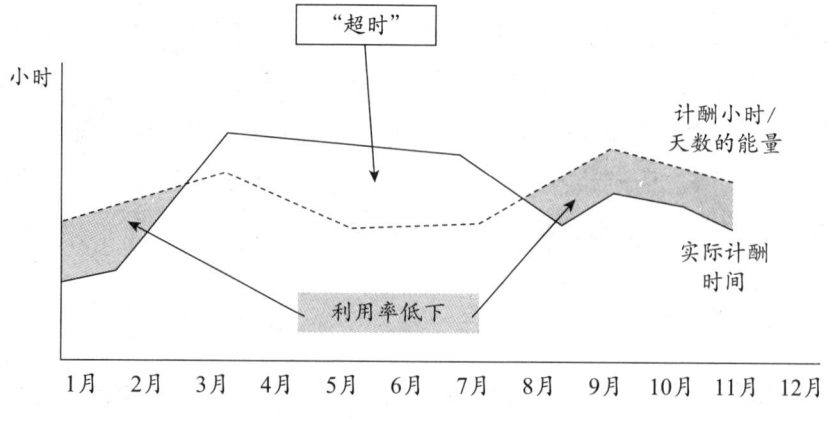

图表13.7　一年中的个人利用率模式示例

随着业务逐步发展，服务提供者通常需要建立小组或团队来帮助培养不同的专业化人才。客户往往需要包括各种学科人才的团队为他们提供解决方案，但如果没有专家在一旁和他们的员工一起工作一段时间，员工们将无法了解最佳做法，或者无法熟练掌控行业领域当前的发展形势。要想给予人们一种认同感，重点在于核心纪律，小组或者团队的管理层可以有效地控制这些方面的发展。这不是学校中不同级别的宿舍和班级，在那里，管理者给予的精神援助通过宿舍（相当于以纪律为基础的团队）来发挥作用，日常行为则通过班级（相当于项目团队）来管理。虽然小组和团队可以从许多重要的发展角度来管理员工，但是仍然会有一个下跌的利用率。通常情况下，小组或者团队领导的日程安排影响了他们的资源，这些领导往往有一个观点，就是项目或者合同是对员工最好的东西（侧重于团队成员的个人发展）。然而，这一观点往往与最大化利用率背道而驰，确保分配给员工现有的项目或合同时，不会阻止一些潜在项目的开展，这需要坚定的支持。对个人而言，他们也将"得到更好的发展"。

像所有的指标一样，一个简单的数字并不能反映整个故事。要在服务行业取得成功，关键在于设法使员工长时间工作而不分心。这样，每小时、每星期、每月、数月的计酬就极为可观了。当员工不是很忙的时候，填补他们空闲时间的东西——比如，个人管理、学习最新的技术或了解行业的发展等——都以某种方式计入客户结算的时间内。

平均项目/合同规模

能让服务提供者涅槃的唯一有效方式就是销售大型项目或合同，这样就能在单一客户项目上配置许多全职员工。不仅如此，凭借销售和谈判的努力，每一个项目往往都有一定的项目设立、项目完成、项目管理等"一般费用"，每一个项目都必须重复这些步骤。销售得越少，越大的项目中"一般费用"所占收入的比例就越少，也会提高生产率和利润率，如图表13.8所示。

在情况A（虚线）中，员工受雇于一个大项目，全职工作到6月底，在

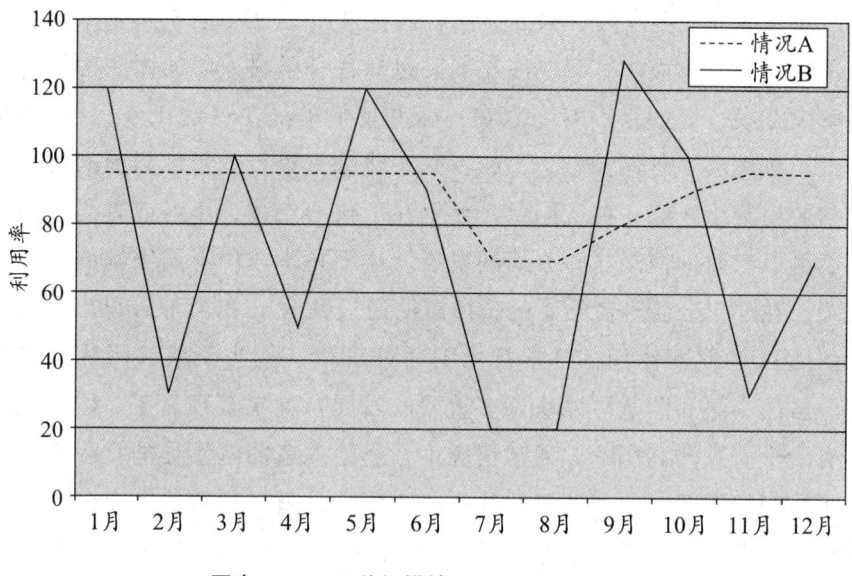

图表 13.8　两种规模情况下的利用率比较

7月需要一些假期，然后从8月开始为另一个大项目工作。在情况B（实线）中，不同的工人配置在一些为期一个月或少于一个月的较小项目中，有些项目相当紧张，而有些项目则不需要太多的时间。规模较小的项目在时间上很少能巧妙吻合，这意味着在项目之间有缺口，存在零利用率，这将破坏总平均数。在这个例子中，情况A中的员工生产率比情况B中的员工高22%（高利用率），即使情况A中的员工没有一小时的加班时间，也比情况B中加班时间远远超出100小时的可怜员工要更为有效。

聪明的服务提供者得到的教训是，更大的项目可以提高生产率和利润率，并且可以用来增加获得其他这种项目的机会。根据一个非常近似的经验法则，任何一个需要6个月以上全职工作的项目，收费资源的折扣都会高达正常价格的30%，尽管如此，仍然能够比持续一个月左右的项目获得更高的利润。这个经验法则多少有点受服务行业利润率的支配，因此，每个企业都应该自己来做测试，找到能够持续不变的折扣水平。

随着时间的推移，服务提供者在改善这种"有效性"方法上到底做得好不好呢？平均项目（合同）规模（见图表13.9）提供了良好的衡量指标。比如，XYZ 公司，它大大增加了平均项目规模，从一年前的 95 000 美元升到本年度的 150 000 美元。是由于大多数的项目产生这样的结果，还是被一个巨大的合同所影响而扭曲的全局呢？调查这个问题会很有趣。前者将是 XYZ 公司很好的商业模式，而后者可能不仅仅扭曲了全局，还扭曲了整个行业，使 XYZ 公司不健康地依赖于某一个合同或客户。在这种情况下，重点项目常常汲取了所有最好的资源，吸引了高级管理人员的全部注意力，结果，其他的项目和客户就会遭受损失，从而影响长远的销售。公司的管理团队忽略了销售管道，他们可能用可以承受的最高限度的利用率水平来拓展业务，这样，一年的平均项目规模增长率高达 60%……

图表 13.9　平均项目规模

平均项目规模
平均项目规模＝总（项目）销售额/项目数

第14章 毛利润率和可回收率

毛利润率

终层交易渠道提供的服务会增加的一个主要驱动因素在于,能够得到比单纯转售产品赚取更高利润的潜在能力。然而,对利润率管理不善的概率也会较高,因此,应该加强对服务行业如何衡量利润率的了解。第12章说明了在一个企业中,如果提供服务的员工是企业的固定员工(不分包),那销售成本也是固定的。这就意味着,如果销售额出现波动,毛利润和净利润也会出现波动,经济学术语称为"边际贡献"或者"边际利润"。换而言之,一旦企业在盈亏平衡点之上经营,未来的10万美元销售额将直接记在账本底线之上,即10万美元毛利润或者净利润。虽然这有点简化,但是能够准确地描述固定成本销售行业的动态利润率。也就是说,如果管理层关注销售额,自然也就会关注企业的利润率和整体盈利能力。

如果利润完全是由销售额驱动的,那么该如何研究服务业的高利润率呢?第12章所阐述的经济学原理有利于了解动态的整体商业模式,而不是在日常基础上的企业管理。想象一下,如果你是销售人员,你从单张合同所挣得的最后10万美元使该公司远离亏损。那么这中间的利润率是多少?

诚如刚才所说的是百分之百？请发奖金！好吧，如果你在此基础上索取你的奖金，你不会太受销售团队其他成员的欢迎，为了达到这一时期的盈亏平衡点，他们同样卖出了相当大金额的合同。难道他们的销售都是负的毛利率？当然不是，答案在于会计师采用的是全部成本计算法而不是边际成本计算法。在全部成本计算法中，服务合同所消耗的资源都记入其成本，就像产品的销售成本与产品的销售收入相匹配。这样，每一个合同的销售都显示出正的毛利润率（假设定价在所需资源的总和之上），不同的项目也可以在同类的基础上比较利润率。

请注意，根据这一会计方法，即使服务提供者在同一时期出售4个项目，每个项目都有丰厚的毛利润率，但仍然可能亏损。看一个例子，如图表14.1所示，服务提供者计酬员工的总工资费用为60万美元。

图表14.1 项目/合同的总体盈利能力示例

合同	销售额	销售成本	毛利润	毛利润率
A	100 000 美元	50 000 美元	50 000 美元	50%
B	150 000 美元	90 000 美元	60 000 美元	40%
C	50 000 美元	20 000 美元	30 000 美元	60%
D	200 000 美元	120 000 美元	80 000 美元	40%
未使用的资源		280 000 美元	-280 000 美元	
总计	500 000 美元	600 000 美元	-100 000 美元	-20%

关键在于"未使用的资源"，有时也称之为"未分配资源"，这是在工作期间没有项目的人所花费的工资成本。至关重要的是，服务提供者应当了解未使用资源对整体盈利能力的影响，也应该知道如何最大限度地提高售出项目的盈利能力。

如果你正在审查外部账户，要弄清楚服务提供者在商业模式中正在发生的事情并不容易，因为未使用资源的核算方式是可供选择的，以下有3种选择：

- 不论是否使用，所有计酬人员的成本都作为销售成本。
- 任何工作人员的费用都不作为销售成本，而是作为一般费用。
- 把"已使用"的计酬人员的费用看作销售费用，未使用的则作为一般费用。

对比3家公司的账户，如图表14.2所示。3家公司都取得了同样水平的销售额和经营利润率。A公司采用了第一种会计方法，把所有计酬人员的成本都看作销售成本，使其具有较低的毛利润率。B公司则采用了第二种会计方法，任何人员的费用都作为一般费用，使其具有非常强大的毛利润率。C公司则采取了第三种办法，已使用的看作销售费用，未使用的看作一般费用。这都没有错，但会计师倾向于第三种选择，因为它尽可能地坚持了一个核心会计原则——收入成本配比原则。

	A公司	B公司	C公司
销售额	1 000	1 000	1 000
销售成本	300	300	300
销售人力成本	400	0	250
毛利润	**300**	**700**	**450**
毛利润率	30%	70%	45%
一般费用	200	200 200 400	150
薪资	0	100	100
经营利润	**100**		
经营利润率	10%	10%	10%

图表14.2　人力成本会计核算方式

服务可以赚取的典型毛利润率是什么？做一个粗略的估计，低端服务在薪资成本（包括社会税、保险等）的基础上乘以系数3，高端服务则乘以系数5。这意味着利润（不包括未使用资源的成本）的33%来自低端服务，80%来自高端服务，中间的差距很大，但反映了为客户创造的潜在价值以及特定服务需求的竞争程度。注意，这些因素都是用来设定"价格"或利率，从而给合同定价的，而当地的市场状况、管道长度、季节性因素和未使用资源的水平，都将在实际取得的最终利率中发挥作用。

服务越是个性化，就能挣得越高的潜在利润。国内的服务行业，近期的利润在增加，那些缺乏时间、现金充裕的客户更愿意雇用可靠的工人，客户需要那些完工后能清理好房间和可以做技术日益提升的工作的工人。水管工如果擅长安装豪华浴室，包括浴缸、淋浴、自我除雾的镜子等，一旦建立了自己的声誉并能提供重要建议，他们就能要求非常高的价格。同样，水管工如果愿意一天24小时疏通下水道，也可以获得很高的价格，但这只适用于"紧急购买"。普通的管道维修及安装工作则无法获得如此高的价格，除非在一个地区只有少量的水管工来满足日常需求。

无论是消费者还是商业用户，在所有其他服务行业都可以找到类似案例。服务提供者根据赚取利润的多少建立相应的结构类型，而利润的赚取基于其在价值链中所扮演的角色、产品交付的价值水平（见图表14.3）。

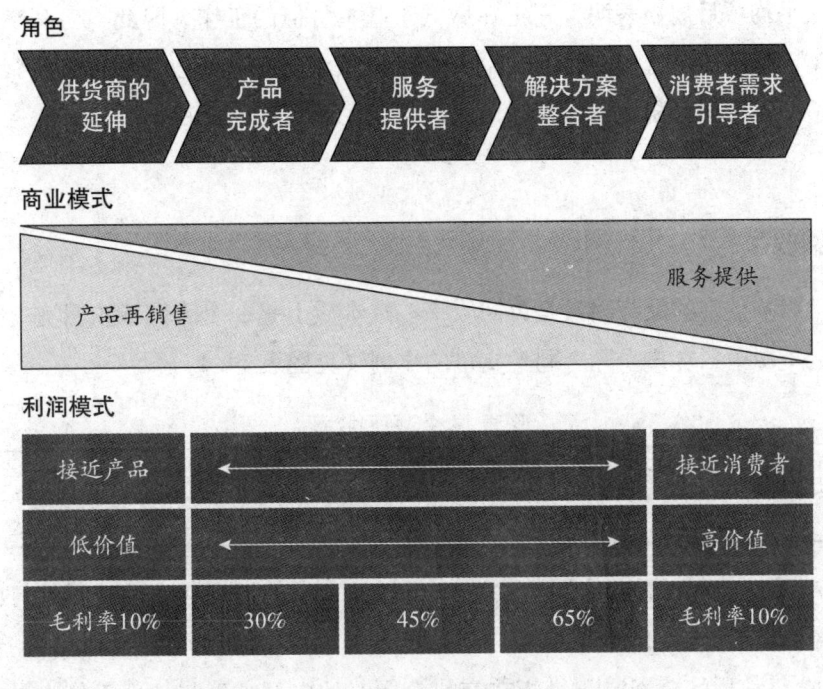

图表14.3　典型的服务提供者角色的毛利润率

图表14.3是服务行业以利润为目标的商业模式的一个非常粗略的指南，但这可以帮助你评估服务提供者扮演的角色是否由利润率来决定。根据经验，大多数服务提供者都认为自己在模式中至少应扮演一个角色，而

实际利润则揭示了他们在自欺欺人。虽然改正错误看起来是最好的行动，但要实现这一点会面临真正的挑战，正如在第 11 章所讨论的那样。根据商业模式，高利润率伴随着高风险，只有少量的客户和机会需要专业的技能，更多时候需要的是服务提供者现有的质量，提供高端服务只是领导层的想法。另一方面，为了支付成本并赚得净利润，低利润率的服务必须保持极高的利用率水平。

XYZ 公司在中期的利润率水平相当低，但服务提供者把其所有的计酬团队的工资成本计入销售成本中，因为它的利用率是百分之百以上——换句话说，它没有未使用的资源。因此，如果计酬能力得到充分利用，为什么利润会如此之低呢？在服务提供者的领域，不知道什么情况下会这样，但是平均项目规模表明，它正在做低于基本价值的工作，因此，毛利率从 17% 下降到 15%，这应该引起管理团队的关注。在这些数字中可以找到一些造成这种情况的线索，第一个线索隐藏在下一个指标中……

可回收率

影响盈利的最终因素是可回收率。这本质上是一个合同或项目完全消耗的资源中，客户实际上同意支付的比例（见图表 14.4）。

图表 14.4　可回收率

可回收率
可回收率 = 客户支付的最终合同的价格 / （已使用的总资源 × 标准价格）

"客户支付的最终合同价格"等于损益表中的销售额，反映了签订合同时商定的价格加上在合同或项目取得进展过程中的任何变化带来的附加价。"已使用的总资源"是指在交付合同时的内部员工与外部工作人员或已购买的服务。"标准价格"指的是服务提供者为每个赚取利润的资源设定的目标价格。客户可能看得见也可能看不见，这取决于部门、规则或者服务提供者自己的政策。对许多服务提供商而言，这是估算项目或者给项目设定初始价格的内部定价工具，服务提供者自己可以选择一定的折扣。

如 XYZ 公司，可回收率从去年的 85% 下降到本年度的 75%，这有点像把折扣从 15% 增加到 25%，并已经实施这个条款，这在商业模式中显然是个令人担忧的转变，需要立即进行调查。在第 12 章中所提到的令可回收率下降的原因在这里适用吗？

企业每年的销售额都增加了一倍（客户对其所有的项目支付了最后合同的价格），但由于可回收率下降，XYZ 公司实际上增加了用于交付这些项目的资源，即 $200\% \times 85/75 = 226\%$，这是本年度比前一年增加额外工作的数量。

来看看 XYZ 公司在供应方面如何处理这一问题：

- 计酬的员工总数从 40 人上升至 58 人，增加了 45%，但这是全年的增量，因此，平均将增加 22.5%。
- 利用率从 82% 上升至 113%，增加了 37%。
- 结合以上两点，得到内部能力总体提高为 168%（$122.5\% \times 137\%$）。

XYZ 公司如何在内部工作能力增加 168% 的基础上完成额外 226% 的工作（这是一个 58% 的缺口）？最有可能的答案是，他借助分包商，填补了能力的缺口，但也引出了其他问题。分包商每小时或每天的成本比内部员工要高，这额外的费用使销售成本变得更高，从而减少了毛利率。即使是最好的、最勤奋的分包商也需要一段时间学习服务提供者的内部方法和做事方式，与有经验的员工相比，这需要更多的时间和资源。然而，用分包商的风险在于，他们对项目不会像内部员工那样完成承诺。内部员工未来的职业前景必然与服务提供者的成功紧密相连，而分包商提供的质量或承诺可能会达不到预期，甚至可能在项目未完成时就中途放弃。然而，随着时间的推移，服务提供者可能会建立一个拥有可靠分包商的网络，他们技能突出，又知道如何与服务提供者的内部团队配合工作。这样就达到两全其美：高品质、可预测的资源；较低的固定成本，灵活并满足需求的能力。唯一的缺点仍然是单位时间需要较高的成本，这可能会与较高的生产率相抵消，在自主经营的行业尤为突出。

如此看来，XYZ 公司追求的目标是争取更大的项目，但在增加固定成本方面付出了高昂的代价，破坏了可回收率，降低了毛利率，并忽略了保持健康的销售渠道。这可能导致灾难，因为它现在的工资成本已经达到58人的工资，但是仅仅登记了两个月的销售。可以想象，假如管理团队看到你现在所设计的商业模式，他们肯定睡不着觉了。

第15章 营运资本管理

现金流量周期

现在来看资产负债表，看看 XYZ 公司是如何管理现金流量周期的，如果它能够平安渡过难关，销售时间表就可以登记更多的合同（这一部分中所用关键比率的详细解释，见第6章）。

在大部分服务型企业的资产负债表中，很少有资产和负债不属于现金流量周期或企业营运资本的。可能偶尔会碰到例外——一个长期保持高利润的服务型企业可能把一些积累的资本拿去投资于工作场所，人们认为它涉及另一种商业模式，与服务行业完全无关。的确，人们可能认为这是一个冒险的举动，这种商业模式涉及面过大而不适用本分析模型。一个以呼叫中心为基础的企业可能会投资于信息技术系统，从而拓展向外呼出的能力，并控制电话销售，但一般来说，在资产负债表上这些都是小条款。实际投资需要长期可持续性的支持，服务企业需要足够的营运资本，以准时支付其工作人员和分包商（和"一般费用"供应商），并维持给客户开出账单后等待他们支付期间的运营。一个管理良好的服务提供者，营运资本的水平相对于同等规模的生产企业而言会较小；而一个管理不良的服务提供者，其营运资本则会飞涨到令人瞠目的程度。

来看看服务型企业营运资本的周转周期：供应商赊销，库存/半成品和客户赊销。这些都可以与第 6 章中产品企业营运资本的周转周期比较，但也存在着反映服务行业本质的一些非常显著的差别。周期开始于已销售合同关键的业务安排，包括分期的工作、编制账单的时间表和赊销付款条件，这些都要详细说明。许多服务提供者根据会计制度来运作项目，其中每个合同分配一个具有独特编号或标识的账目，以此来协助累计费用和借贷。一旦该账目开放，这个项目的时间成本和其他成本就算作费用。最大的成本项将是内部员工的时间成本（使用时间记录单）和分包商的时间成本（使用发票或工作时间记录单）。大多数员工和分包商都希望每月得到支付，从服务提供者的银行账户拿到现金。项目中每一个小时的收费在损益表中都同时计入销售收入和销售成本，没有付费的半成品则计入资产负债表。该系统被用于项目会计，这个时间同时应用于工资成本和结算利率（客户支付的价格）。许多服务提供者利用长期合同的会计准则，把少许可分配利润在项目进展中就作了确认，因而未付费的半成品按结算利率记录——或按销售价格记录。注意，这与产品行业是非常不同的，产品行业实际的存货是按成本价格来记录的。会计师很少会因为用"应计"原则（在合适的时间计入），而不考虑"谨慎"原则，这是其中之一。并非所有的服务提供者都会做到这一点，有些会按成本价格计算半成品，并且只有在工作全部做完时才确认利润。这两种方法产生的差异极为显著，因而每个服务提供者如何记录半成品值得一问。在项目商定的某一个点，服务提供者工作完成后就给客户开结算单，或预先确定一个数字，比如合同的 33%，这样就有效地消除了半成品的金额问题，并且计入对该客户的应收账款。在合同约定的结束信贷期或者当客户决定支付时，账单得以支付，服务提供者收到现金返还到其银行账户。XYZ 公司在本年度的现金流量周期如图表 15.1 所示。

这是好还是坏呢？XYZ 公司是否改进了营运资本的周转？总体而言，营运资本周转的周期现在是 60 天，或 2 个月，这往往被服务提供者视为平均的基准点——"一个月开出账单，再一个月回收款项"是我们经常听到

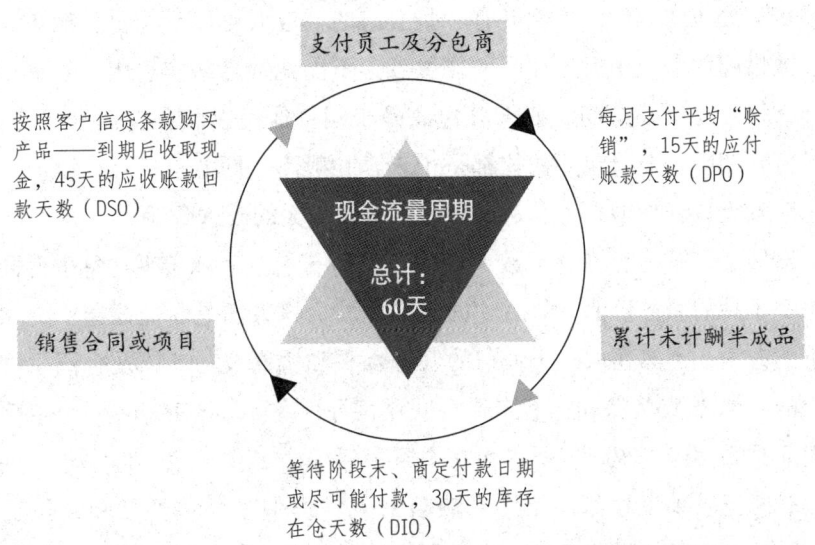

图表15.1　XYZ公司在本年度的现金流量周期

的经验法则。一年前的周期为98.1天，相比之下，多出的时间比一个月还要长，这令人相当震惊。把它放在本章中来看，如果XYZ公司一点都没有改进营运资本周转的周期，它将需要另外100万美元现金来维持业务（额外的38.1天乘以1 000万美元销售额）。鉴于它的资本总额为145万美元，那么它很难找到这笔资金！没有一家银行愿意给它贷款或透支这笔资金，尤其是在它已经有其他的流动负债，透支和各式各样的负债已经达到762 000美元的情况下。额外资金唯一现实的来源是期待业务会迅速增长的股东。但是这种激进的再融资方式需要时间，因此，XYZ公司还不如迎难而上，改善营运资本的周转周期。

改进营运资本的周转

XYZ公司能进一步改进其营运资本的周转吗？来看看每个要素，看看是否有改善的空间。

关于应付账款，XYZ公司取得15天的赊销期，用于每月月底支付员工薪水和分包商款项。可能会有一些上游的供应商可以延长付款期限，但大多数供应商是公用事业和服务提供者，不能把资金移作它用，而且也没有什么讨价还价的空间。如果分包商是公司，他可以和分包商进行协商，延长付款期限，但分包商往往都是个人，一般不会同意这一点。因此，在应付账款天数（DPO）上看起来似乎没有什么大的改进余地。

XYZ公司的库存在仓天数（DIO）为30天，这意味着平均每个合同锁定了一个月的服务价值，然后才向客户收费。这方面是否能改善？有两种改善的方法，当然还取决于公司的管理水平和协商技巧，以及合同是如何确定的。如果XYZ公司同意工作合同在每月月底进行结算，第一个战略就是建立月底生产进程，以便尽快在本月最后一个工作日把工作完成，并将工作时间记录单发送给每个参与项目的人（类似于公司员工和分包商）。将相关的费用添加到该项目的半成品结算中，这些都是可以审查的。立即开好账单并发给客户，从资产负债表中消除库存（半成品），在本月结账之前把它计入应收账款。通过这种方式，在月底除了任何合同组合中的零碎物件之外，几乎没有存货。如果XYZ公司无法就每月的账单结算进行协商，它可能会尝试按阶段付款或同意按时间表结算。

第二个战略是确保前期付款，来"确保资源用于该项目"或类似的情况。如果XYZ公司将其稀缺资源有效投入于某一项目并收取费用，即相当于在预订酒店的房间或度假时先收押金。这些预付款项取决于XYZ公司的协商能力，能获得预付50%的合同款额将很出色，33%是良好的，20%也不算太糟。这些前期付款的实际作用是创造了"负存货"，因为存货的成本已经支付，但是在该项目中还没有发生此类成本。在实践中，会计师在资产负债表上分别保留这些负结余，称之为"预收账款"，并将它们与应付账款放在一起，其效果仍是减少营运资本周转的周期，减少的天数等于提前收到预付账款的天数。进一步考虑这一原则，XYZ公司可以就账单的结算时间表与客户进行协商，以便每次付款都是一种预付款，只有一小部分的合同款额必须在所有工作都完成后支付。根据工作进度表，其中一些款项可以部分提前支付和部分延期支付，但在每一种情况下，存货价款的预收都应该比产品成本支付要提前或者是与产品成本支付在同一个月，这样，月底的收支差额将接近于零甚至是负数。最佳的理解是，服务提供者现金周转加速了1个月或更长时间。图表15.2就是一个例子，说明协商条款的差异将影响到月底的结余。

图表15.2　合同条款的差异将影响到月底的存货结余

月份	初期存货	项目已完成的工作	已开票	期末存货
合同约定条款：按月结款				
1月	0美元	50美元	0美元	50美元
2月	50美元	150美元	50美元	150美元
3月	150美元	100美元	150美元	100美元
4月	100美元	0美元	100美元	0美元
合同约定条款：33%提前支付，33%按月支付，33%完工后支付				
1月	0美元	50美元	100美元	−50美元
2月	−50美元	150美元	100美元	0美元
3月	0美元	100美元	100美元	0美元
4月	0美元	0美元	0美元	0美元

注意，通过协商位于资产负债表下方的账单时间表，企业是如何设法避免存在任何月末存货余额，甚至获得了50美元的提前收入的。相对于声称只能接受按月结款的条款，这个方法要好得多，能充分改善营运资本周转的周期。利用这一方法，XYZ公司有足够的潜力来进一步减少存货周转的天数，比如，最开始是20天，然后再看是否可以再进一步减少。XYZ公司需要时间来实施这一新战略，它可以在新的合同和项目中通过协商获得更好的交易条款。XYZ公司可能不得不在价格方面做一些让步，以确保得到这些优厚的交易条件，这样做的价值将取决于其接近透支限额的程度。往往有客户不接受这样的条款，所以XYZ公司将不得不决定是否与他们合作，或者在为这些客户定价时考虑额外的（隐藏）溢价来代替其对现金流的不利影响。

一旦结账单的发票发给客户，就成为了公司的应收款项，XYZ公司必须按赊销付款条件让他们支付。这些在合同达成时将再次协商，大客户可能会延长付款期限，如45天或者更长的时间，远远超过了XYZ公司宣称的 30 天。目前，XYZ 公司的应收账款周期天数（DSO）为 45 天，低于前一年的 68 天，这是一个很大的改进。一般来说，高端的服务由于要通过更多的审批程序与更高档次的管理，客户会减缓付款，而低端的服务由于相反的原因其回收账款会快些。XYZ 公司可以改善 45 天的应收账款周期吗？这是有可能的，具体取决于其客户群。如果是服务于公共部门或者非常大的企业客户，改善的机会就相当渺茫。一个运作良好的战略是，服务提供者签订大合同时要协商好，账单的 80% 要在合同交付的 15 天或 20 天之内支付，其余的货款在账单经全面检查并签署之后再支付。这通常需要一个合理的追踪记录，即在合作的过程中，客户对服务提供者合同交付及计费系统的准确性和可靠性有着高度评价。

当现金流是由定期服务、支持和维护合同创造时，服务提供者坚持要求每月支付或直接付款，这不是没有道理的。前 3 个月的预先支付反映了建立合同最初时期的成本。为了确保 3 个月的预先付款，可能会有一场艰难的谈判，并且为了合同的利益和保持与客户之间的良好关系，服务提供者很容易让步。但是，这些前期付款占了很大一部分的现金流，从而能够弥补从这种现金流中获得的较低利润率。事实上，对现金流控制采用组合的办法是一种强大的战略选择，从服务和支持合同中使现金流最优化，从更大的合同中使利用率最优化，从较小但更具战略意义的合同中使利润率最优化。然而，管理部门应该始终确保它在每个类型的现金流中都获得最佳的交易条件，而不能认为在赢得合同时任务就已经完成了。

从以上分析中可以看到，在有些领域，XYZ 公司可以改善其营运资本管理，并缩短现金流量周期（应收账款天数加上库存在仓天数减去应付账款天数），从目前的 60 天减至 30~45 天。在现有水平上，周期减少了 15 天，这意味着每天将有 41 万美元的现金被释放出来（1 000 万美元的销售额×15/365），在建立新合同的销售管道时，这将有助于其能够满足发放每月的薪金。然而，讨论的所有改进在新合同谈判时争取会相对比较容易一点，但不容易引入已有的合同。

第16章 价值创造和增长率

价值创造和改进数字

现在，分别看一下两个年度的价值创造树（VC 树），了解它们集合的方式，并评估 XYZ 公司在过去两年是否做了出色的整体运营工作（尽管前面会有潜在的麻烦）。在第 8 章中，确定了价值创造背后的原则，即产生的营业利润应超过投资于该企业的资金成本。正如所看到的，除了营运资本之外，服务型企业不需要大量资金，所以能够以合理的盈利水平创造价值。XYZ 公司的价值创造树如图表 16.1 所示。

XYZ 公司在本年度创造的价值为 51 600 美元，对一个资产上千万美元的企业来说，这是一个微小的成果，但相对于前一年创造的 -37 475 美元，这算得上是一种改进。这家公司是如何设法扭转这一局面的呢？如果你看了这两年的投入资本，会发现它们几乎一模一样，但本年度实现的税后净利润却超过上一年度。即便如此，两个年度税后净利润率相差幅度非常小，真正的罪魁祸首在于低毛利率，几乎不足以支付一般费用，并留下一个非常低的营业毛利率——销售额的 2.6%（略高于前一年的 2.2%）。

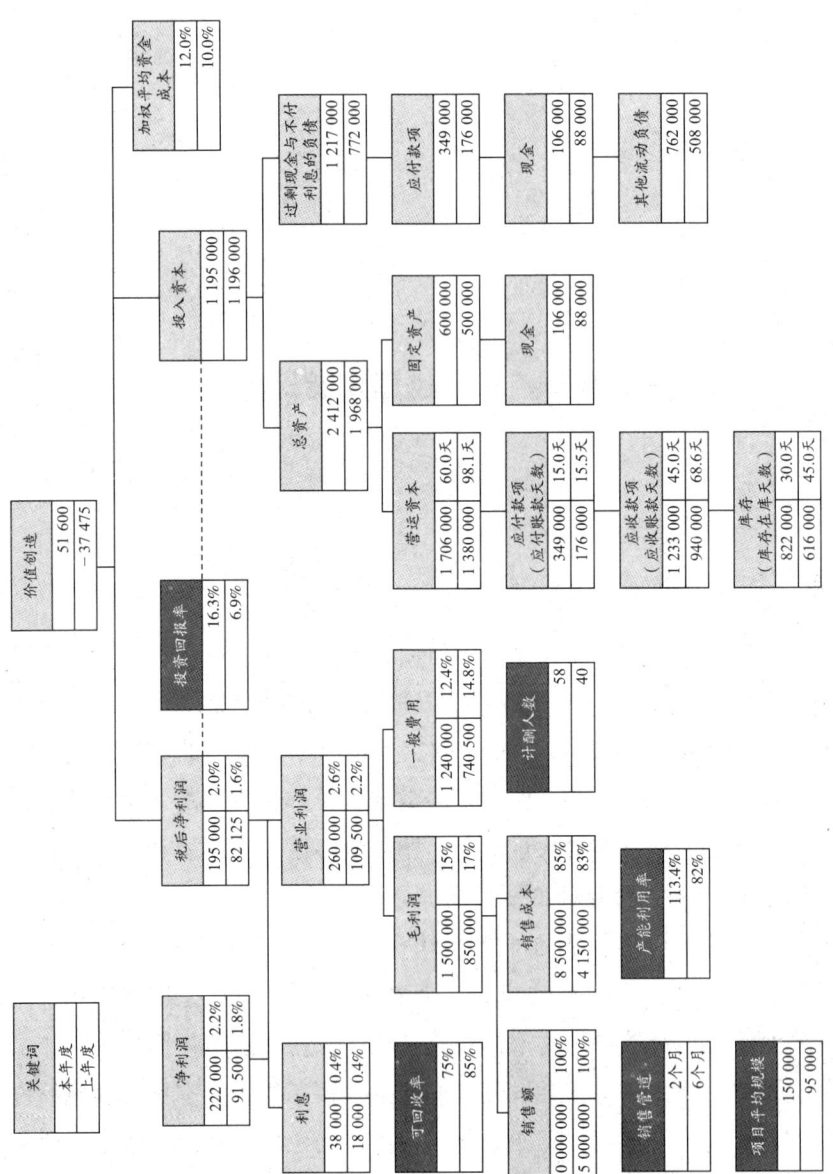

图表16.1 XYZ公司（服务提供者）的价值创造树

你可能已经注意到资金成本提高了，从一年前的 10% 提高到了本年度的 12%。记住，这是 XYZ 公司的资金成本，而不是市场上的一般性资金成本，是一种风险调整的资金成本。由于前景的不确定增加了明年业务的风险，资金的供应者（股东、银行和 XYZ 公司选择的其他资金来源）已经决定，提供给该公司的资金要增加相应的收益。因此，XYZ 公司必须获得较高的净利润，以创造价值来补偿额外的风险。如果想要一个长远的未来，XYZ 公司需要做得更好。

前面章节已探讨过改善经营业绩的各种办法，也依次检验过每一个关键方法，现在需要一个战略框架来选定 XYZ 公司的商业模式。这里先把营运资本紧张的问题放到一旁（在第 15 章已提及），看看 XYZ 公司为提高其盈利能力可选择哪些方法。

图表 16.2 所示的框架关注利润率的两个关键指标：毛利润率和净利润率，基础是衡量扣除用在客户项目上的时间成本后的毛利率。显然，如果服务提供者正实现着较高的毛利润率和净利润率（登记在右上象限的），只要销售管道的未来情况表明这种情况将继续下去，它就应该保持当前情况。同样清楚的是，如果企业毛利润率和净利润率都降低（登记在左下象限的），且其他象限反映的战略手段未能阻止这两个指标下降，就应该检查整个价值主张，并考虑调整或改组整个商业模式。

富有挑战性的情况是某一业务登记在另外两个象限。在左上象限，其中净利润率已经足够高，但毛利率较低，这样的组合表明利用率不存在任何问题，但也许交货时的价值由足够高的成本所支撑。服务提供者可能会发现，他们提供的服务根本没有收取足够的费用，管理层应该尝试系统性地提高价格，找出在什么时候他们开始失去有竞争力的报价。这也许是因为有一些服务的某些价格应该增加。例如，任何紧急呼叫或者其他应急型服务。也许季节性价格也是适用的，淡季给予相应的折扣，旺季则增加额外费用（或正常定价，以较高者为准）。会计师事务所在繁忙的年报时段（其旺季是 12 月 31 日之后的 3 个月和 3 月 31 日之后较短的一段时间）之外通常提供较低价格的定期服务，并在合伙人或者员工从事更"危险"的工作时，要求更高的价格。例如，企业估价工作或诉讼支持工作。

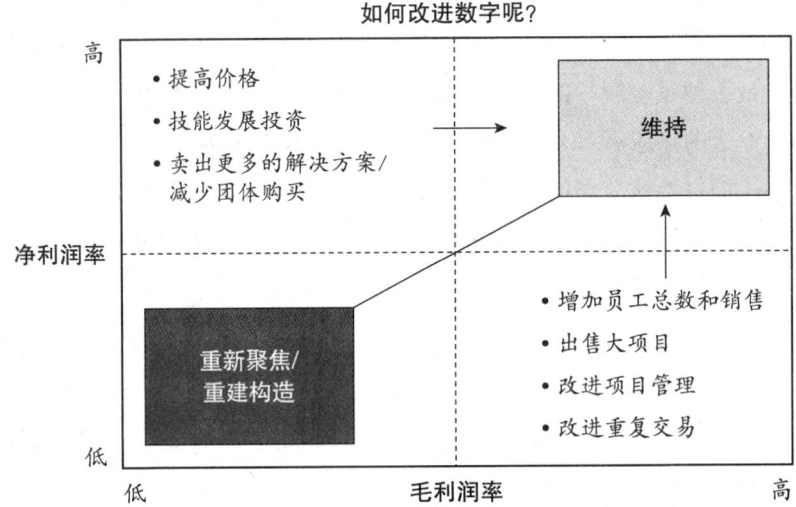

图表16.2 服务提供者改进利润率的方法选择

　　第二个需要调查的因素是计酬团队的技能调整：团队的技术是最新的吗？适合市场吗？在技能发展上加大投资值得吗？能够获得更高的价格吗？有技能的团队的价值真正提供给客户了吗？混合的技能组合符合市场趋势吗？什么最有可能成为服务行业的下一个机会？服务提供者如何应对目前的技能定位？如果有可能，最好是实施持续不断的技术培训和个人技能培训的滚动计划，不时地在一个重要的新领域做一些战略性投资或技术发展。技能开发的方法包括获得技能的形式。比如，以招聘或收购一家企业的形式获得技能。这是一个大战略、大决策，应该建立在对公司自身的状况、长期目标和可行性方案等可靠的战略评估之上。

　　第三种因素是改变企业的结构，销售更多的高端"解决方案"，这能够提供更大的价值。而减少的业务部分主要是更接近"团体购物"的服务。例如，外包的技术支持等。许多服务提供者作出战略决定，"去高端市场，提供高端服务"，期望能够获得丰厚的利润，但得到的只有失败。每个案例都有所不同，但原因常常是同一个事实，即公司的文化和管理风格只适合提供低端服务的人，对能够提供高端服务的人却不起作用。在IT行业，许多企业经销商只安装硬件或提供与网络相关的支持服务，他们的利润率处于压力线之下，因而会寻求进入安装应用软件和综合信息系统的专业服务公司占主导地位的高端市场。在某些情况下，仅仅依靠引进人才来建立一个有技能的团队是行不通的。工资、职业发展期望、口径的管理和客户的质量对世界性企业的经销商来说是完全不同的，他们甚至不理解新招聘的人员为什么会心怀不满，如此迅速地离开。欧洲领先企业的经销商 Computacentre 试图进入 SAP 软件的安装业务，他们投入巨资来招募和建立团队，但是却发现根本无法使这一团队运转起来。在团队中充斥着各种内部挑战，很难在这个市场中建立信誉，最后付出了代价，大约在 3 年之后，Computacentre 最终退出了安装插件的业务，此后其重点放在 IT 基础设施服务上。也许大趋势下最显著的例外是 IBM 收购了普华永道旗下的咨询子公司，但在这个并购中，咨询公司整个运作和管理团队被收购，在 IBM 制定出如何最好地整合两个公司的企业文化之前，普华永道旗下的咨询子公司保持原来模式。在许多方面，是 IBM 的服务团队并入了普华永道。

再研究一下其他象限的选项：高毛利率，低净利率。这表明没有足够的毛利数量来覆盖未使用的生产率和一般费用。无论是需要提高的销售水平、吸收未计酬的能力；或者，如果利用率已经很高，但业务能力受到制约，可能都应该增加计酬的员工人数（良好的利润率表明，服务提供者的产品需求强劲）。在这一章的最后一部分，将解决有关管理增长的一些问题。

与增加销售密切相关的策略是销售大型项目。大型项目能全面提高企业的生产率，每个销售工作都能获得更高的销售额，且一旦出售，较高的利用率水平就能持续一段时间。卖掉一些毛利率较高的项目，通过积极的价格策略赢得更大的项目，或者减少短期项目"盛宴和饥荒"周期中的休整周期，增加净利润率，这样做都是明智的。大型项目可能意味着改变目标客户或增加新的功能，扩大服务产品的范围，这些都应该经过仔细的考虑和权衡。通常情况下，获得较大的项目要以大客户或公共部门为目标。服务提供者为更长、更艰巨的销售周期做好准备了吗？能在认证、保险、债券等方面满足最低的要求吗？是否能越过任何障碍？可信度如何？有没有可以接受的记录？更大、更复杂的项目是不是风险也较大？这可能意味着要逐步增强项目的管理技能和纪律，控制风险，并确保所产生的额外收入实际改善了财务底线。不正确的投资项目管理技能和经验可能意味着所有的大型项目带来了更大的问题和更大的风险，结果额外收入在项目中被抵消。

最后的战略——所有服务提供者在任何时候都应当接受——是提高重复业务的水平。服务提供者应该这样做的原因有很多：

- 重复业务任务明确，因此，用来协商工作范围和工作条件的销售投入较少。
- 重复业务往往直接延续下去，从而使团队留在原地，没有停工期，也不需要学习曲线、岗前培训等，即使工作不是直接延续下去，"获得"的时间也大大减少，对服务提供者和客户都有益。
- 客户邀请为其重复工作，往往伴随着更大程度的信任，扩大了潜在的服务范围，同时向高端服务敞开了大门。
- 在一个熟悉的工作环境中工作，降低了对客户未知的风险，降低了范围错误、假设错误等风险，可能会提高服务提供者的利润率，客户也能更好地确定范围和定价。
- 新的服务项目可通过工作关系很好的客户先试行，双方当事人都有投资的风险和回报——客户获得具有潜在价值的服务，享受显著的低价，并可能获得竞争优势，但在很长的一段时间内服务中断次数要比想象的多，服务提供者证明了服务的提供，并消除了项目初期可能会导致亏损的问题。

由于 XYZ 公司危机重重的短期销售管道和超负荷的资源，重复业务将是它的一个关键战略。现有的客户可能更加倾向于在付出较少销售努力的同时获得更短的销售周期。如果是熟悉的客户，并且客户的期望大概符合 XYZ 公司的标准和业绩，那么项目的风险会小一些。

和以产品行业为基础的商业模式一样，服务提供者的商业模式充满了挑战。"软性"因素，如人才和团队的动态管理，可能会面临更多的挑战。运用这一战略框架应该能帮助大多数服务提供商选择正确的战略或战略组合，改善其经营绩效，同时保持严格的营运资本管理，使交付能够创造更大价值。

管理增长率——整合产品和服务的商业模式

正如在这一章开始所说的，大多数终层销售渠道都是以混合的商业模式来经营，即既转售产品，也提供服务。在某些情况下，这两个因素密不可分，客户预期购买的产品是解决问题不可缺少的一部分。在其他情况下，客户希望在购买产品的同时，有某种程度的服务和支持打包赠送，或者在个性化的基础上能定制服务。在这两种情况下，商业模式都必须与客户体验同步。但是，这并不是管理和控制的商业模式的必要情况，建议整合业务应该以产品或服务业务为单位，分开管理，如图表16.3所示。

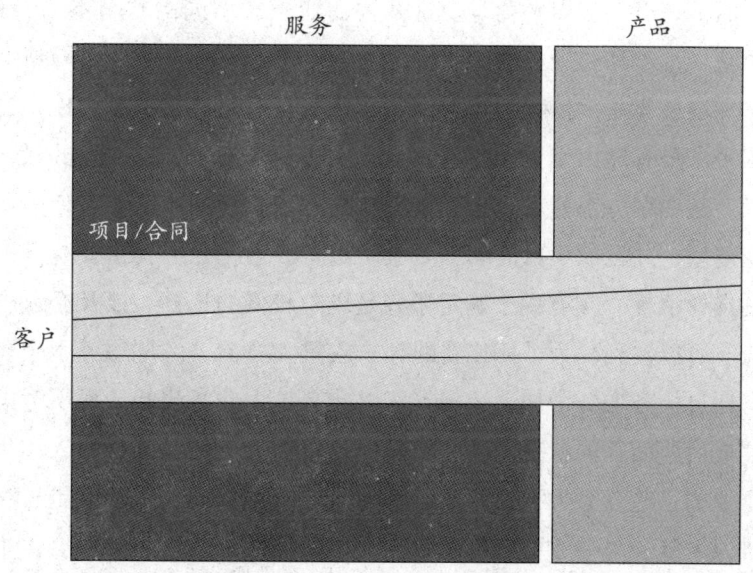

图表 16.3　二维商业管理：商业模式和客户导向

管理层必须分别识别、管理产品与服务的商业模式，另外，要考虑到不同的利润率、营运资本和适用于每一个模型的特殊方法。此外，要综合观察每个合同（项目）以及与每个客户的关系。运用现代会计制度，这个关于商业的二维视角应该适用于不管有多复杂的终层销售渠道和任何规模的终层销售渠道。在管理增长率时，这一方法的基本原理得到进一步加强，因为约束工作的方式有两种模式：在产品模式中，营运资本是制约增长率的关键因素；而在服务模式中，生产性的总员工人数和计酬能力较之营运资本更容易限制增长率（假设两种模式都有需求）。这两个模式往往会有不同的周转率，从而需要不同的反应时间。产品企业需要更快的反应速度，从而能够及时改变产品的上市时间和库存，而服务行业则需要确保它的反应是针对需求的上升，而不是一个"暂时现象"，计酬的员工人数增加后就不容易减少。从 XYZ 公司可以看到，开展新业务将面临太多、太快的风险，会压垮业务和管理团队，使企业遭受攻击。在本年度结束时，XYZ 公司的情况更加难以自拔，扭转产品业务与过度膨胀面临着类似的后果。订货至交货的时间在增加，甚至需要改变衡量标准，以月或者季度来衡量，而不是以天或周来衡量。这两种商业模式不同的"节奏"、制约因素和风险，是产品和服务的商业模式应当分开和区别管理的根本原因。

管理增长率非常依赖于"阅读"销售管道、足够接近客户以预先感知需求水平。要有能力细分市场，确定产品是否能够满足不同群体的需求，并衡量产品在哪一部分市场会面临更高的需求。管理团队有责任采用严谨的商业规划，并控制项目的动态商业模式。敏感性分析（主要是模拟各种现实的选择情境）须有助于确定哪些是风险较低的选择，以及企业应该如何回应。可以看到，为了抓住新的客户或重大合同，一些服务型企业扩招员工，通过债务融资增加营运资本，以此来扩大业务规模，而不考虑一旦合同完成后所面临的状况。其后果是极为可怕的，相关的创始人和负责人会对企业的这些业务失去控制，或者遭受严重挫折，在一年或更长时间以内都难以恢复。另一方面，可以看到，通过谨慎评估产生的机会，小企业成长为非常大的企业，并将产品定位在高增长的细分市场以适应内部文化。这些企业之所以能成长，是因为他们通过良好的净利润率筹措资金，并严格控制营运资本的管理，也许还要有那么一点点运气。

第17章　如何向终层交易渠道参与者销售

向终层交易渠道参与者销售的含义

正如向分销商销售实际上是指因商业关系而出售项目或是使项目产品特定化或类别化一样，向终层交易渠道参与者销售是指如何在共同合作中产生商业利润。终层参与者并不是最终消费者，而是通向终端消费者的一条渠道，同时也是销售模式中的重要一环。或许你是一个供货商，直接通过终层参与者（这种情形下，终层参与者是你渠道中的唯一一层）或通过向终层参与者销售的方式走向市场；又或许你是一位分销商，以寻求市场影响力和覆盖范围的增加来作为与供货商之间讨价还价的筹码。无论是哪种情况，为了击败竞争对手并保留终层参与者贸易的份额，你都必须证明自己的价值主张更令人信服。为了获得更合适的渠道价值主张，需要将视角放到终层参与者的交易模式上，以创造一系列的商业利益，在满足他们需求的同时也完全开发自己的独特优势。

例如，如果你的产品是一个主导品牌，那么你可以向终层交易渠道参与者提供强大的客户需求（新产品或新技术的支持，以及大量的终端消费者营销支出的支持）、低廉的销售成本和有力的支持平台等利益。如果是一个利基品牌，你则可以授予其独家特许经销权，给予其很高的利润和高级别的客户管理（本章的稍后部分将深入讨论这两种情形）。

在第 10 章所提到的向分销商销售的方法中，本书提倡首先从对分销商的销售战略进行分析开始。但是，如果是面对终层参与者，这一方式就完全不可行了，这不仅因为涉及的参与者数量繁多，而且类型参与者也非常之多。如果想要雇用某一类型的渠道参与者，就需要调查其交易模式和目标，从而确定你的渠道战略。这样的调查能把每一个渠道类型的交易潜力按大小及重要度进行排序，同时也会确定渠道主张的关键要素。

终层渠道参与者的细分

你的终层渠道价值主张应当是渠道战略在商业上的表达。应制定细分方法来配合不同的渠道，从而影响并服务于每一类客户群。这一方法应清楚地说明以下各方面：

- 就市场进入、需求的产生及实现方面，你希望销售渠道扮演什么样的角色。
- 每一个渠道的参与者应该关注什么样的客户群（比如，大型的全球性客户应由贸易代表处理，大型的全国性和中型客户由金牌分销商进行服务，银牌和铜牌分销商则负责小型客户）。
- 作为供货商的合作伙伴，你希望销售渠道通过利润或职能性折扣或营销资助来完成何种职能。
- 你期望他们投入你品牌的标准和资源要求，以及他们基于其行为所能获得的支持和其他利益。
- 你希望他们能对交易量有什么影响，同时你会付出什么样的成本。

作为回报，你可以根据每一类合作伙伴的经济需求来制定自己的渠道价值主张。将渠道进行细分能让你根据交易权重的不同来分配资源，如根据品牌分配客户，因金牌分销商从竞争者手中抢来新的大客户或是达到向上销售或交叉销售目标而给予其一定的激励。

通过细分终层销售渠道，你可以就每一个客户群在市场教育成本、销售成本和服务成本等方面更好地理解销售渠道的经济需求。举例来说，使用零售渠道的供货商会发现，作为全国性覆盖范围和大宗交易量的回报，全国性的零售商会因上架问题而要求利润空间在30%~50%之间，同时期望在一年内能对产品提供20~25次专业分销。即使这样，在消费者数量相同的情况下，与通过其他购买力较小（或许是通过"现购自运"）、广告支持需求较大、市场进入效率低和交易量小的零售商相比，通过全国性零售商销售，供货商仍可以获得更多的经济利益。

在本章的剩余部分，将假定你已经确定了销售渠道战略，这一战略符合你的交易目标并为建立令人信服的渠道价值主张提供了框架。（对于如何确定渠道战略，已有大量的专家和著作进行过论述，包括斯特恩、艾—安萨利、考夫兰和安德森著名的《销售渠道》，2006年。）因此，从此处开始，将集中讨论渠道参与者期望从你身上获得的价值。

终层参与者对供货商的期望

对于任一类型的任一渠道参与者而言，渠道价值主张唯一重要的方面是可预期性。在与任何供货商进行交易时，所有的渠道参与者都期望能获得可预期的商业利润，这样，他们才会因对产生回报的信任而将资金投入生意中。这种可预期性往往不容易兑现，而且许多供货商通过多年来"在渠道的进进出出"，已经建立了一种声誉，即他们已确立了一种"赞成销售渠道"战略。利用大约一年的时间与间接销售渠道合作来推进其市场进入战略，然后将重心转移至内部的销售代表，将客户和交易（通常是最大的）拉离销售渠道。那些随着时间的消逝，为赢取客户已投入资金的合作伙伴会突然发现，供货商将剥离客户和他们的关系而几乎未给予任何补偿。供货商为什么要这么做呢？也许是他们关心客户控制（担心销售渠道会转而投靠其他供货商），或是供货商对消费者提出的、直接由消费者负责的要求的回应。无论是基于何种短期理由，这种做法的后果都是向销售渠道发出了一种明确的信号，即供货商并未认真对待与销售渠道长久合作的承诺。即使有些供货商声称已经认识到这种做法是错误的，并承诺坚持长期支持销售渠道战略，他们仍会发现销售渠道对此做法已经记忆深刻，从而对新的渠道建议热情不高。

终层交易渠道参与者知道，供货商通常并不想将整个市场交给他们。大多数供货商会将市场进行细分，然后将其中的一部分分给他们。只要认识到供货商具有清晰的渠道战略以及定义明确的参与规则，渠道参与者对此做法就不会有何异议。销售渠道的前景是"告诉我们能在哪里赚钱并应如何持续"。虽然"头 200 名 VIP 客户将由我们的销售代表进行一对一服务"这一规定得到普遍接受，但这也是因为销售渠道清楚"头 200 名"的界定标准、确认程序以及这一名单发生变化的情况。

在供货商或市场需要销售渠道介入的商业关系中，要渠道出色地完成任务，与渠道进行长期合作至关重要。对渠道而言，对于技术含量高的产品，销售渠道的这种投资意味着要与供货商的品牌长期发展，意味着大量的营销、销售投入和技术人员在供货商处获得充分的培训；意味着得到了技术支持、备用库存、展示台和诊断设备等部分平台；意味着销售渠道可以参与到供货商的会议和其他活动中。进行这类投资的包括信息系统安装商，如专门销售 SAP 软件的埃森哲和普华永道；楼宇电梯、温室和炊具等专业设备的行业安装商；再如 JCBs 和 Bobcats 这类的掘土装备分销商以及经营特许产品的商店或汽油站，等等。

如果一套固定的渠道参与规则得到可接受的渠道战略支持，同时这套规则的基础合适，那么供货商的销售渠道将会出售这种商业关系，以便能够招募并保留能成为市场合作伙伴的、合适的渠道参与者。供货商的渠道价值主张应列出渠道参与者在交易模式上通常会经历的、明确的压力点。邀请中立机构进行适当调查将有助于了解区分主张的真正时机，并因此清楚你的渠道价值主张所应强调的要素。渠道参与者更倾向于分享有关交易模式的细节，会更客观地对不同供货商的、成效不错的渠道价值主张特色进行描述，同时也会解释为何向独立的第三方而不是向将与他们谈判年目标和季度目标的、供货商自身的客户经理说明的原因。同时，他们也更愿意和那些看上去深入了解他们的模式、有财务背景、具有极少客户经理会有的某一特点的人合作。

在这一部分的结尾，列出了建议渠道参与者应关注的领域。但是，首先，应考虑好有效渠道价值主张的关键方面，从而为渠道价值主张的建立提供一份详细清单。这些关键方面包括发展、利润和生产率。

发展——你会希望加入渠道中的合作伙伴，即使不是全部，至少大多数应具有发展的雄心。逐条核对下列有关各项，在任何可能的情况下，将利益流的价值量化。

- 品牌
    - ——你是否占有绝对的市场份额，或者你能否证明市场份额在不断增长（在总体上或在主要类别或在主要群体）？
    - ——在市场交易中，你会进行何种投资来保持或增加市场份额？
    - ——这种投资会对消费者的认知等级和偏好等级产生什么影响？
- 定位
    - ——你是否会为新技术、主要的市场类型和市场区域的发展做出定位？
    - ——你的品牌是否会确保渠道能通过"借入"或赊销的方式来促进其完成销售和营销任务？
- 新的市场
    - ——通过新的价格定位或新的功能等方式，你的产品是否为渠道打开了新的市场？
    - ——你能通过何种市场调查来反映市场的未来走向以及合作伙伴所需要的定位？
- 新的消费者
    - ——你的品牌或所有供应的产品是否会为渠道带来新的消费者？
    - ——你的营销行为的关注点是什么？
    - ——你的营销成本是否在增加？
    - ——在业务拓展行为的支持下，你是否具有资源共享的能力？
    - ——你是否会派出销售人员与渠道自身的销售团队进行合作销售？
    - ——你是否拥有一支终端消费者销售队伍，将客户资源传输给渠道？
- 处理新的（未满足的）需求
    - ——你的提议是否帮助合作伙伴加强已有消费者对其认可度及与其关联度？

——对于未得到满足或新产生的需求,你能提供何种调查及观点来证明你提议的相关性?

■ 新技术和新产品的流程

——对于能通过新技术和新产品的结构图来对未来需求做出相关回应,你能否进行证明?

■ 恢复收入

——你的渠道合作伙伴能否从安装、保养和维护你的产品中获得额外收入(有时候恢复收入是再次出售实际产品所得的数倍)?

■ 合作生意计划

——通过集中组合销售资源,你们能否共同追寻新的机会?

利润——许多合作伙伴都会将目标集中在毛利率和毛收益率上,但扩展整个项目,将产生净利润和净收益率的收入账目的所有要素囊括在内,对你通常是有益的。作为一名供货商,你的很多销售资金会被扣除作为渠道参与者的销售成本,因此,只会在贡献或净利润中体现出来。逐条核对下列有关各项,在任何可能的情况下,将利益流的价值量化。

■ 合同定义

——你是否为某一渠道合作伙伴提供一个受保护的市场空间,以提高其赚取更多利润的能力?这一保护措施可以是明确的排他形式,如特许经营区域,或是采取通过认定而限制进入的含蓄手段(通过产品范围、大小、财力保证和资格证书等方式)。

■ 利润率

——你会提供何种级别的前期折扣、期后折扣、职能性折扣、返点、奖金、买多回赠等?

——获得利润的时间如何变化?

——为获得不同级别的利润,渠道参与者需要达到何种目标和满足何种标准?

——你会提供何种利润保障,如价格保护(禁止价格变动)、存货保护(反对存货价值减少)和存货可退等方式?

——对于已经对售前过程进行投资和能力强的合作伙伴(经审核、授权而销售技术产品等),你会提供何种利润保证?

- 利润组合
    - ——你的品牌是否会因为提供更高端的方案、更多地进行交叉销售和向上销售的机会而比竞争对手提供更多的利润？
    - ——你会为渠道提供何种级别的销售支持和定位，来加强更为高端的销售？
    - ——你的品牌是否需要渠道参与者提供更高级的服务和支持，或是有额外的技术要求？（如果读者知道阿斯顿·马丁和福特汽车的人工服务费用之比，就可以理解这点。）
- 软件资金和销售资金
    - ——你会提供何种资金？
    - ——对获得销售资金的行为有何限制？
    - ——为处理这些资金的申请，你会提供何种机构支持和资源？
    - ——你会在多长时间内批准并发放销售资金？
- 一般费用
    - ——你会为减少合作伙伴的一般费用成本提供何种基础？
- 提供标准化体系和程序（可在网络上通过合作伙伴端口获得)？
- 提供技术支持、知识基础、在线文件提供？
- 提供培训（不仅在产品熟悉方面进行培训，还要进行新技术、诊断步骤、项目管理、综合能力、销售和交际技巧等基础技能的培训)？
- 提供专业销售和营销资源（小到插图和模板，大到品牌推广之类的销售支持和营销服务)？

生产率——在许多供货商的渠道价值主张中，这也许是最难进行探讨的方面，而且也被认为是合作伙伴自身最无法产生的交易因素。例如，仅仅一名区域分销商无法建立起全球知名的品牌；无法支付设计和严格培训的高额费用，以保证其技术销售人员和服务人员走在技术发展的最前沿。（另一方面，供货商也无法获得渠道合作伙伴经过多年所积累的当地市场知识和消费者认知。）逐条核对下列相关各项，在任何可能的情况下，将利益流的价值量化。

- 业务拓展
    - ——你是否会将消费信息及资源传递给合作伙伴？
    - ——你是否积极拓展业务（或连续不断或在促销当中)？

——对于条件优秀或积极回应的合作伙伴，你是否设法进行消费资源分配？
——你是否推动合作伙伴进行消费线索登记，从而使合作伙伴能够与你协力合作以追求领先地位？
——你是否提供线索登记，从而使合作伙伴能够独家代表你或在你的协助下独自寻找消费线索？

■ 品牌联合
——你是否通过品牌联合或合作营销品牌的方式来提供其他领导产品？
——你是否采取细分领域的销售行动？（如惠普、沃达丰和微软共同合作，针对中小企业市场进行捆绑销售。）

■ 营销
——你是否提供营销服务、公共关系、营销服务机构等（或是提供进入的途径）？

■ 资源联合
——你是否提供资源或采取措施来提高合作伙伴自身资源的生产率，如销售培训、交易管理课程，等等？
——你是否将技术支持团队和销售支持团队一体化（因此，他们互相不再进行竞争）？
——你是否提供某种形式的关系管理人员（如合作伙伴客户经理），这些人员能确保合作伙伴的战略与供货商保持一致，并设法使供货商的程序和资源满足合作伙伴的利益。
——你是否准备联合其他战略合作伙伴（如金融业、保险业、法律咨询业、会计业等），以使你的渠道合作伙伴占据更为有利的地位？
——对于单个渠道参与者无法获得的资源和服务（如一流商学院的课程等），你是否通过你的大宗购买能力来为其获得或是使之降低价格？

■ 资产调度
——你是否提供存货寄售方式（渠道只在存货售完后才付款）？
——你是否提供库存融资（为存货提供足够低息的贷款）？
——你是否会为自己或第三方的交易提供可接受的折扣服务（渠道因此能立即从交易应收款项中获得最多的现金，同时，在消费者实际支付后可以收到最多的余额）？
——你是否提供方案以协助渠道合作伙伴自行装配或是获得其经营所需的专业设备？

（所有这些选项都有效地使用了供货商的资产负债表或现金资源，从而为渠道合作伙伴创造有利条件。）

当你制定并提炼你的渠道价值主张时，你需要制作这样的列表，要列出所有支持（并能切实做到）合作伙伴的途径，这将会对你的内在交易功能提出挑战。这不仅会产生一些机会，使渠道合作伙伴从和你的关系当中获得一些独特的优势，而且还将鼓励在部分渠道合作伙伴并非是主要方的交易中产生"渠道思想"。

图表17.1列出了对不同类型的终层交易渠道参与者（利用第11章中所列的不同渠道类型）吸引力较高的供货商渠道价值主张所应具备的要素。

一旦每一个细分渠道的价值主张被确定下来，就必须定期对负责渠道关系的客户经理下达简令并更新信息。但极少有供货商对此投入足够的精力，客户经理向其负责的渠道合作伙伴廉价出售（甚至是不当销售）价值主张的风险经常发生。除向渠道合作伙伴解释渠道价值主张外，同时要说明主张背后的基本原理和数据，这通常会保障供货商在渠道中的强势地位，也能够使供货商在因偶尔的错误或管理不当而引发的渠道反应风暴中具有更强的适应性。在许多事例中，就理解合作伙伴交易模式和能有效出售渠道价值主张核心经济情况方面，需要对客户经理进行相关培训。客户经理通常来自销售或产品营销部门，商业技能和财务技能并非其长项；而所谓的"为非财务经理提供的"课程与日常处理合作伙伴事务所使用的技能往往关联度不够。

图表17.1 供货商的渠道价值主张与不同渠道角色的关联

价值主张	供货商扩展	产品完成者	服务提供者	解决方案整合者
发展				
品牌		√	√	√
定位		√	√	√
新的市场		√	√	√
新的消费者		√	√	√
处理新的/未满足的需求	(√)	√	√	
新技术和新产品	(√)		√	√

（续表）

价值主张	供货商扩展	产品完成者	服务提供者	解决方案整合者
恢复收入			√	√
合作生意计划			√	√
利润				
合同定义	√	√	√	
利润率	√	√	√	
利润组合	√	√	√	√
软件资金和销售资金	(√)	√	√	√
一般费用	(√)	√	√	√
生产率				
业务拓展		√	√	
品牌联合		√	√	
营销		√	√	
资源联合		√	√	√
资产调度	√	√	√	√

因此，如何配置渠道价值主张与渠道价值主张的内容如何是同等重要的。例如，对于供货商派来的人员，渠道合作伙伴每隔几个月才能见到客户经理（在筹备期或是季末），而其他时间则是其他人员，这种做法会令人认为供货商缺乏真正的合作意愿。如果供货商派出费心费力去了解交易的客户经理，或指派说明战略的高级管理人员，且迅速追击并解决渠道战略破坏事件，那么渠道会因此得出供货商确实重视渠道合作关系的结论。显然，与其他合作伙伴相比，供货商会和其战略伙伴（占据收入80%、数量20%的合作伙伴）一起，更加努力地投入渠道价值主张的配置当中去，但要记住，总体上的渠道情感是渠道对供货商对渠道总体姿态的回应。

最好的供货商会定期对渠道合作伙伴进行调查，以追踪其渠道价值主张的竞争力和调度的有效性。图表17.2举例说明了一个供货商满足其低端增值中间商（VARS）的期望值。

在这个例子中，供货商将其渠道价值主张分为交易、关系、营销和支

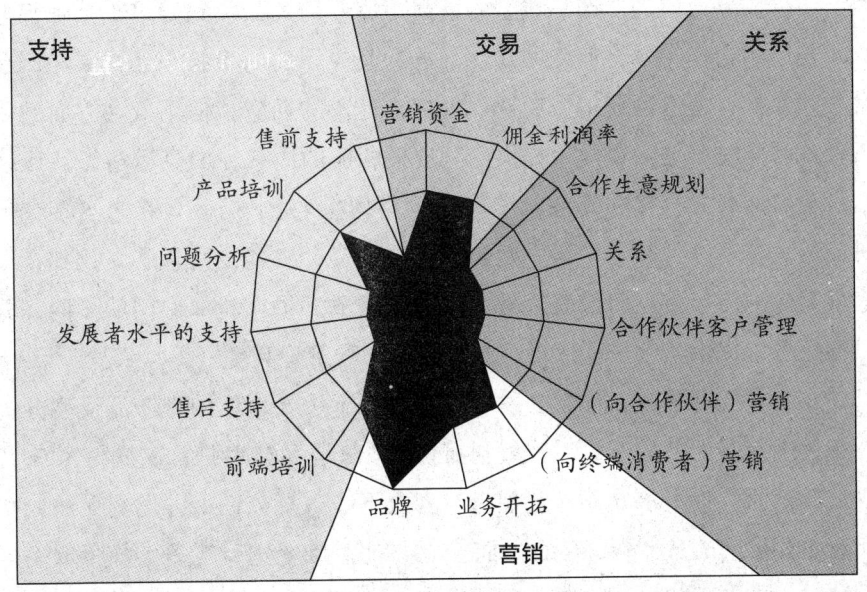

图表 17.2 供货商满足其低端增值中间渠道价值主张概况示例

持四个方面。黑色区域是这些要素在个体方面的体现。这在要求渠道合作伙伴评估你自身和最强竞争对手方面也同样非常有效,因而能确定你们之间的差距。对于培养有效的渠道关系来说,没有什么比经常收集关于你行为的反馈并坚持实施下去更为有效的方法了。交易结果是渠道价值主张竞争力的一个滞后指标器,因为随着时间的推移,客户的销售和份额开始减退,会失去活力,而恢复则需要时间。渠道调查则是领先的指标器,如果调查定期实施且执行良好,是能够在交易过程遭到破坏之前解决问题或寻找到机会的。

终层参与者对分销商的期望

分销商之间为占据终层渠道份额而竞争着。分销商与供货商不同,无法依靠能吸引终端消费者的品牌来吸引新的渠道参与者,但分销商拥有其他武器,其中主要是建立在众多供货商基础上的、覆盖范围较广的产品种类。占据领导地位的广产品线型分销商与所有的大品牌和许多小品牌都建立了长期的合作关系，使一站式店铺成为其主张的一个核心元素。除产品种类繁多外，他们还获得便利性、价格、迅速的反应和信用权利方面的基础要素。同时，他们也可以提供与其规模相应的服务，如直运销售（以终层参与者的名义直接向终端消费者装运货物）、集中托运（将来自多个供货商的、全部种类的货物集中发送给终端消费者）和专门包装（比如，零售商需要泡沫包装以防被盗）等专业物流服务。根据所属部门的不同，分销商还可以提供其他一些服务，如外购、工程管理和融资等。

在大多数市场上，你都会发现有一些处于领导地位的广产品线型分销商在为终层参与者的"第一次缴付身份"（终层参与者是首次缴付80%货款的分销商）而开展竞争。终层参与者之下是一批分销商，他们无法获得所有主要品牌的分销权，因此，将会在其他基础上进行竞争，如争取一个品牌或品类专门化、提供更优质的服务（在某些方面至少要提供）以及在交易方面提供优惠（比如，向客户提供赊销最高额以争取从广产品线型分销商处获得足够的信用等）。这些"其他"分销商中的大多数将需要重点选择一个或多个渠道领域，以提供超出广产品线型分销商期望的精细化价值主张。除提供产品便利性、有竞争力的价格和信用之外，这些分销商将更加关注附加服务的提供，以满足目标终层参与者客户的需求。

无论是广产品线型分销商还是专业分销商，发展、利润和生产率都同样适用，并且均是构成满足终层参与者需求的渠道价值主张框架的基础。可逐条核对以下相关各项，在任何可能的情况下，将利益流的价值量化。

发展

- 品牌
  ——你是否提供所有必需的品牌，以满足你所选渠道的需求？
  ——你能独家分销或主体分销多少品牌？
  ——你是否正在增加某一主要品牌的分销份额？
- 定位
  ——你在供货商处具有何种首选的分销商身份，能使你向客户提供较高的销售或技术支持？

——你是否决定在新兴品牌、新技术和新的产品品类上建立分销关系？

——你是否印制目录或产品清单，以作为终端消费者市场的参考指南？

——你是否以供货商的名义管理渠道合作伙伴？

- 新市场

——通过保护新的分销关系或成为新技术、新种类或新特许经营许可权的最初分销商等措施，你的销售是否为终层参与者开辟了新的市场？

——你是否就新技术和新产品提供（更好的）培训，以帮助渠道客户获得新的机会？

——你是否比竞争对手提供更高级别的（售前和售后）技术支持？

- 新的消费者

——你是否进行营销计划并提供营销服务，以协助终层参与者吸引新的消费者？

——你营销行为的关注点是什么？

——你的营销成本是否在增加？

——你是否代表你的供货商管理合作营销资金？

- 合作生意计划

——你是否协助终层参与者实施其商业方案？

利润

- 利润率

——你能独家分销或主体分销多少品牌？

——你会提供何种级别的前期折扣、期后折扣、职能性折扣、返点、奖金、买赠等？

——获得利润的时间如何变化？

——为增加终层参与者的利润，你是否会通过以下方式来为其缴付运费？

—— 对于超过最小起定量的订单，是否提供免费送货？

—— 对于延期交货，是否免费送货？

—— 对于多个交货点的订单，是否比竞争对手收取更低的费用？

—— 对于客户精明的订购行为，是否进行奖励？

- **利润组合**

  ——对于因更高端的方案、更多进行交叉销售和向上销售的机会而比竞争对手提供更多利润空间的品牌，你是否提供包括这些品牌在内的一系列产品？

- **一般费用**

  ——为使终层参与者的成本最小化，你会提供何种物流服务？

  —— 直运销售（至终端消费者所在地）？

  —— 向终端消费者提供标签分类包装和发票服务（以终层参与者的名义）？

  —— 多个交货点运输（为拥有多处地址的终层参与者客户提供，比如零售商）？

  —— 送货到桌（与送货到后门相对）？

  —— 集中托运（把项目所需的所有货物一次性集中向终端消费者发出）？

  —— 你会提供何种销售服务，以满足终层参与者对自身销售资源进行投入的需要，同时能提供终层参与者自身无法支付的专业技术？

  —— 你会为终层参与者客户提供何种技术支持和售前、售后支持，使终层参与者避免在这些资源上进行投资？

  ——你会提供何种平台，以减少合作伙伴的一般费用成本？

  —— 提供标准的系统和程序（可在网络上通过合作伙伴端口获得）？

  —— 提供技术支持、知识基础、在线文件？

  —— 提供培训（不仅对你的产品进行培训，还要进行新技术、诊断步骤、项目管理、综合能力、销售和交际技巧等基础技能的培训）？

  —— 提供专业销售和营销资源（小到插图和模板，大到公共关系之类的销售支持和营销服务）？

生产率

- **一站式店铺**

  ——对于每个终层参与者的产品需求比例，你会如何分配？

- **资源联合**

  ——你是否提供资源或采取措施来提高合作伙伴自身的生产率，如技术培训、销售培训，等等？

——你是否提供某种形式的关系管理人员（比如，合作伙伴客户经理），以确保终层参与者客户的战略与你所进行分销的供货商保持一致？

——对于单个终层参与者客户无法获得的资源和服务，你是否通过大宗购买能力来为其提供？

■ 资产调度

——与竞争者相比，你是否提供更有利的赊销工具或赊销条款（也许是向渠道的特殊客户提供）？

——你是否提供存货寄售方式（终层参与者只在存货售完后才付款）？

——你是否提供库存融资（为存货提供足够低息的贷款）？

根据你所属的分销商类型及所关注的终层参与者来制定这张列表。大型分销商会试着通过采取大宗交易折扣、价格优势和（或）赊销工具优势来调整其资产负债表；而小型分销商则会借客户定制化支持和服务来加强专业化的优势。

许多分销商都经历过一定程度的客户基数变动，这是因为终层参与者试图避免过于依赖一个分销商，或是企图获得更高的赊账额度（3 个分销商给予的赊销额度通常要高于任何单个分销商所愿意提供的额度）。在存在竞争的市场中，分销商从供货商那里签署的是多采购回馈合同，然后将更高的交易量转嫁给客户，因此，分销商之间的竞争能完全集中在价格和实用性上。但是，如此一来，终层参与者就不得不周旋在所有的分销商之间，为其销售的每一产品获得最佳价格，而分销商却无利可得，或无法在价值主张的其他方面获得忠诚，结果导致这将是一次短暂的游戏，并最终伤害到市场。成熟的市场价格导向较弱而更为关注交易，是实际上更有利于提高终层参与者效率和生产率的市场。

管理客户关系

无论是供货商还是分销商，你都需要确定什么级别的客户管理对你的合作伙伴是最划算的。对主要的合作伙伴（为你提供 80% 收入或利润的、数量占 20% 的合作伙伴），应在战略基础上进行管理，共同分享长期计划，进行优势互补。有两个成功因素至关重要：战略性客户管理流程和完全熟练的战略性客户经理。

战略性客户管理流程应包含供货商（分销商）和终层参与者的最高级管理人员，并确保双方的交易在协助对方达到商业目标上给予充分的重视并步调一致。图表 17.3 中概括列出了双方的关系管理经理所应共同追求的流程。

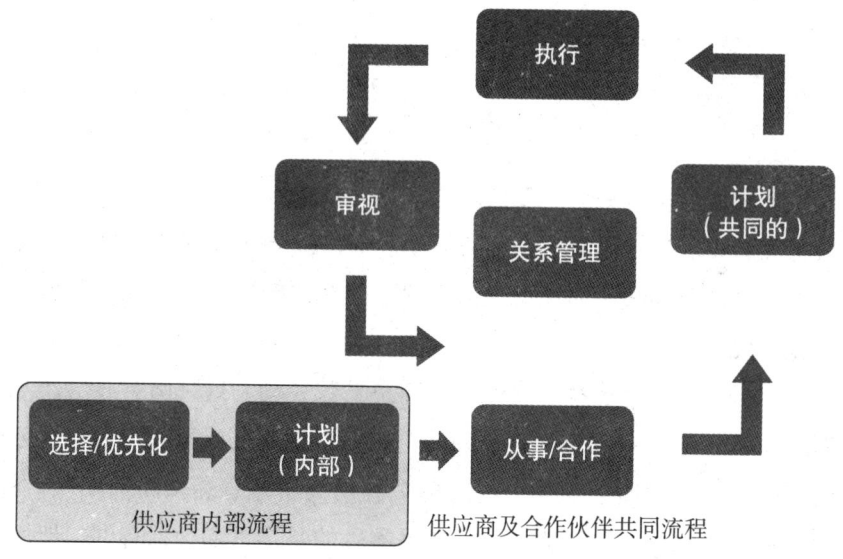

图表 17.3 　战略客户管理流程

战略性客户经理（SAMs）扮演着交易最为需要的角色之一，这一角色有时被称为"边界角色"。战略性客户经理需要借由自己在企业的地位（资源指挥权和影响力）、商业交易技能、战略性眼光和对共同交易目标的强烈关注，从而向终层参与者确立可信赖的交易顾问形象。他们往往是销售出身，但他们的角色却是企业资源和小组的普通管理人员，与销售并无多大关联（事实上，销售的思想观念是起阻碍作用的）。他们清楚合作伙伴的渠道模式，同时也了解合作伙伴对自己企业走向市场的重要性，这是最为重要的。

许多供货商都建立了出色的客户管理流程，让高级管理人员出任主要合作伙伴的战略性客户经理一职，但却未认识到其内在的补偿机制和激励结构所带来的损害。他们设立年度目标和季度目标,从而使得战略性客户经理将谈判保持在安全获得订单的水平,以满足交易量上的目标,而这潜在地扭曲了交易。为占领主要市场、创建有竞争优势的联合资产而确定的战略方案,需要战略性客户经理重新雇用合作伙伴,而之前的做法可能严重伤害战略性客户经理的这一能力。几乎所有的供货商都没有将有效的补偿与在发展战略性客户过程中获得独特的里程碑联系在一起。相反,他们强制推行一系列标准的增长目标、利润目标和后勤服务目标,而这些目标经常和他们试图建立的战略性伙伴关系的精神相背驰。这些供货商通过季度目标的达成,来维持自身的股票价格,并影响股票市场的走势,这本是无可厚非的。但这些短期目标并不完全与建立长期竞争优势相一致,短期目标以战略性客户经理负责的短期商业关系为基础,设立目标并给予补偿,这是一种思维惰性。

客户管理的真正目的是使供货商及其合作伙伴交易机会的"蛋糕变大",而不应忽略蛋糕的份额——有时被称为"零和游戏"。要有效地达成此目的,需要制订年度交易计划并定期检测。供货商可以经常将市场调查和广阔市场的视角带入流程当中,以补充合作伙伴相对集中的视角。通过分享战略性目标,供货商和合作伙伴可以确定共同的目标。供货商及其合作伙伴的人员应根据计划在目标和激励措施上达成一致。无论这个方法在何处得到有效实施,它总能在市场份额、收益性和竞争优势上取得重大成功。

不同的市场地位应对不同的战略

供货商(或分销商)应运用一些普遍的战略,以最大限度增加其渠道价值主张的竞争力。这些战略通常根据所占市场份额的不同而有所区别,因为市场份额会从根本上改变不同战略的经济发展能力,并为交易模式创造不同的动力。

如果你是市场领导者

如果你占据市场的绝大部分份额,那么你通常拥有最强的品牌,能通过大量销售将成本广泛分摊给终层渠道商及消费者。作为主导品牌（或其中之一），你应当充分利用渠道价值主张的需求拉升优势，突出货币利润、生产率和交易量的优点，以克服会带来低利润的一般缺点：

- 货币利润——或以美元计算的毛利率对于固定成本有重要作用，因为大多数供货商贸易渠道合作伙伴都会保证供货产品品牌的销售接近或超过市场份额。这些交易量很难被取代，因此，即使以百分比计算的毛利率低，也会带来大量的毛利润。
- 生产率——一个主导品牌通常已经为其产品创造了市场所要求的所有需求，因此，大大减少了销售这些产品的贸易渠道的压力。此外，较高的市场熟悉度和较多的消费者了解也减轻了渠道在技术支持上的重担。主导品牌与其合作伙伴更高级别的交易能（且也应当）促进更为优质的客户管理、合伙企业计划以及定制化投资等行为，从而提高生产率及合作伙伴利益率。
- 交易量——根据品类的不同，对贸易渠道合作伙伴而言，出售主导品牌意味着地位和信誉，可以获得更高的交易量。经常会从终端消费者那里带来"令人信服的"生意，同时也会在远离更多收入的基础上产生交叉销售和向上的销售机会。而对多层级合作伙伴方案中的高级合作伙伴而言，这些利益将会成倍增长。
- 毛利润率——其下降趋势是指终层交易渠道参与者赚取了毛利润，而市场覆盖面最广的主导品牌在毛利润率上施加了下调的压力。在很多情况下，终层参与者从主要品牌中选择基准产品，以此来说明其价格主张的竞争力，从而使利润降得更低。另外，供货商对产量最高的产品实行销量折扣政策而往下游压量，而为了能售出不断增加的存货，终层参与者不得不将这些折扣传递给终端消费者，从而使这一问题进一步恶化。

如果你是一家规模较小的供货商或者新进入者

对于那些占市场份额不大或缺乏高领导度品牌的供货商而言，其渠道价值主张不得不建立在极为不同的经济基础上。处于这一位置的供货商会要求终层参与者积极销售他们的品牌，以对抗相对稳固的主导品牌；而终层参与者只有在确定自己的付出有足够的经济回报（主要包括高额的毛利润）时，才会按照供货商的要求来做。假设某一品牌分布不广，那么其终层参与者就不会在价格上相互竞争，这样一来，利润反而比主导品牌要高，这样为产品在终端消费者从功能性方面参与竞争提供了可能。确实，这类品牌和主导品牌互补不足，同时从终端消费者的角度，这类品牌为终层参与者提供了"不引人注目"的高利润成分。

例如，在同时出售的次要产品和主要产品中，零售商经常从次要产品上获得了更高的利润（有时甚至是更多的货币利润）。这是因为通常情况下，消费者已经在网上进行搜索，了解了主要产品的价格（主导品牌的基准很高），从而很容易就接受零售商所建议的次要产品，甚至连信用卡都不用。结果导致不知名的产品供货商通过提升整体销售量而产生了非常有吸引力的渠道价值主张，从而在利润率和现金条款上增加了余地，也通过存货、低投入的货架空间承诺和零销售成本成功实现了这一做法。这些原理适用于所有分布较广的"核心"产品的补充产品或外围产品，同时，这些供货商在为其终层合作伙伴建立吸引人的渠道价值主张上毫无困难可言。

作为市场份额中的小鱼，你为合作伙伴提供了一个广阔的市场前景，但同样也是毫无品牌意识及吸引力的市场。你的主张必须包括的主要因素要为你的产品提供信誉。这可以建立在一些突出的相关点之上或是借助于客户的信誉进行销售。在企业对企业销售的情况下，早期你可以向世界500强企业或政府部门或其代理机构进行直接销售。如果是中等规模交易或小型交易，你可以从有关的贸易协会中申请批准或认证，以此来证明合法性。假如是在消费者市场，那么赞助引人注目的运动或娱乐演出则是非常有价值的，但这些运动或演出必须与你的目标市场有关联。另外，良好的品牌推广或舆论上的支持能成功说服终层参与者将产品带入市场。最后，如果想让其他终层参与者重视你，让一个标杆性的终层参与者成为你的合作伙伴至关重要。在英国的消费者市场，小型厂家供货商经常向哈洛斯百货商场提供非常有吸引力的交易，而哈洛斯回报给他们的则是能在"哈洛斯出售"的巨大荣誉。

不同的渠道类型具有小型供货商可能预见并预先关注的、不同的关注点：

- 如果产品的试销售销路很好，零售商会很有兴趣了解该产品多快能够提速生产。全国连锁的便利店并不是最好的第一层级渠道合作伙伴，因为当第一批一万单位的订单很快销售一空时，那么，紧接着它就会希望你能满足几十万的订单。你可以先从地区连锁的便利店开始，这样可以有加速生产的机会。

- 如果产品需要专业安装，分销商希望知道他们能获得何种级别的技术支持。如果消费者希望工作能当场完成，那么"我们将在10天内送达"就使得渠道无法令人信服了。
- 类似的，负责产品组装的分销商需要清楚，你对组装后的产品提供的检测标准。

如果你能克服这些问题，同时就可信赖的产品提供高额利润，那么作为供货商，你的渠道价值主张将对合作伙伴有很大的吸引力。他们就如小池塘中的大鱼，根据你回应能力的不同，向消费者提供比主导品牌更接近定制或定制化的方案。这也许看上去并不重要，但是许多合作伙伴对此会很重视，尤其是当他们将你看作未来的赢家以及期望对消费者的定位能力得到提升时。

以支持者角色和终层参与者一起销售

本章内容至此都在讨论如何处理作为"代理商"合作伙伴的渠道，即如何让他们代表你将产品带入市场。但是，许多终层参与者并未"接触"到你的产品，却能促成或破坏你向终端客户销售的机会。在第11章中将这些参与者称为"合作销售的"合作伙伴，并且强调了将其纳入渠道战略中的重要性。同等重要的还有为他们确定一个渠道价值主张，以确保他们"不越位"并支持你的品牌和产品。而关键是协助他们做好客户支持者的工作——他们需要掌握新技术、了解新生事物和熟悉市场走向等。他们的作用、信誉以及收入完全取决于他们是否属于真正的专家。你可以通过研讨会、公告、简介、协商会和客户关系经理等和他们对话，来提升其能力，同时不危害到他们的客观性。对于你领先市场的改革主张和产品的重要成就，他们会预先获知并加以传播，同时也会同步学习你的技术更新，尤其是在你的项目小组与其联合工作时。这就意味着,如果你让你的技术人员同他们的技术人员进行交流,那么你所获得的信誉将远远超出创建销售和营销团队的所得。IBM 和微软之类的公司已经主办了很多年技术和咨询会议。他们选择一些旅游胜地(会议地点经常是威尼斯、摩纳哥和拉斯维加斯)和艰深的技术讨论会之间加以平衡,同时举办一些很棒的宴会。大多数技术团队接触到的琐事比销售和营销团队少得多,同时也能受到关注。

随着时间的推移,那些进行真正的技术推介和更新的供货商建立起了信誉,使他们在支持者渠道获得很大帮助。东道主并不需要一直都由供货商担任,一些独立的支持者会担任主办方,并努力使能够参加客户讨论会的供货商的品质和资历在客户脑海中留下深刻印象。在 IT 行业,Forrester 和 Gartner 之类的大经销商会针对不同目标团体举行多场会议,并通过一些顶级品牌的首席执行官、首席技术总监等来保证获得良好的效果。这些行为为供货商提供了双重利益:将他们的价值观(以其产品和技术为中心)成功地传递给了终端客户或合作销售伙伴,同时影响了行业领域中标杆经销商的想法和趋势预测点。小规模的、新兴的供货商则不得不将眼光放低,将焦点集中在更为合适的支持者、重要性较小的事件和论坛上。

总结

渠道仅仅为市场带来相关的、有竞争力的产品和服务,因此,从终端客户的角度而言,基础销售很值得关注。但是,有时候,一个更好的产品并不能说服渠道将其带入市场,因此,你需要具备吸引力的渠道价值主张,从经济方面向潜在合作伙伴证明其交易利益。细分渠道能使你细分渠道价值主张,从而与每一类合作伙伴的交易模式相关联。对于更多的战略性合作伙伴而言,你甚至需要走得更远,需要研究他们的特殊目标,需要调查其交易模式所存在的压力,从而设计出主张,使你能够最大限度地利用双方联合的独特优势。

第四部分
零售商

第18章　零售商的角色

零售商与零售业

　　零售商与其他类型的终层参与者有什么区别呢？有关零售业，普遍认可的定义是：它是以满足个人消费为目的，向最终消费者销售产品和服务的行业。一般来说，个人消费者就是零售商销售的对象，但并不仅限于此，一些小企业也经常因为方便而接受零售商的服务（有时是出于价格考虑）。你可能注意到该定义中没有提到商店或店铺。现在，许多零售商通过多种销售方式进入市场，包括商店、产品目录、邮购、网络和电话销售。在这一部分，将重点关注店铺零售方式，即通过实际的零售场所销售，这些零售场所往往位于目标客户附近。稍后，将探讨其他销售方式的商业模式。有店铺零售渠道的核心主张在于便利、产品选择和比较、触摸和感觉、试用、建议、通过实物展示或者回报能力带来消费信心，以及非物质维度"体验"——如图像、娱乐活动、嗜好等（否则怎么会有那么多人于星期六下午在令人眼花缭乱的店铺购买衣服，而回家后却很少穿）。

　　在店铺销售活动中，零售商的目标是选择最佳地点，吸引消费者来店铺，让他们在店铺购物，在其中购买到"最佳的组合"（最有利可图的产品线），最后是让他们再次回来购物。当店铺建立起来或装饰好时，零售商需要告诉大家商店存在和即将开业的信息，以便能迅速营业。一旦开业，随着人们对商店的服务范围有了更多了解，零售商必须通过积极的广告和促销手段建立起客户基础、提炼信息和拟定销售目标。根据商店、产品类别及竞争情况，消费者可能愿意驱车100英里去一家商场，或者只愿意去15分钟以内车程的商店购物。一旦消费者到了商店周围，零售商就要通过诱人的橱窗展示或最具吸引力产品的良好陈列来吸引消费者入内（这就是食品杂货商总是将新鲜的水果和蔬菜放在商店入口处的原因）。而一旦消费者被吸引到店内，零售商就要通过巧妙的布局和销售动线规划，进一步吸引他们浏览店内四周。越来越多的零售商按照"解决方案"将产品摆放一起，而不是简单地按类别陈列。所以，服装店将颜色相配的开领短袖衬衫、斜纹棉布裤和套衫组合在一起，并搭上腰带和鞋子等配饰。食品杂货店将大米、调味料、烤饼面包、咖喱粉、咖喱角等与印度菜的其他蘸料和配料组合在一起，并以类似方式展示着其他国家（比如，中国、意大利、墨西哥等）的菜肴配料。软件商店在多处连锁经营相同的产品，以吸引不同类型的消费者光顾：那些知道想买什么的人、被诱惑进来浏览的人、需要帮助的新手，以及那些总是想要"畅销榜前十名"产品的消费者。其目标是鼓励消费者购买更大"篮子"的产品、花费比他们预想的要多，而且更理想的是，劝说消费者购买更高价的商品，如从超值产品转向买高档产品，或者从"好产品"转向买"更好的产品"再转向买"最好的产品"，同时增加资金利润率和毛利率。

　　有店铺零售渠道是风险相当高的渠道，因为地点如果选择错误，可能需要花一年多的时间才能发现，甚至需要花更长的时间来更改。消费者可能会流动（消费者经常随着大型购物商场开业或大超市的搬迁而从城镇的这头流动到另一头），竞争对手可能会在附近开店，提高商店设施质量和产品范围的门槛并降低销售价格。一旦商店建立起来并配备了员工，那么零售经营的核心成本将相对固定，零售商承受压力，不得不尽可能实现更高的销售额，并保证足够高的利润率以支付这些费用。为了应对这些挑战，零售业已逐渐成为一门学科，利用软件为从选址到产品分类（每个类别提供多少型号和规格，细分到什么深度）到货架陈列（如何摆设产品以实现销量最大化）整个流程的正确决策提供支持。现在，甚至是颜色、灯光、背景音乐和空调释放出的特殊气味，都是以客户反馈研究为基础进行选择的。

考虑到零售商承受的压力，难怪他们对待供应商时有些冷酷无情，要求极高的利润与退回滞销（或卖得不够快的）产品的权利，并要求支付各方面运营的费用——上架费、将产品摆放在商店中的显眼位置或客流量高的区域而收取的特别费用、在促销和营销活动中将产品包含在内的营销费用，甚至是由于延迟交货或产品数量和发票错误而导致的罚款。通过参与市场活动和分享某特定类别产品，许多零售商掌握众多品牌的产品，自身已经有能力促进或中断供应商与消费者的接触。举例来说，迪克森（Dixons）电器商店曾经几乎遍布英国的每一条大街，而且占据了电器市场70%的份额。如果你是电器行业的一个供货商，你的产品中必须有专供迪克森的产品，这样才能有机会增加销售量，而且你不得不通过非常高的折扣、费用、营销资金，以及以吸引消费者进入迪克森商店为目的的主要推广方案投入来付出代价。作为回报，你可能会有高额销量和品牌知名度，不过，有许多品类，迪克森都在用自有品牌以较低的场外价格与你的产品竞争着。

然而，零售商并非都适合一种模式，他们的规模（全国零售商、地区零售商、独立零售商）、核心主张（大型零售商、大型专业店、专门店）以及价格定位（价格领导者、服务领导者）有着显著区别，如图表18.1所示。

同台竞争的众多竞争者们通常会使用各种各样的方法。例如，一家大型零售商主张价格领导者战略，而另一家则主张全方位服务的策略。每个零售商都必须确保传达的核心主张与客户体验一致。光顾打折俱乐部科思科（Costco）的消费者必须接受现实：伴随着零售商提供最低价格商品的是水泥地、工业货架和大包装。在百货商店，消费者愿意在璀璨夺目的环境中为时尚服饰支付高价，而且服饰经漂亮包装后被装入华丽的手提袋。如果主张的核心部分被放弃或不合标准时——例如，在照相馆中打临时工的营业员对你正在对比的两款照相机了解得比你还少，他只会拿起盒子为你阅读说明——零售商将遭受损失。

图表18.1 零售商客户价值主张类型

零售商类型	让消费者光顾商店	让消费者到商店购物	让消费者购买最佳组合	让消费者再次光临商店
全国零售商 如：乐购（Tesco）	在全国性媒体上做广告、赞助式广告、在商店所在的每个地方做广告	标准化的商店布置和销售规划	促销，利用商店中显眼的位置	客户忠诚计划
区域零售商	在区域性媒体上做广告、在区域内店铺密集地区做广告	标准化的商店布置和销售规划	促销，利用商店中显眼的位置	区域内店铺密集地区
独立零售商 当地的商店	以社区为基础的营销	范围和选择	建议	服务和支持
大型零售商 如：乐购、家乐福、沃尔玛	综合性的产品范围	商店布置和销售规划	促销，利用商店中显眼的位置	便利的商店位置和满足每周需求
大型专业店 如：玩具反斗店、手机仓库（Carphone Warehouse）	以类别为导向的沟通，通常是以价格为主导	选择和分类	促销，利用商店中显眼的位置	客户忠诚计划，类别中的综合产品范围
专门店 如：邦诺（Barnes and Noble）	有目的的传播	建议、选择和分类	建议	服务质量
价格领导者 如：科思科（Costco）	以价格为导向的传播	商店布置和销售规划	通过"买2赠1"类型的交易来提高交易量	天天低价
服务领导者 如：El Corte Ingles	以服务为导向的传播	建议、选择和分类	建议、选择和分类	服务质量

消费者倾向于去他们熟悉、感到舒适的零售店购物。这是店堂体验的直接反映，如果门店布置得当，它将使消费者产生共鸣，鼓励消费者走进商店并使他们停留在商店里的时间更长久一些。大型零售集团将以多种经营来巧妙地吸引不同的客户群体，尤其在时装业。大型零售商对不同的区域会有不同的主张，以吸引不同类型的客户群体。在乐购（Tesco），超值产品总是摆放在同类产品中较低的货架上，而高档品牌一般被摆放在店内端架处和特殊区域中，配有温和的灯光，很少的喧闹声，鼓励人们随意浏览，而不是鼓励消费者按照购物单来购物。

对于供货商或供应商来说，零售商作为一种渠道的主要作用是将客流吸引到他们的产品上。更重要的是，将一批目标明确且有偏好的客户群体吸引过来购买他们的产品。在选择通过零售进入市场时，供应商接触的是一种高成本的渠道，要确保准备好满足该渠道的要求——满足要求的客户容量，并从财务和物流上满足零售商对市场支持和客户管理方面的要求。它并不是一种浅尝辄止的渠道。零售商会在很长时间内一直记得供应商满足不了他们交易中的要求，而将会拒绝重新接纳过去让他们失利的供应商。了解零售商的商业模式——将在下一章中探讨——与零售商商谈将你的产品摆放并保留在零售商（最好）的货架上是很关键的，而且当逐渐了解它时，你要知道自己想从这个渠道中得到什么，这一点很重要。

产品目录和网络零售业

零售商的商业模式有许多局限，过去常通过采用产品目录的方式克服，而最近则通过网络销售方式解决。事实上，这两种方式经常被同时使用，因为订购已经从邮件（即邮购）通过呼叫中心转移到网络进行，不过许多零售商继续经营着呼叫中心以配合他们的网站。这些销售方式可以使零售商：

- 更广、更深层次地提供几乎是无限范围的产品，事实上，没有哪个实体商店能在容量方面与之匹配。
- 就目录来说，增加了便利性，使购物者能够浏览并且如许多零售商所宣称的"像在自己家里一样方便"地购物。
- 就网上购物来说，营业时间增加到一周7天、一天24小时，使消费者能随时购买想要的商品，而无需承担服务人员的费用和工资成本。
- 通过电话或网络与世界各地的消费者进行联系，扩大了业务范围，无需建立实体店铺，只要一个使用当地语言的网站就可以了。
- 在交货之前，提供客户化的产品，如表面加工、雕刻、配置，等等。

然而，只有较少的零售商愿意采用目录销售方式，因为这种方式要面对重要的进入壁垒，包括在目录印刷和发行方面的大量先期投入，同时还需要在目录有效期内保持价格稳定。最近的印刷制作流程已经帮助零售商克服了一些障碍，使目录式销售重新获得了生命力，网上订购增加了这种销售方式的便利范围。

通过网络获得的销售额从一开始就已经得到了快速增长，不过并没有早期预见的那么快——曾有人认为实体商店将消失。这种增长的基础要素在于它具备目录的所有优点，却不需要固定价格，尽管存在搭建和设计成本，但建立网站却只要一次性成本，网站随时可以维护和更新，费用却只占目录重复性制作成本中的一小部分，具有快速反应消费需求的能力。

然而，正如许多早期网络零售企业发现的，这种方式也有一些严重的不利方面：

- 吸引客户访问你的网店时的挑战，尤其是如果你还没有准备好一个成熟的零售品牌时，而且，当竞争只有"一个点击"之遥时，维护第一提及度的成本会很高。
- 如何尽量使不同的目标消费群体方便而直观地体验网上购物。
- 向消费者捆绑销售和交叉销售带来的挑战，让他们上网时购买更多的产品。
- 无法立即回答问题或处理异议。
- 在缺乏实际存在的实体和任何有形信誉时，怎样才能在消费者的心里建立起信任。
- 如何与"厂商直接销售"竞争者和其他网络竞争者相抗衡，承受激烈的价格竞争压力。
- 克服送货物流的挑战，许多国内客户要求货物在数小时内就能送达。
- 克服由日益增加的网络欺诈风险而引起的付款支持方面的挑战。
- 万一送货时发生错误，不是客户订购或并非是客户想要的产品时，需要提供"逆向物流"。

在互联网早期，许多人主张只保留在线销售，试图通过以价格为导向和以便利为导向的双重优势排挤"价格昂贵且不方便"的实体零售商。然而，除了明显例外的亚马逊外，事实上没有任何参与者能幸存至 Web 2.0 时代，思考其具体原因有着一定的教育意义。这些仅在线销售的零售商之所以会失败，是因为他们没有为自己出售的产品创造足够的知名度。另外，他们未能让消费者足够信任，说服他们克服通常的创新性壁垒，而采用新的购买和支付方式。这些零售商只是将大笔的风险资金送到广告代理商的手中，让他们打造新品牌、吸引消费流量，但是在网络流量达到保本水平前，他们通常就已经用光了现金。作为沟通工具和客户体验的选购过程中的角色，实体店的投资很大。现实看到的是相反的情况，所谓的零售巨头们带来一流而有效的网上体验，完全影响着消费者信赖的市场定位。事实上，针对那些转向网络零售商的消费者，实体零售商很容易就可以开展网络业务。

随着在线零售方式逐渐成熟，越来越多的大型零售商综合了他们的渠道主张，允许消费者在一个渠道浏览，在另一个渠道订购，然后选择店内取货或通过任何一个渠道选择送货上门。这带来了一些有趣的价格战略，在线和店内价格越来越一致，也出现了智能分类策略——快速流动的产品在店内销售，而流动性较慢的产品（但利润常常很高）在网上或通过目录销售，甚至有时候还通过店内摊位出售。

毫无疑问，在线零售将继续发展，但是人们早期预测的它将替代店铺销售的说法似乎有些离谱。越来越多的消费者希望零售商能够综合多种销售方式，希望在不同方式间平稳转换，并保持体验的一致性，这就要求零售商采用各种销售方式，以免被采用了那些销售方式的竞争对手抢走消费者。零售商面临的挑战是利用网络技术控制成本、形成更强的消费者洞察力，并向所有的消费群体提供服务。

第19章 零售商业模式如何起作用

角色决定商业模式

零售商的业务都是关于成交量的。店铺卖出的产品越多,就能获得越多的利润,就会产生更大的发展空间,就需要雇用更多的员工。随着销量的增加,分销商就可以向供应商要求更高的利润率(如折扣),并且因为他们为产品带来了大量消费者而要求其支付营销费用。零售商(和分析员)大力宣传他们在产能生产率方面的业绩,如每个店铺的销售额、每平方英尺的销售额、每个雇员的销售额,等等。

为了发展,零售商会增加店铺,目的是增加每个店铺的销售额,如果能够同时做到这两点,他们就可以庆祝成功了。增加店铺是一个比较直观、可预测的过程,与销售量密不可分,可以提高市场覆盖率及消费者渗透率(提高消费者便利),并增加购买力,可以带来较高的利润和较高的价格。要增加每个店铺的销售额,就要仔细修订目录组合、选择产品线、进行产品分类、进行销售规划、更有效地管理营销和更严格地管理经营。换而言之,增加每个店铺的销售额是对零售商的战略和管理团队的真正考验,也是对评价零售商业绩的分析员的严峻考验。

来看一看某个零售商的会计报表，看看他们的角色是如何塑造企业的经济概貌的。本书的这部分中，将一直使用零售商 MNO 公司作为示例（见图表 19.1）。

MNO零售商财务报表

损益表	百万美元
销售额	3 829
销售成本	3 311
毛利润	**518**
一般费用	413
营业利润	**105**
利息	5
税前利润	**100**
税金	40
税后利润	**60**

资产负债表		百万美元
固定资产		139
流动资产		
库存	399	
应收账款	48	
现金	323	
流动资产总额		**770**
流动负债		
应付账款	378	
其他	87	
流动负债总额		**464**
流动资产净额		**306**
长期负债		119
净资产		**326**
股东资金		**326**

图表 19.1　MNO 零售商财务报表

这里有一些关于零售商财务报表的主要特征：

- 营运成本较高（10.8%——当销售额接近 40 亿美元时，营运成本为 4.13 亿美元）——尽管营运成本因零售商类型的不同而有所改变，但是为了吸引消费者光顾，他们都要承受相当高的营销成本，以及（不出意料的话）高额的店铺营运成本。
- 应收账款最低（当销售额接近 40 亿美元时，应收账款为 4 800 万美元）——零售通常被称为"现金业务"。也就是说，零售商通常不会向消费者赊账，所以每天的进账都是现金（使用信用卡支付的消费者将通过信用卡公司在 24 小时内支付给零售商，几乎等同于现金或支票）。甚至连提供消费信贷的零售商通常也不用在账册上记录赊销，他们利用第三方信贷公司提供贷款，或者利用内部的信贷公司，而这些机构会将赊账金额记录在其账面上，同时立即向零售公司付款。

- 库存周转较快（8.3 次）——资产负债表中包括所有类型的存货，其中包含经过分销中心的产品、放在商店后面库房里的产品以及在车间摆放的产品。它也是整个库存产品的平均值。很显然，这个例子不是一个食品杂货店，杂货店每年可实现库存周转 25 次或者更多。而例子中的零售商 MNO 拥有大量针对其主要产品的零配件，所以它的存货周转次数被拉低。在第 20 章中将看到管理层是如何提高糟糕的业绩的。

- 应付账款数目较大（3.99 亿美元库存的应付账款金额为 3.78 亿美元）——对于零售商来说，如果 MNO 的存货运转得没有那么快，它将只为存货投资提供极小部分的资金。许多大型零售商利用在供应商处的优势地位，采用 90 天或者甚至 120 天的付款周期。在一定程度上，他们的应付账款超过了存货（注意，这里没有应收账款来提供资金），这些零售商产生了"库存现金"，他们能够把这些钱存入银行积累利息。零售商规模越大，就越能向供应商甚至是大品牌要求超长的付款期限。国际性的百货零售商，如乐购、家乐福和 Metro/Makro，从商业模式的这方面产生出大量的利息收入，充实了他们的净利润。

- 资产大约与长期负债持平（1.39 亿美元对 1.19 美元）——这是因为大多数零售商的店铺都是租用的，保持了房地产资产组合的灵活性。这是一个关键的零售成功因素，使他们能升级为更大的经营场所，或搬到城里更繁华地段中的新购物中心，甚至是迁入同一个购物中心中客流量大的区域。零售商自己的投资通常只限于店面装修，一般持续不到 5 年。因零售商的定位和所在行业的不同，装修成本可能非常高，但是很有必要创造出适宜的环境，来吸引目标消费者并鼓励他们花更多的时间在店内。零售商可以拥有自己的"后台"资产，如分销中心、IT 系统以及可能的办公室，但是通常所有的自由现金流量都被导入存货中。

注意：没有什么能区分零售商的毛利润或净利润，因为这些都会随着零售商的不同而发生明显的变化（就像实际中的存货周转一样）。

如果将其财务报表的组成部分重新排列在同一个逻辑树中，很容易就能看出零售商的商业模式是如何运作的，在其他类型的渠道商业模式中已经使用过逻辑树。图表 19.2 显示了重点，集中在零售商特有的要素上。

有关所有指标的完整定义，请参见第 20 章，但是要想了解零售商商业模式的核心，需要回顾不同类型的零售商是如何在关键绩效领域表现的，如图表 19.2 的底部所示。

第一个就是空间生产率（见图表 19.3）。注意，并非所有的零售商都按照同样的店铺建筑面积来记录。大多数零售商在毛值的基础上按每平方英尺来记录销售收入——包括所有的平方英尺，其中包含店内储存和办公的空间。然而，许多零售商都按照销售（零售）空间来记录数据，销售（零售）空间一般占据总店铺空间的 60%~90%。

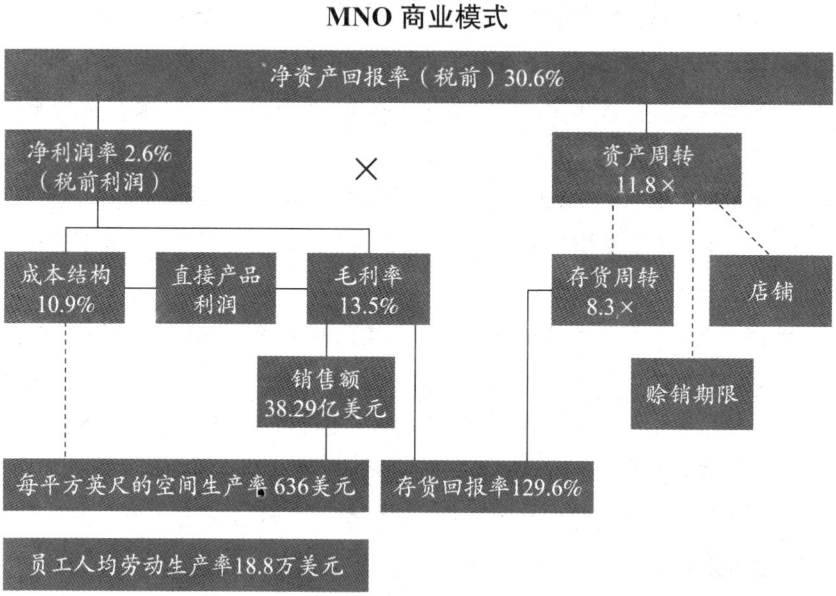

MNO 商业模式

净资产回报率（税前）30.6%
- 净利润率 2.6%（税前利润）
  - 成本结构 10.9%
  - 直接产品利润
  - 毛利率 13.5%
    - 销售额 38.29 亿美元
- × 资产周转 11.8×
  - 存货周转 8.3×
  - 店铺
  - 赊销期限

每平方英尺的空间生产率 636 美元
存货回报率 129.6%
员工人均劳动生产率 18.8 万美元

图表 19.2　MNO 商业模式

注意，平均店铺规模与每个店铺的销售额之间有明显的关联，珠宝店明显例外，蒂芙尼（Tiffany）超乎寻常的良好业绩与较高的产品单价和该类型零售商的总体情况大不相同。食品杂货店有能力使平方英尺销售额生产率达到大部分其他类型零售商的两倍，显示了在家庭平均支出方面的优势以及在销售规划和市场营销方面的提升。其他在这方面表现强劲的有电器店铺,因其经营的大额产品不需要太多空间而受益(比如,照相机、MP3 播放器、计算机,等等)。

图表 19.3　不同类型零售商的空间生产率指标

零售商类型	每平方英尺的销售额	基准	每个店铺的平均平方英尺	每个店铺的销售额
珠宝店	1 280 美元	总额	4 211	7 152 256 美元
食品杂货店和药店	623 美元	销售	22 607	11 528 783 美元
百货商店——大规模	467 美元	总额	132 743	61 675 931 美元
服装店和零配件商店	314 美元	总额	30 062	8 396 376 美元
百货商店——混合模式	240 美元	销售	99 403	23 984 611 美元
家居用品店	240 美元	总额	24 284	5 261 032 美元
书店	230 美元	总额	19 473	4 373 423 美元
体育用品店	180 美元	总额	49 923	9 284 224 美元
电器商店	174 美元	总额	28 213	22 454 050 美元

来源:www.Bizstats.com

　　第二个绩效领域是劳动生产率(或员工生产率),比起员工素质(尽管训练有素、知识丰富的员工确实很重要,如下所述),它与零售商的基本主张联系得更为紧密。零售商选择提供高质量或是低质量服务的店铺,与他们的能力相平衡,这些能力包括通过陈列的产品范围、选择和深度,以及不同的销售规划展示,以向消费者销售并推荐价格更高的产品。通常认为食品杂货行业的超市提供的是低质量服务,购物者在这里浏览货架上摆放的商品并在此基础上进行选择。员工的作用只限于为货架补充新品、为消费者指明某商品的方位。相比之下,百货商店往往提供高质量的服务,选用的员工与消费群定位相匹配("人们喜欢我们"),且训练有素,能建议消费者选择满足他们要求的产品。很显然,百货商店的模式将需要更多的员工,而且可能需要支付更高的薪酬,员工在商场内而不是在超市中提供服务。

图表 19.4 显示了对不同类型零售商的比较。注意，每个员工的最高销售额指标与零售商的类型有关，有的店铺大量投资，却承受着非常低的利润率——加油站和汽车经销商。为了克服这些壁垒，那些成功的加油站营业时间都比较长，客流量较大，而汽车经销商则从大额销售额中受益，每笔销售额都是几千美元。小规模的零售商，如五金店、杂货店、书店和服装店，都能保证高额的利润率（在30%~50%之间），弥补了员工人均低销售额的指标。

第三个绩效领域是存货回报，其中最常见的指标是毛利存货（投资）周转回报率，英文缩写为 GMROII 或 GMROI。在分销商部分已详细说明过，这也是一个关键指标，零售商使用它的原因基本相同——它可以被分为两个主要动力："周转""盈利"（见图表 19.5）。

对于零售商而言，健康的毛利存货周转回报率意味着，他们正在赚取相当好的利润，库存周转得也很快。表现不好的任何目录或产品都会被尽快分析以找出问题所在。

图表 19.4　不同类型零售商的员工人均销售额

零售商类型	员工人均销售额
汽车和配件经销商	375 440 美元
加油站	214 916 美元
电子和家电商店	198 704 美元
托儿所和园艺中心	198 428 美元
家用品中心	181 883 美元
家具和家居用品商店	148 476 美元
超市和其他杂货店（希望是便利的商店）	141 141 美元
综合商店	131 780 美元
健康和个人护理店	130 244 美元
体育用品、兴趣和乐器商店	114 100 美元
便利店	109 481 美元
服装和服装配饰商店	106 548 美元
图书、期刊和音乐用品商店	104 089 美元
杂货店零售商	103 733 美元
五金商店	98 710 美元

来源：www.Bizstats.com

图表 19.5　毛利存货周转回报率（GMROII）

毛利存货周转回报率（GMROII）
毛利存货周转回报率＝毛利润/库存＝毛利润/销售额×销售额/存货 "盈利"　　×"周转"

盈利与周转

零售商经常以"周转盈利"来描述其商业模式，也就是说要最大化利润（盈利）以及能获得该利润所需要的周转次数或存货周转的次数。所有的零售商都可以非常简单地被分成以下两种模式之一：高盈利与低周转；或低盈利与高周转。

当然也有零售商属于其他模式，但是相对较少，因为，如果他们属于高盈利与高周转型，市场力量就会削弱他们的优势；而如果他们是低盈利与低周转型，市场力量又会使他们失去生意。图表 19.6 是不同类型零售商的常见周转盈利特点示意图。

正如前面强调的，综合商店（包括食品杂货店）通过他们的购买力和专业性管理，努力创造出高周转盈利模式。在许多部门，很多零售商都设法获得高于平常的盈利或周转，但是，如果主要参与者找到办法从这两个重要方面超越竞争对手，那么整个行业将会经历优胜劣汰的洗牌。亚马逊利用在线生意提高了盈利，并调节出版商的库存以尽可能减少对库存的投资，得到了高额的回报。亚马逊的成功带来的冲击波席卷了整个图书零售业，并迫使竞争者加强店铺内的生意来应对；亚马逊的成功"打击"着实体零售店的"砖块"，而令人遗憾的是，在许多情况下导致了规模较小的独立零售商出局。在服装领域，贝纳通（Benetton）发展了一条供应链，能将颜色和款式方面的需求信息及时传达给工厂，并在一个季节中数次调整库存，这样它只会储存那些卖得好的产品。贝纳通因而得以避免以大幅折扣进行季末促销，而当某颜色或产品线销量大增时也能避免缺货，从而保持着高额的收入并维持着较高的销售率。

大多数零售商以一种自然"节奏"的存货周转率经营着，这主要取

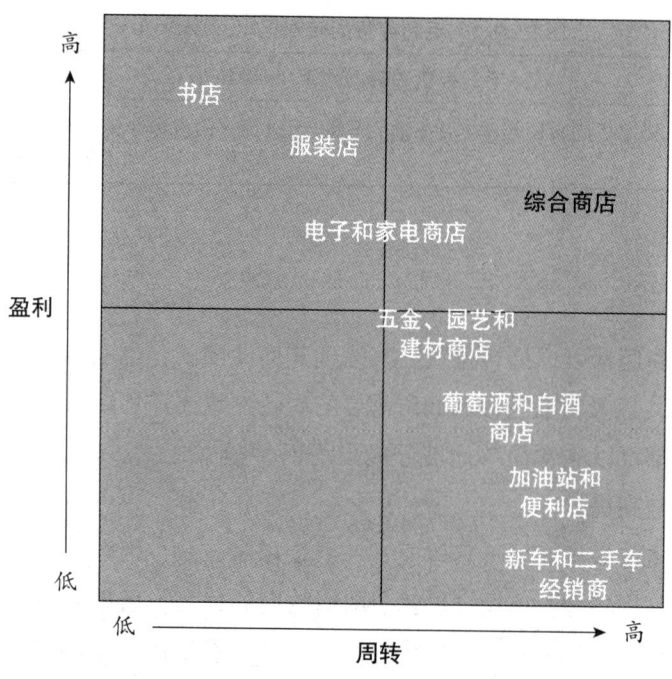

数据来源：www.Bizstats.com

图表 19.6　不同类型零售商的常见周转盈利特点示意图

决于其店铺规模和类型、订购和库存管理系统及流程，以及实际库存和处理流程。对于较大的店铺类型，这种节奏将随着主营类别变化而改变（比如，百货商店中的家具、服装和电器类产品）。这种节奏或自然周转率将会形成零售商想要存储和销售的产品的经济概貌。即使利润率很高，食品杂货店对那些周转率不及其他产品周转率一半的产品也不感兴趣。许多年来，这种观念常常导致高档、昂贵的食品远离以超市形式经营的食品杂货店。即使是利润率高达 80%，鹅肝酱、斯第尔顿奶酪或高价葡萄酒都无法弥补可能是个位数的周转率（当食品周转率平均数是二十五六次或以上时）。加上易腐烂的产品，腐坏和完全报废的风险更高。近年来，随着可支配收入的提高、消费群的不断变化、家庭饮食趋势和较好的包装，这些类型的产品得以更快地周转，于是，就连那些不常见的水果和蔬菜也进入了商超。

布局和货架陈列

许多零售商认为,产品需要赢得在店内货架上的地位。他们的店铺四周都是水泥墙,店内只有数量有限的货架可以摆放产品。而且,并不是所有货架都是一样的,所以,那些摆放在店内客流量最高部分(前面第三行,偏向右手边的位置)中最显眼的货架(正好与视线平行的位置)上的产品,需要证明它们值得被摆放于此,否则,零售商会将这些产品调整到次级货架上。各类产品摆放在店内何处以及每个产品摆放在货架上的方位图称为"货架陈列图"。对于拥有几百家店铺的零售商而言,他们可能拥有一个通用的货架陈列图(新鲜果蔬总是在门口附近,面包在店内的后面,等等),或者拥有针对不同类型和规模店铺的多个货架陈列图,以满足不同消费群的需求。自上而下的控制和指导水平将随着零售商的变化而有所不同,有些商店可以有一定程度的自主权,以适应当地消费群的需求,而其他商店都要被集中控制,甚至要将展示的照片和实际货架陈列图一起递交到总部。

零售商不得不根据经济效益来协调产品线范围和深度。例如,在食品杂货店,由于体积较大和占据空间的包装,卷筒卫生纸并不是一种理想的产品,然而没有任何零售商会将卫生纸下架。事实上,作为零售业中最经济完善的商业模式之一,科思科认为卫生纸是创造客流量的主要产品,当卫生纸就快用完时,很大一部分家庭客户会定期去科思科购买——下次当你去他们的一家商店时,看一看收银台前那些装载大包装卫生纸的手推车的比例就知道了。重要的是,要让该产品在其他方面为零售商服务,所以,卫生纸几乎总是被堆码在商店的后面,位于高利润产品线的末端,迫使消费者穿过整个商店并且两次经过这些潜在的盈利产品。

在任何店铺中,都有几个能够产生特别高销售量的区域,这是由于它们的可见度和经过它们的店内客流量比例造成的。这些区域通常是在收银台或自动取款机和等待线周围、"端架"或通道的末端,以及"特价商品陈列柜"——放置在商店前面的开阔区域以及入口和出口附近的箱柜或托盘中。对这些特殊位置可以以不同的方式使用，将公众注意力集中在：

- 当前促销的产品或由当前的广告宣传活动提供支持的产品。
- 快速消费品，既可以放在正常的分区位置，也可以放在高度受人关注的区域，要保证有足够的产品展示。
- 高利润的配件或令人心动的产品，能从吸引消费者的目光中获益。
- 对于打折清仓（"经营者临时降价"）的行尾产品，可以从分类区域中取出，为新产品线让出地方。
- 由供应商以总额折扣提供的特殊采购或交易，需要快速售出。
- 按逻辑组合配成一套的解决方案或产品组合，由展示板提供支持以说明其逻辑（劝说消费者不要购买单独的产品）。

这些高点位置往往是独立的，而且经常与周围的类别不相关。这与为了与客户的"决策树"一致并影响他们对产品的选择而布置的类别分区形成鲜明对比。客户的决策树是零售商理解如何展示的关键。举例来说，在护发产品的类别中，零售商是应该按照品牌、发质类型、产品类型、大小还是零售价将产品分类？在给出答案之前，先比较图表19.7显示的两个决策树，它们是详细研究和观察的结果。

注意它们之间的不同之处——挑选护发品时先从产品的类型开始，而在软饮料的类别中，许多零售商和品牌已经发现消费者更忠诚于形式（比如，罐装的）而不是品牌。如果进店内购买罐装产品，消费者宁愿换掉品牌，也不愿意拿瓶装的。

在护发品类别中，消费者希望看到的布局是：首先帮助他们找到这一类型的产品，和发质匹配，然后看看是否符合预算，最后选择想要的型号。精明的零售商会精心布置以支持这样的浏览和购买行为，将这类产品垂直摆放（有引导标示和货架标签），并使用与消费者视线平行的货架，以影响对品牌的选择，而且，将大号的产品摆放在货架的右手位置，以鼓励消费者购买这个品牌和型号的产品。这些可能会影响到决策，然而，当消费者想要购买护发素时，没有人能说服他们购买洗发液；当他们是正常

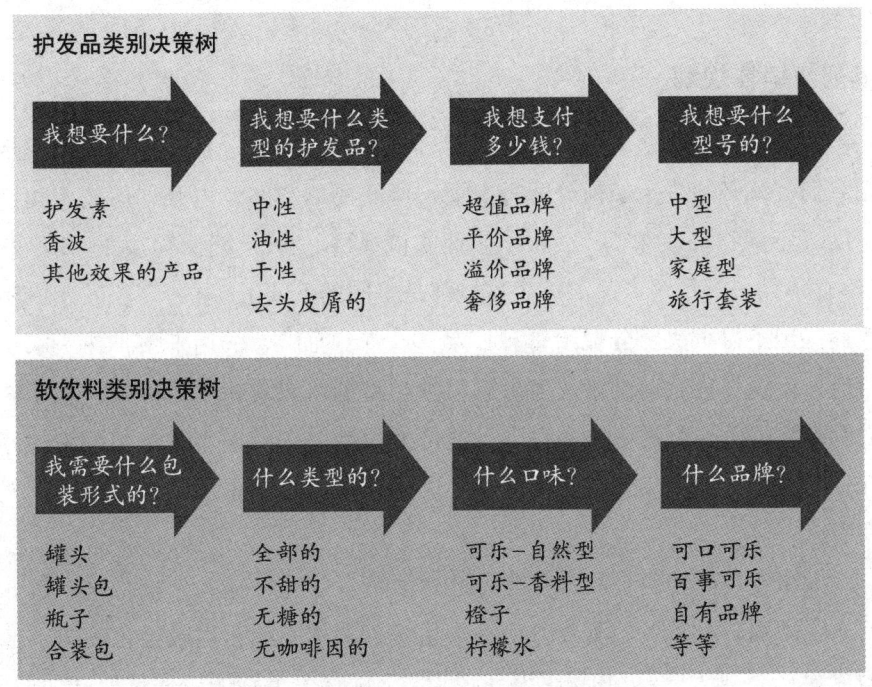

图表 19.7　有关护发品和软饮料类别的消费者决策树

发质时,没有人能说服他们购买干性头发的产品。捆绑式销售(洗发液和护发素)和促销(比如,买一送一)应该选择相匹配的产品或型号。

在软饮料类别中,零售商首先需要按照包装形式摆放这一类别的产品(比如,标准尺寸的瓶子、超大尺寸的瓶子、易拉罐、多种包装),然后,在每个形式类别中,开始时按照含糖量(咖啡因含量)细分,然后按风味细分,最后是按照品牌细分。他们可以针对某一特定的品牌提供特制的陈列柜或端架(如果得到了足够的补偿),摆放在类别附近或店内的其他地方(夏季也许摆放在烧烤区附近)。类别中的一些要素可以在多个地点重复,所以易拉罐和小螺旋盖的瓶子可以出现在午餐(零食)区域,也可以出现在与含酒精饮料混合的区域。例如,柯达过去常常希望在一家百货商店的 24 个不同位置摆放它的老式胶片产品。

排列与销售规划

　　一旦零售商决定了如何布置店铺、将各个类别放置在哪里以及如何规划它们，就必须决定如何分配每个类别所需要的空间，以及如何按照类别广度（不同物品）和深度（不同型号和规格）来分配所需要的 SKU 数（库存单元——每个产品的每个型号都是不同的 SKU）。在一些模式中，零售商甚至不得不决定分配给每种产品多少个"面"。举例来说，在一家杂货店，应该在货架前端摆放多少罐每种类型的水果罐头呢？你会发现，你看到的桃罐头比梨罐头要多得多，这是因为桃罐头的销售量是梨罐头的好几倍，所以零售商不想在货架摆放人员可以腾出时间重新摆满之前让货架空着。

　　大型零售商和主导品牌有能力进行消费者研究，这为他们带来了解如何布置类别时所需要的洞察力。一些品牌越来越专业，以致零售商要求他们成为"类别队长"，并将组织（"设置"）整个类别的责任移交给他们，包括对他们竞争对手的产品的组织。举例来说，凯洛格（Kellogg's）是公认的设置谷类食品类别方面的专家，它可以设置几百个 SKU（下次你去大的杂货店时，可以花几分钟浏览一下完全不同类型的谷类食物、调味品、包装型号，等等）。凯洛格将多年的研究和经验融入空间和位置分配算法中，能够为任何类型的零售商将谷类食物类别设置在任何规模的任何位置上。当然，零售商并不只是将货架交给一个主导品牌，而是还要从不同方面提出设置要求以得到改善：每平方英尺的销售额和利润、存货周转次数、促销产品的销售额比例，甚至是主要品牌的平均购物篮大小。而且，零售商希望看到一些只有该零售品牌才有的特殊规划和促销。

　　零售商需要将其分区销售规划和存货水平与重要季节以及主导品牌的广告和促销活动结合起来，以使店内的供应与需求一致。为了做到这一点，许多零售商都将促销计划日程表提前达 9 个月，他们想知道供应商将引入什么新产品、采取什么新促销活动，以及他们将投入多少营销资金和市场规划资金。有些产品类别季节性很强（园林产品），有些产品类别需要与时俱进（衣服）和技术突破（电器、计算机、照相机），还有一些类别的产品由事件驱动，或者甚至是天气驱动的。多年来，可口可乐公司在食品杂货店的软饮料销售中都占据着领先地位，因为在夏天气温急剧上升时，它能够凭借在当地的瓶装物流保证一天几次补充货源。不同的商店模式需要不同销售点的特点的组合。专业用品商店可以采用综合性的"装饰"，以与广告和营销活动一致，并且增强关注度和偏好。那些没有空间来大范围张贴海报和放置展示材料的店铺，可以在当地社区发放宣传单或将宣传单寄到他们的信箱，而且，门口可以站着迎接消费者的店员，或提供店内产品宣传和试用支持。一般来说，所有这些要么是由那些进行产品促销的供应商提供，要么是由他们来支付费用，此外，供应商还要为零售商提供的特权而支付费用。

在做店铺销售规划过程中，消费者定期光顾的零售店（比如，食品杂货店或百货商场）与那些消费者偶尔光临的零售店（比如，专业用品商店）之间有着显著的区别。高客流量的商店面临的挑战是如何刺激兴趣和需求，引起消费者对当前促销和规划要点的关注，从而增加平均的购物量、提高利润。消费者不喜欢大幅度的重新设置，重新设置会使得他们不得不重新熟悉店内的布局，所以端架和码堆处的定期循环变得至关重要。然而，最近，那些含有"行动呼吁"的通用邮件和广告，如"烤肉原料和调味酱仅在本周末特价优惠"，已经被淘汰了，取而代之的是印刷在现金收据和寄给有会员卡消费者的直投信函上的优惠券。销售点（POS）数据捕捉越来越精细了，使零售商能将他们的报价目标锁定在那些最有可能做出反应的消费者。因此，对无麸质的蛋糕和饼干的报价可能仅针对那些已经买过无麸质面包的消费者，而对大包装宠物食品的促销可以针对宠物主进行。这些营销技巧可以帮助零售商应对最大的挑战——使消费者再次光顾。事实上，零售商想要消费者很快再回来而且经常光顾，基于追踪客户行为的精准营销策略非常有效。这些技巧不仅适用于大型零售商店的快速消费品，而且当应用于其他类型的零售商的其他消费品——包括专业用品商店的专业用品在内——时，会同样有效。举例来说，数码相机将有可能引发其他购买需求，如存储卡、数据线、三脚架、额外镜头，接下来是照片打印机，而照片打印机将需要墨盒、相纸、纸匣，然后需要一个外置硬盘驱动器来存储所有照过的照片，等等。通过仔细策划定价和促销——与客户的原始购买需求相关，零售商可以驱动这些购买活动，并确保是在同一家商店进行（消费者可能想到从购买数码相机的那家商店再购买硬盘）。

随着掌握了以客户为基础的数据，零售商逐渐意识到消费者并不都是一样的。许多零售商的消费者利润率表明，通常前20%的消费者为零售商带来50%的利润（而实际上对于后20%的消费者，零售商还需要贴补交易的费用）。最近，当发布产品并邀请消费者进入商店时，零售商对此仍束手无策。然而，凭借有针对性的宣传和优惠、会员卡以及进一步完善的技术，零售商能有效地为那些带来最大价值的消费者提供有区别的服务水平、定价和特别优惠。而且在此过程中，如果偶尔赶走了使他们盈利最少或亏损的消费者，零售商也不会太过失望。更有可能的是，他们会改变这些消费者的购买行为来获利。消费者是非常聪明的学习者，如他们只在促销期间去地毯商店购物，因为这时候常常会有更大的折扣。

零售商需要尽快学会调整他们的商业模式，那些将货物"堆得很高、卖得很便宜"的零售商会被现代零售业竞争激烈的环境所淘汰。

第 20 章　重要指标及其运用

销售额（或营业额或收入）

在零售业，每个人都关注销售额。决策者们希望每天上午 10 点或更早些时候在办公桌上看到昨天的营业额报告，这些营业额很可能按照地区、店铺类型分类，也可能按照店铺营业时间、上次整修后的时间长短，以及与上年同日的比较来分类。而管理链中的其他人会仔细核查他们那部分业务的销售额。报告可能还包括周累计、月累计或年累计的销售额，同样也会和上年同期相比较。

来看两家零售商——妈妈商店（Mums' Store）和爸爸商店（Dads' Store），并看看他们一年来取得的销售额（见图表 20.1）。

用简单的销售术语来表达的标题是：爸爸商店 20% 的销售增长率超过了妈妈商店的 12%。但是这隐藏了两家零售商所采取的战略之间一些有趣的区别：

- 平均店铺规模——妈妈商店显然采取的是大规模店铺形式，平均店铺销售面积超过了 35 000 平方英尺，而爸爸商店仅为约 11 000 平方英尺，但是妈妈商店的新店铺比一般的要小，导致其当年年末的店铺规模下降到了上一年的 96%。而爸爸商店正在开设更大的店铺，平均店铺规模增加了3%（见图表20.2）。

- **店铺扩张**——妈妈商店放慢了开店速度，店铺增长率从上一年的10%降到了今年的9%；而爸爸商店正在以稳定的12%的增长率增加着新店组合。

图表20.1　妈妈商店和爸爸商店绩效指标总结

	妈妈商店	与上一年相比的变化	爸爸商店	与上一年相比的变化
上年度销售额	4 095 879 美元		1 007 314 美元	
本年度销售额	4 575 682 美元	112%	12 05 128 美元	120%
开业1年或1年以上的店铺在上年度的销售额	3 891 085 美元		926 729 美元	
开业1年或1年以上的店铺在本年度的销售额	4 209 627 美元	108%	1 084 616 美元	117%
上年度年初店铺开业的数量	250		300	
本年度年初店铺开业的数量	275	110%	335	112%
本年度年末店铺开业的数量	300	109%	375	112%
上年度每个店铺的销售额（平均数）	15 603 348 美元		3 172 643 美元	
本年度每个店铺的销售额（平均数）	15 915 415 美元	102%	3 394 728 美元	107%
上年度年初销售空间（千平方英尺）	9 950		3200	
本年度年初销售空间（千平方英尺）	10 250	103%	3 750	117%
本年度年末销售空间（千平方英尺）	11 000	107%	4 250	113%
上年度每平方英尺的销售额（平均数）	406 美元		290 美元	
本年度每平方英尺的销售额（平均数）	431 美元	106%	301 美元	104%
上年度平均店铺规模	38 476 平方英尺		10 945 平方英尺	
本年度平均店铺规模	36 957 平方英尺	96%	11 268 平方英尺	103%

图表20.2　平均店铺规模

平均店铺规模
平均店铺规模＝平均销售空间/平均店铺数

- **店铺平均销售额（或店铺生产率）**——爸爸商店显然做得不错，增长率为7%，超过了平均店铺规模3%的增长率（见图表20.3）。实际上，妈妈商店做得更好，尽管因为它将店铺生产率提高了2%，但平均店铺规模减少了4%。这也体现在其店铺规模增加了9%，而销售空间仅增加了7%的事实上。相比之下，爸爸商店增加了13%的销售空间，几乎与其12%的店铺增加速度相当。

图表20.3　店铺平均销售额

店铺平均销售额
店铺平均销售额＝销售额/平均店铺数

- **每平方英尺的销售额（或销售空间生产率）**——这就是妈妈商店设法提高上述店铺平均销售额谜底之所在，与爸爸商店的4%相比，妈妈商店的销售生产率增加了6%（如图表20.4）。从与上年同期相比的增长来看，这是相当令人印象深刻的，尤其是考虑到其采取的是大规模店铺形式。

图表20.4　每平方英尺的销售额

每平方英尺的销售额
每平方英尺的销售额＝销售额/平均销售空间（平方英尺）

- **同店销售额（或可比店铺销售额或同比销售额）**——这针对的是已开业一年或一年以上的店铺。因为新店需要花费一定时间才能达到最高生产率，分析员经常用这一指标过滤由店铺快速扩张引起的畸变影响。有时候被简称为"Comps"（可比店铺销售额），可以看到，爸爸商店在经营已有店铺方面做得很好，销售收入惊人地增加了17%。妈妈商店做得也可以，获得了8%的"Comps"。

所以，总而言之，妈妈商店增加了9%的店铺组合，但是，由于开设的店铺较小，它只增加了7%的销售空间。新店略微拉低了销售生产率，仅提高6%，而已有店铺销售生产率则提高了8%。通过采取稳健的、以小店铺为重点的扩张计划，妈妈商店的总体销售额增加了12%。

爸爸商店进行了更为雄心勃勃的扩张计划，使店铺组合增加了12%（其中一些店铺略微超过了平均水平，销售空间增加了13%），而店铺平均销售额增加了7%。很显然，新店成为了一个比较大的拉低因素，绩效远低于高出17%的同类店销售额。但更多的店铺和更高的店铺平均销售额的结合，使销售额增加了20%。由于这些新店已开始加快发展，它们将在未来会有力地推动销售额的增加。

除了这些指标外，拥有大量店铺的大型零售商还会掌握店铺密度情况，表达式为店铺数量/每千人。举例来说，在一个人口为5 500万的市场中，拥有1 050家店铺的零售商店铺密度为每52 000人拥有1家店铺（=5 500万/1 050）。当这一指标应用于小市场时，有助于确定应该在哪里开更多的店铺。例如，一些城市中的密度可能是每25 000人拥有1家店铺，而其他城市的密度可能是每20万人拥有1家店铺，这表明可以在一家店铺覆盖的人口数量较多的城市增设新店，消费群分布不具吸引力的情况除外。特许经营体系经常使用这一指标指导店铺拓展，并向特许经营人保证新的店铺不会危及当前生意，消除其疑虑。在成熟市场中，一些快餐店已经实现了每1万人拥有1家店铺（或餐馆）的低密度。百货商店可能会担心，如果密度低于每10万人拥有1家店铺，市场将趋于饱和。饱和状态是由店铺规模、预期的访问率确定的。规模较大的店铺需要较低的密度，而高访问率又会带来高密度。

从某种程度而言，几乎所有的零售商都是季节性的，特别是因为零售商利用季节来进行促销，而且适时地更新店铺的销售规划，以调动消费者再次光顾并鼓励其增加支出。具有代表性的零售季节包括圣诞节/节假日（12月）、返校（9月）、假期（7月/在北半球为8月），以及清仓降价销售时的人为季节，通常为一年两次（1月、8月）。图表20.5中表明了不同类型零售商的季节性程度，按照第四季度中销售额最高（季节性最强的）从上到下排列。

在这个表格中可能会看到令人意外的地方，其中，珠宝零售商在包括圣诞节/节假日的这个季度中的销售额占39%，而建材和汽车经销商的季节性程度最低，在这个季度实现23%的销售额。跨季度的季节性销售变形意味着，通过与上一年同一季度、同一月份、同一星期的销售额比较，可以评估零售商的表现。甚至有些零售商会强调圣诞节是在一年里某一周的某一天到来，因为圣诞节在周六可能意味着与上一年相比这一年多出了1或2个销售日。

利润率

对于采取周转盈利模式的零售商来说，利润率指的是其中的"盈利"，同样还有几个用于零售商的专业利润率术语以及"成本加价率"概念。虽然这些是完全不同的指标，但有时候人们会将"成本加价率"与利润率交替使用。这里从毛利率与成本加价率之间的区别开始介绍（比如，图表20.6）。

举例来说，以80美元的价格从供应商处购买到一件衣服，然后以160美元的价格卖给消费者，成本加价率是100%，实现了50%的毛利率。所以，要阐明你看重的是毛利率还是成本加价率，这非常重要。

许多行业中的零售商都提前数月作出购买决策，然后才会购货进店并销售给消费者。当供应商告知他们的新产品范围、与零售商洽谈数量和价格，并保证最小订货量承诺、填充率（承诺的货量运送到店内的比率）以及价格折扣的数量拐点时，要作出决策。在谈判的过程中，零售商和供应商都会考虑消费者将支付的预期场外价格。场外价格最终是由零售商自己决定的，但是供应商会使成本与预期场外价和零售商的毛利率保持稳定。在大多数情况下，供应商可以向零售商推荐一个价格。在一些产品类别中（比如，电器产品），供应商会确定某一价格点，并提供参考价格。当与供应商的交易达成时，零售商已经确定了它的购买利润率。当产品到达商店的时候，许多事情可能都改变了：

渠道分销 —— DISTRIBUTION CHANNELS

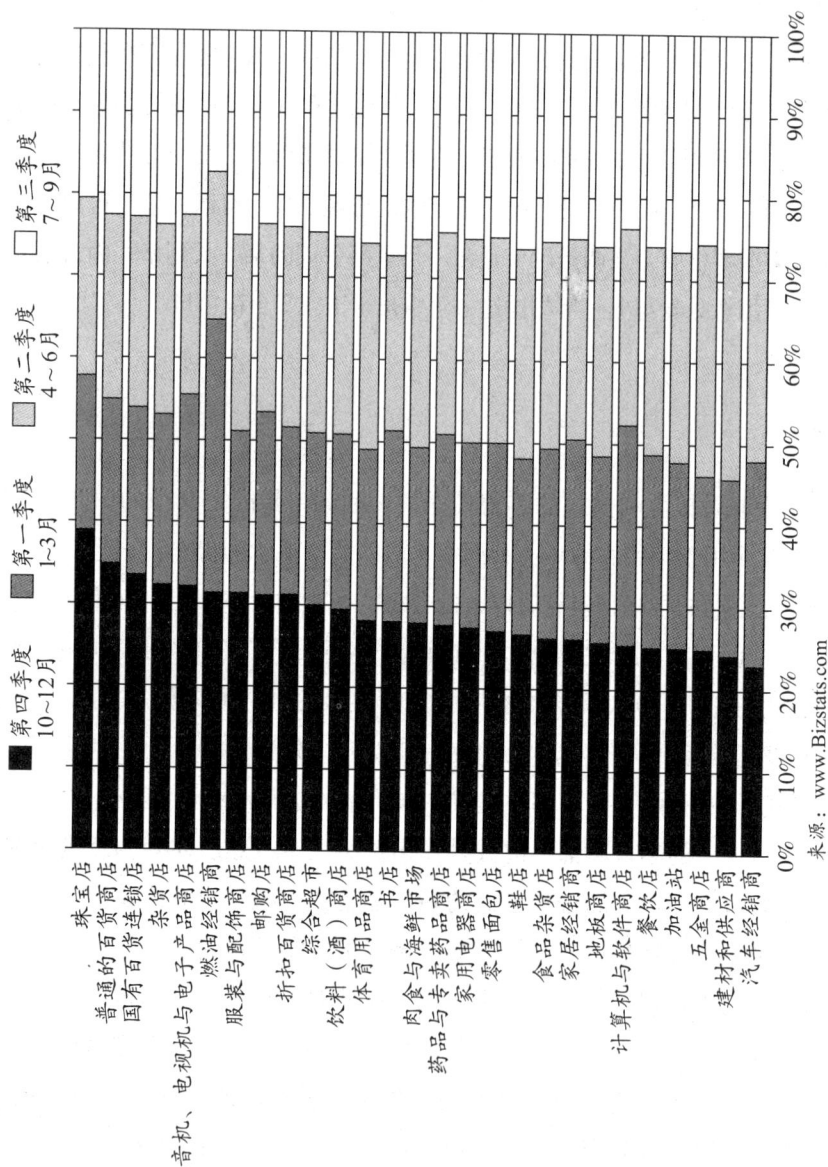

图表20.5 零售商季节性差异

来源：www.Bizstats.com

图表 20.6　毛利润率（%）和成本加价率（%）

毛利润率（%）
毛利润率（%）=（销售额－销售成本）/销售额 × 100%

成本加价率（%）
成本加价率（%）=（销售额－销售成本）/销售成本 × 100%

- 竞争零售商可能将该产品定为"亏本出售产品"，或"低价出售产品"。
- 更好或更受欢迎的产品可能压低市场愿意为该产品支付的价格。
- 该产品可能卖得不好，需要零售商降低场外价格将其清仓。
- 该产品可能进入供不应求的状态，零售商可以涨价出售，以充分利用自己良好的库存。

这些和许多其他可能因素作用的结果可能是：当出售该产品后，零售商获得的毛利率很可能不同于购买利润率。实际利润率被称作"已实现利润率"。注意，在这两个利润率中，分子和分母是不同的（见图表20.7）。

举例来说，一家零售商同意以 99 美元的预期零售价推出一种新产品。零售商以 80 美元的价格从供应商处购进，待产品进店后，零售商设法以低于预期零售价 1% 的价格售出。来看看这对零售商的商业模式会有什么影响。首先，确定已实现的实际场外价，它是 98.01 美元（是期望零售价 99 美元减去 1%）。因此：

图表 20.7　购买利润率（%）和已实现利润率（%）

购买利润率（%）
购买利润率（%）=（预期零售价格－供应商成本）/预期零售价格 × 100%

已实现利润率（%）
已实现利润率（%）=（实际收到的价格－供应商成本）/实际收到的价格 × 100%

- 购买利润率 = 19.19%　[（99－80）/99 × 100%]

- 已实现的利润率 = 18.37% [（98.01 - 80）/98.01 × 100%]
- 利润率损失是 4.27% [（19.19 - 18.37）/19.19 × 100%]

所以，通过降低1%的场外价，零售商的毛利率下降了4.27%。降低对利润率的这种杠杆式影响是大型零售连锁店店铺经理几乎无权随意降价或给予消费者特殊折扣的一个原因。他们已经从痛苦的经历中吸取了教训，很清楚控制价格是控制利润率的关键。

那么，零售商应该怎么样来维持并提升利润率呢？毛利率直接受到那些和零售商核心主张相关的关键战略决策的影响，也受到在竞争激烈的市场环境下采取以天为基础来有效竞争的战略决策的影响。图表20.8中列出了零售商管理利润率时可以采用的主要杠杆或决策。

零售商规模越大、实力越强，这些决策就越能推动与供应商的合作并得到供应商的支持。举例来说，拥有许多店铺的大型电器零售商可以采用专营模式甚至是支配全部的品牌，使消费者无法利用零售商竞争之间的低价承诺。英国迪克森商店集团曾在一段时间内独家经销惠普公司的康柏品牌；而索尼、松下、伊莱克斯等则为他们的主要零售商提供定制的型号。

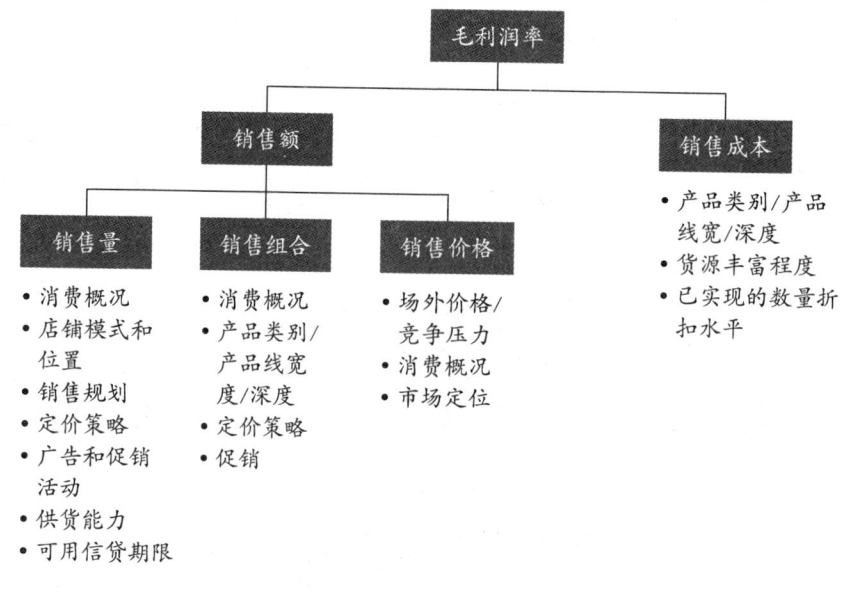

图表20.8　零售商盈利杠杆——毛利润率

当零售商希望供应商进行特色促销,且只将客流吸引到他们的店内时,相同的杠杆也可以应用于营销之中。这些活动的设计和实施费用很昂贵,仅适用于供应商针对其战略零售客户进行,因为需要足够的销售量来摊销成本。

小型零售商无法指望从供应商处订制任何营销支持。他们从供应商得到的支持完全以提升供应商在任何一家零售商店内的品牌为重点。例如,存放冰淇淋的冰箱或存放冷饮的冰箱,都将通过品牌的宣传来大力推销。(然而,对于零售商来说,节约成本是值得的,而且会提高净利润率。)

正如在第 19 章中强调的,零售商需要确保营业额和利润率足以支付其相对较高的固定成本并赢得较高的净利润。同时还有其他的因素,可设法用来提高净利润率(见图表 20.9)。

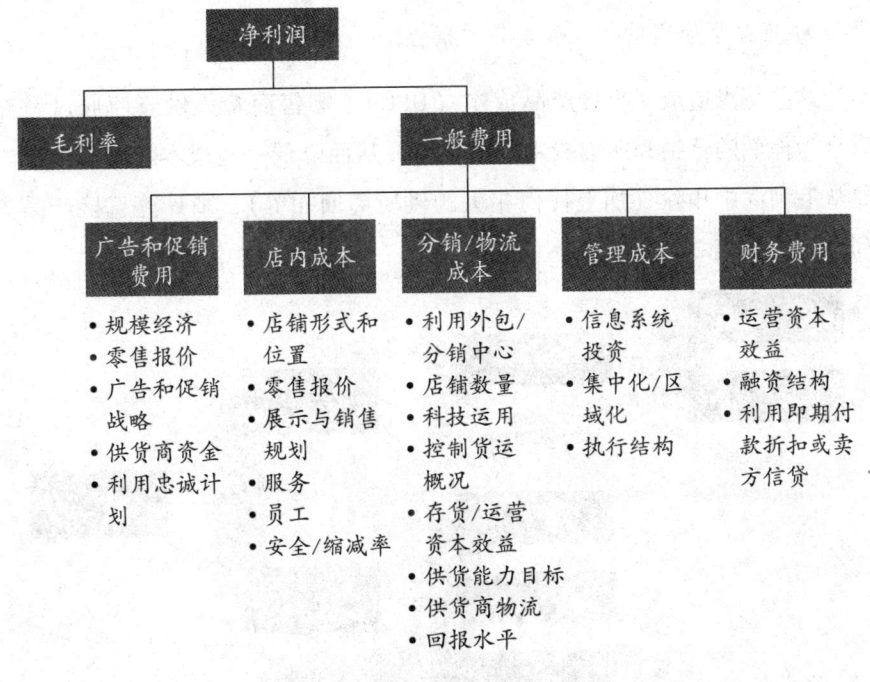

图表 20.9 零售商盈利杠杆——净利润

这些成本要素的很多部分都需要花时间改变,因为它们反映了重要的投资承诺,而且,一旦承诺,就需要在几年内进行调节,以实现预期回报。为此,注重整修店铺和更新店面形象的大型零售商,会在市场的不同区域经营一家或多家试点店铺,以降低造成重大损失的试错风险,否则可能需要花很长一段时间和(或)大量的金钱来纠正。

直接产品成本(DPC)与直接产品盈利性(DPP)

规模较大且经验丰富的零售商意识到,两个具有相同毛利率的产品对净利润的贡献可能有所不同,其中的原因有很多:

- 物理特点,如尺寸、重量和易碎性。
- 存货周转比率。
- 被盗或缩减风险。
- 产品供应商的物流和发货准确性。

这些特点造成了直接产品成本(DPC)。零售商希望供应商通过补充资金为他们的营销和店铺费用提供支持,从而降低一些成本。净直接成本要从毛利润中扣除(加上任何相关的供应商回扣等),来计算直接产品盈利性(见图表20.10)。

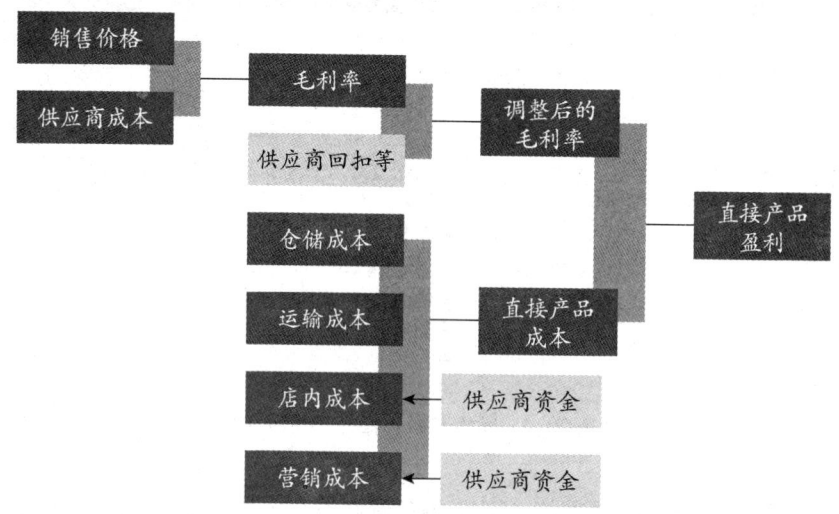

图表20.10 直接产品盈利性(DPP)的组成要素

举一个例子来说明它在实践中是如何运作的。图表20.11所显示的是一家电脑商店中的部分产品组合。从这个例子中你可以看到，两个产生类似平均毛利率的产品带来了差别很大的直接产品盈利率，这主要是因为它们的物理特性不同。对于数码相机等体积小、价值高的产品，零售商可能会竖着摆放，也许包括二三十个型号，只占三四平方英尺的货架空间，可以产生非常高的空间回报率。同样地，当它们经过供应链或进入仓库时也只占很小的空间。或许它们唯一的缺点是需要安全存放，以防被盗，因为它们很有吸引力，而且很容易被不法之徒偷走，这将增加一些成本。当你将其直接产品盈利性与毛利率进行比较时，也要注意个人电脑（PC）和笔记本电脑的交易地方，因为笔记本电脑占据空间较小、重量也轻，而且一般使用笔记本电脑的消费者都知道自己需要什么，所以不需要在店内给予太多关注。那又怎样呢？你发现哪一种产品在零售商的货架上摆放了很多型号呢？是毛利率比较高，还是直接产品盈利率比较高呢？下次到电脑商店看一看吧——你可能会很肯定地说，所展示的笔记本电脑几乎是个人电脑的两倍！

图表20.11 DPC（直接产品成本）和DPP（直接产品盈利率）的说明性比较

产品	毛利率	DPC（直接产品成本）			DPP（直接产品盈利率）
		仓储成本	运输成本	店内成本	
个人电脑（PC）	一般	高（体积大的）	高（重的）	高（大覆盖区，需要建议）	低
打印机	一般	高（体积大的）	高（重的）	一般（大覆盖区、注意产品样品）	低
耗材	一般	低（体积小）	非常低（体积小/重量轻）	非常低（小覆盖区）	高
笔记本电脑	低	一般（体积小但易损坏）	一般	低（小覆盖区）	一般
数码相机	一般	低（体积小）	低（体积小/重量轻）	非常低（小覆盖区）	高

在店内和产品类别中，使用直接产品盈利率方法的零售商调整着产品线和产品的平衡，从而通过运用图表20.12中的分析使商业模式更加完善。零售商必须保证产品类别的完整性（比如，一家电脑商店必须有合理数量的个人电脑），所以不会完全根据直接产品盈利率和销量概况来进行产品分类与销售规划决策。它当然会向供应商施加压力，讨论失败原因，并调整在不同象限中显示的营销计划和促销活动。

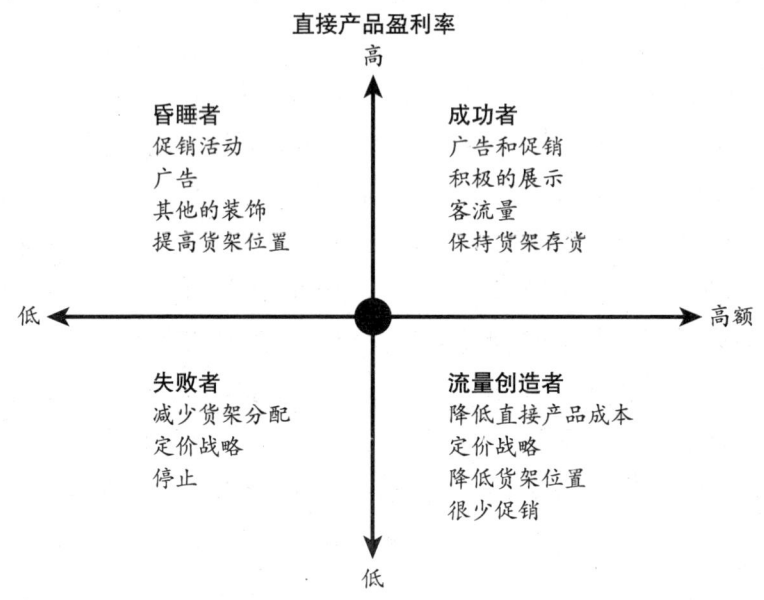

图表20.12　直接产品盈利率在产品环节或类别中的应用

除了产品特性外，一些零售商还将供货商负荷应用到直接产品盈利率中，以反映与该供货商交易的成本。举例来说，大打广告、吸引消费者到任意店铺来购买产品的主导品牌，所承载的负荷（比如，较高的直接产品盈利率）比依赖零售商宣传的小品牌更高。其他可以计算入负荷的因素包括供应链表现、允许的信贷天数，当然还包括供货商为了将产品摆放在特殊展示区、进行促销而支付的补偿等。

周转率与生产率

对于采取周转盈利模式的零售商来说，存货周转率指的是其中的"周转"，而且，零售商还有其他几种方式来衡量产品推动商业模式中这一关键部分的速度，这与他们最稀缺的资源（除了现金！）——空间——有关。

从零售商周转存货速度的基本指标——存货周转天数和存货周转率——开始了解吧。存货流转一次占用的时间被称为存货天数或存货周转天数（DIO），计算方式如图表 20.13 所示。

注意，当计算存货周转天数时，会使用销售成本（销售额会包括产品利润，因此会扭曲计算）。对于在第 19 章中谈到的实例零售商 MNO 而言，其存货天数是 44 天（=39.9 万美元的存货/331.1 万美元的销售成本×365 天）。

图表 20.13　存货周转天数（DIO）

存货周转天数（DIO）
存货周转天数 = 存货/销售成本×365

大多数零售商往往会使用存货周转率，其计算方式如图表 20.14 所示。在第 19 章中提到的实例零售商 MNO 的存货周转率为 8.3（365 天/44 天）。

图表 20.14　存货周转率

存货周转率
存货周转率 = 365 天/存货周转天数

零售商可以从各个层面衡量其存货周转率或存货周转天数——从所有店铺的整体存货，向下延伸到店铺或产品类别、产品线或供货商，再到单个的 SKU。这就意味着，可以查出拖累该类产品或店铺中产品组合业绩的周转较慢的产品。

这两个指标的缺点在于，它们反映不出有关产品的价格或盈利能力。所以，零售商需要使用其他方法来评价哪些产品值得上架——每平方英尺的销售额（请参见"销售额"）和每平方英尺的利润（见图表 20.15）。只要零售商按照低水平的间隔尺度测量它的空间分配，这些指标也可以用于每个层面，从零售商全部的销售额到单个的 SKU。

零售商知道，不同的产品类别将带来不同的生产率概况，其中一些产品类别能产生较高的平方英尺销售额，因为它们的价格高，不过由于相对较低的存货周转率，可能会导致每平方英尺的利润一般；而其他产品的这3个指标可能都很好。零售商的技巧主要在于了解产品线和产品类别之间的关系，而不只是简单地"按编号"管理产品目录。举例来说，摄影器材零售商可能会发现主导品牌的照相机周转得很快，但是在价格上的竞争可能意味着每平方英尺的利润令人沮丧。然而，通过储备相当完善的一整套主导品牌，零售商正在验证其客户主张是否有效、是否能吸引大批消费者在商店驻足停留。每部照相机的销售额代表了交叉销售一系列镜片、配件和耗材的机会，从而在每平方英尺上创造出良好的利润的机会。

图表 20.15　每平方英尺的销售额和利润

每平方英尺的销售额
每平方英尺的销售额 = 销售额/平均销售空间（平方英尺）

每平方英尺的利润
每平方英尺的利润 = 毛利润或直接产品盈利/平均销售空间（平方英尺）

为了提高周转率和生产率指标，零售商能做些什么呢？这里有许多可供选择的战术策略，包括以客户为中心的方案：

- 销售规划：更好的展示和陈列，简化消费者的选择和购物过程。琳琅满目的展示和品种繁多的产品会使消费者感到困惑……而困惑的消费者并不是买家。
- 广告：增强对具体产品的需求和兴趣。
- 促销：刺激消费者购买及购买更多的产品。
- 店内销售支持：鼓励试用和购买。

此外，还有以供应链或供应商为中心的方案：

- 自动补充方案：保证算法驱动式系统（确保对替代单一产品的订

购）的实时性，使其规模大小合适，从而尽可能维持最小存货与缺货之间的平衡。

- 存货循环：确保先卖出存库时间最长的产品。
- 委托销售：零售商延迟从供应商购买产品，一直到卖出为止，使供应商有效地承担存货成本。
- 供应商的销售或返还条款（这在图书交易中很常见）。
- 供货商管理存货：对于复杂的产品类别，主要的供应商可能最清楚范围深度和广度与存货数量之间的平衡，从而优化生产效率。
- 控制SKU的数量：以免销售额分摊到太多的产品上，导致每个产品都失去了销售速率。
- 频繁交货：减少零售商需要的存货水平，并将缺货的风险或周期降到最低。

为了提高绩效，零售商可以将其中的几个方案结合起来。

在本章中，重点叙述了零售商所使用的指标。然而，从许多方面来说，大型零售商的"商业模式"是一种"产品商业"，而且就这点而言，包含了与经销商的很多类似之处。你会发现第二部分有关经销商方面的内容有许多与核心商业模式相关的见解，这些会加深你对零售商为了优化经营业绩而进行权衡的理解。此外，零售商的业务越专业，其商业模式就越类似于第三部分谈到的高端服务模式。

第21章　如何向零售商销售

向零售商销售的含义

当与零售商打交道的时候，有时很难想起他们并不是消费者！他们只是通向消费者的一个渠道而已，所以，当向零售商"销售"时，你销售的是一种商业关系，这种关系为供应商和零售商的商业模式创造着经济价值。许多供应商发现在交易时难以与零售商，尤其是大的连锁店合作，而且感觉到受制于零售商控制他们接触消费者的途径的力量。在更分散的零售渠道中，这很难成为一个挑战，而且，本章将证明供应商有一些有效的方式，甚至可以和最大的零售连锁店合作，集中向消费者传递价值，来建立供应商和零售商的经济价值。卷入打击零售商的"零和式"交易游戏的供应商，最终将失去市场准入或收益率，而且有时候会两者皆失。

在深入讨论与零售商合作的细节前，你可能会发现重新回顾17.3章节中叙述的渠道价值主张的关键因素很有用（终层参与者对供货商有什么期待），尤其是增长、利润和生产率的框架。这个框架对于零售商同样有效，将列出有用的考虑因素。

销售流程

在任何形式的销售中，都要比竞争对手更好地了解对方，而且，在与零售商打交道时，深入了解他们不断变化的行业至关重要。这就意味着，需要了解零售业的主要趋势和影响力量，以及影响个体零售主张和商业模式成功的消费趋势。零售商正面临着前所未有的挑战，而且（尽管他们很少会承认）在应对这些挑战时，他们需要供应商与他们同舟共济。他们再也无法阻止供应商进入。在这一部分中，将通过供应商与零售商的关联、对供应商开放的机会，讲述形成零售业蓝图的一般力量。你需要确认这些力量中的哪一些与你想发展来开拓市场的零售商有关，以及他们为你创造的具体机会。顶尖零售商的高级管理层都承认需要新层次的供应商合作关系，而且他们正在寻求某些供应商，这些供应商能在标准的"买卖"关系基础上提高竞争能力。本章将展现"供应商—零售商"关系得以发展的各种水平，但是首先你需要了解零售商所面临的潜在挑战。

零售商所面临的挑战及其与零售商的关联

这取决于你在零售渠道中与谁打交道，但几乎每个零售商都正在经历消费者期望、消费模式、态度和行为方面重大而普遍的变化。伴随着更加普遍的市场趋势和经济驱动力：

- 全球化和增长至上。
- 消费者体验的变化。
- 从产品转移到服务。
- 逐渐发展的零售报价。

全球化和增长至上

直到最近，由于不同国家消费者购物习惯的差异巨大，而难以在世界各国实施已得到验证的模式，零售业还在抵制"全球化"的压力。然而，成功的零售商正在通过国际扩张来寻求发展。这些例子包括：沃尔玛进入欧洲、拉丁美洲和亚洲；史泰博和欧迪办公向海外扩张；乐购在东欧和亚洲扩张；而家乐福则巩固着在拉丁美洲和远东的地位。在许多情况下，判定这些行动是否成功还为时尚早，但是他们对当地市场的影响是不可忽视的。国际机构出现——或即将出现——在当地市场，为当地市场带来了很大改变，包括当地机构的合并、联盟的形成以及国内零售商尝试国际化运作。这些压力凸显了较分散机构的一些局限性，而他们在努力实现着品牌的一致性。

对于非常成功的零售商来说，国内市场现在已经饱和，很难满足他们持续发展的需要。鼓励在新领域中扩张和兼并的争论包括：

- 股东压力——通过在采购、物流和其他成本方面的规模经济，增加收入和提高效益。
- 现有资源——零售商的现金很充足，而且过去一直享有相对有利的股票估价。
- 可复制的模式——现在，主导零售商非常自信地认为他们的商业模式和方法在不同区域也能够成功。
- 全球前景——全球化使得领先的商业巨头更加依赖全球性业务，而不是当地的增效作用和能力，包括全球采购、促销和供应商定价。
- 智能技术——现在安装和维护全球信息技术管理系统变得更容易了。
- 供应商动态——提供日常消费品是国际性的业务。地区性和全球性管理的零售商与供应商的关系正成为零售环境成熟的特征。

对于那些可能获得成功的零售商来说，全球化是个好消息。除了满足亟需发展的要求之外，还能增强他们在与供应商谈判中的地位。同时，它也是许多著名零售品牌失败或者经过很多年才得以成功的原因。甚至连实力雄厚的沃尔玛，经营10多年后，也一直在努力按照美国标准完成在德国和英国的兼并。

全球化和增长至上对于供应商意味着什么

全球化使主导零售商的实力变得更为强大，而对于供应商来说，想要形成独特的优势，就需要提前采取行动。通过了解知识与经验积累，供应商们可以知道，当地市场是值得联盟的，可以帮助其扩大零售业务（有助于降低未能适应当地市场条件、难以实现预期的风险）。供应商必须准备根据情况和全国性、地区性或全球性的零售商合作。预见并处理好与自己的驻地机构及成熟的本地零售商之间的冲突变得越来越重要了——很难说服当地企业投入更多的时间和资源，来服务按照当地条件对你来说是第2大客户但可能是他们的第27位大客户的机构；而且，如果当地的最大客户是一个国内机构且认为你希望其帮助的国际性新参与者会带来威胁时，挑战就更大。为了反映新的零售商关系，需要重新检讨机构的角色和责任。特别是，零售商想要展现给世界始终如一的面孔。他们指望供应商给予一致的服务、质量和支持。如果实现了这些标准，通过进入以前从未涉足的市场，双方都将得到回报。

消费者体验的变化

目前，消费者在产品和送货渠道方面比以前拥有更大的选择权。他们能在更好地了解信息后作出购买的决定，而且他们很容易通过传统的或新的媒体获得有关产品和服务的高质量信息——尤其是在性能和价格上。除了成熟的业内和非业内评论外，以公开的消费者评论和推荐形式出现的消费者口耳相传已成为一个重要的信息渠道，尤其是在互联网上（你只需要在 Google 上输入"我讨厌麦当劳"，就会看到出现大量的网址，而且其中一些网址的网页内容组织得很好）。零售商正在为定制化的产品和服务报价调查消费者不断变化的偏好。面对数目繁多且更为复杂的报价，消费者正在寻求所信任品牌的帮助、指导和保证。消费者不只是购买并回应"产品"——他们还希望不断加强消费体验，而购买只是其中的一个环节。消费者越来越想体验购物的乐趣，这也有助于零售商提供除了选择和购买产品外的更多服务。服务解决方案被认为是赢得更多个人消费者消费的关键。现在，接触消费者还需要经过各种环节，从提供信息到商品购买和提供辅助服务，再到维修、处理和更换。同样，将品牌信息传递到消费者也是如此，只是当前在体验中有更多的接触方式。

利用消费者的信息

IT 技术的进步正在帮助零售商确认和制定消费需求目标。零售商和供应商都在建立数据库上投入了很大的成本，但是很少有资源可以充分发掘数据、发展更为敏锐的消费洞察力。到目前为止，零售商和供应商合作开发采集信息的进展有限。当加上信息并采用目标战略时，客户关系管理（CRM）技术能增强零售商追踪与消费者交互作用的能力——无论是店内、在线还是通过产品目录，来相应地定制服务。对这一点做得很好的零售商还很少，但是会逐步增多的。

消费模式

消费者需要通过各种途径获得产品和服务，以满足他们的具体需求。同一个消费者的表现也会不同，主要取决于他（她）采用了什么样的模式——工人、家庭成员、个体、浏览者、买便宜货的人、冲动的购物者、寻求便利的购物者等。为了证实这一点，可以想一想你准备为瓶装水支付的价格差异，这主要取决于你是要到超市采购（非常低）、外出到大餐馆吃饭（非常高）、在高速路服务站停留（较低），还是在流行音乐会或其他大型活动中小酌一杯（较高）。消费者现在希望，当有需求的时候，能够以自己希望的方式在希望的地点买到想要的商品。

互联网的影响

无论现在还是将来，互联网销售都无法完全替代传统零售业，但它已成为一个额外的重要渠道，扩充了现有的商店和产品目录形式。互联网的影响力将随着带宽的普及和可用性而不断提高。消费者将继续使用成熟的渠道和较新的渠道。然而，互联网正在成为影响产品和渠道选择的一个强有力工具。对成熟品牌的信任是一个关键因素。只在网上销售的零售商很少能在今天的 Web 2.0 时代生存下来。在以网络为基础的零售业强力发展的市场上，通过现有的（"以砖块为基础的"和以产品目录为基础的）零售品牌，而不是新出现的所谓纯网络的零售商，反映了在线渠道的蓬勃发展。互联网正在向着成为大众市场渠道的方向迈进，而且许多零售商都积极鼓励消费者结合网上和网下渠道来浏览和购买。

消费者体验的变化对于供应商意味着什么

为了交付完整的产品—服务解决方案，零售商及其供应商需要调整他们的共同力量和努力。他们双方都没有垄断消费者的内在需求，而且他们也不可能实现独自垄断。当消费者行为越来越成为一种模式时，服务的机会也就越来越多——不管是在店内、报纸夹页广告还是在网络上。零售商想和那些能掌握多种模式与渠道的供应商合作，而不是寻求新的供应商，但是如果有必要，他们也会更换供应商。更好的零售商—供应商合作关系的关键是大量的消费者和市场信息，目的是：为高利润群体提供相应的产品和增值服务；设计零售主张，反映消费者对各种渠道的体验——从搜索采购者及所有者信息到处理和替换。

帮助消费者了解复杂的新产品和服务——包装时要便于消费——是零售创新的一个主要成功因素和重点。供应商和零售商都必须帮助消费者了解与他们相关的产品。通过从店内购物上传消费者的购物单（通过电子收款机系统数据上的会员卡身份获取）——乐购在线在这个方面做得很好，消费者能够很容易地找到他们通常购买的面包等——而不是从在线提供的 133 种面包中进行选购。

供应商必须准确预估扩展零售服务后支持和履行承诺时所面临的挑战。供应商不仅仅是在销售产品，同时还在销售支持和提升那些产品（要不然为什么我们许多人穿的衣服和鞋子上都在明显的地方展示着制造商的品牌）的形象、文化、价值和联系。现在，竞争优势取决于对购买各类产品的消费者生活方式的了解，在此基础上形成细分并对目标消费者进行定位。供应商需要重点关注以预期体验为基础来确定消费者细分市场，并且关注选择合适的零售合作伙伴来传递适当的主张。商标争议越来越复杂。随着产品和渠道的激增，消费者有时候会被迫面临一系列选择，此时，他们会继续依赖信任的品牌。作为供应商，你需要确定如何来调节自己的品牌与零售商及第三方品牌之间的关系，以确保自己的品牌能吸引到目标消费群。无论是制造商还是零售商的品牌，都能促成消费者流和忠诚度，而且可以广泛使用共同品牌资产来增加消费者体验。从 21 世纪初开始的迪克森商店（零售商）和迈克菲（McAfee）（供应商）对杀毒/家长监控软件的联合营销就是这方面一个很好的例子。迪克森的核心主张要点是"软件安装简单、使用方便"，而完整的核心主张是"我们销售的科技产品，适合每一个普通家庭"。迈克菲市场核心主张的要点是"我们知道如何保护计算机（和用户）免受恶意病毒和互联网色情及其他恶意行为的侵扰"。这里需要这两家的两个要点一起向目标市场提供核心主张的可信度和魅力。

从产品转移到服务

供应品本身的业务是从提供纯产品到提供相关的产品和服务，然后再到提供生活方式解决方案逐步转变的。由于零售商的供应超越了产品和价格，于是服务成为拥挤的市场空间中潜在的重要区隔点。为了寻找新的增长点，零售商将：

- 调整现有的核心销售规划、客户关系、品牌强度、产品强度和运作的规模。
- 开始提供相关的产品、服务和信息。
- 进入新的领域，在这里能发挥实力并重新确定市场供应品。

多种渠道

成功的零售商将知识应用于多种经销渠道，并发挥合作关系和联盟优势，为消费者创造新的服务和产品。结果，零售商的组织机构变得越来越复杂，其中更多的接触点需要供应商来管理。举例来说，迪克森商店集团现在拥有各种形式的商店［包括 Currys、Currys.digital（WTBZ）、PC World、迪克森免税店以及 The Link］，其中每个商店都有在线销售方案，而且 PC World 拥有以业务为重点的在线展示、缔结合同能力与电信业务代理。作为供应商，你必须很清楚你希望通过其中哪些渠道来展示产品，而且要做好准备工作，以保证你的营销资金与你的目标（而不是零售商的目标）一致。

新的竞争者

同样，新的竞争者也提供相关的产品和服务。在某些情况下，银行、公用事业机构和媒体组织已成为零售商的竞争对手——而且，在其他方面成为零售商的潜在合作伙伴。传统的零售商拥有新竞争者不可比拟的内在优势，包括品牌忠诚度、基础架构、成功的业绩以及与供应商的长期互利关系。

从产品转移到服务对于供应商意味着什么

供应商需要在整个产品生命周期内与消费者和零售商保持紧密联系。主要任务包括：

- 适应和完成新的零售商技能组合。
- 保证信息、产品和服务传递的一致性。
- 为服务特定群体设定清晰的目标。
- 提供选择合作伙伴的明确依据。
- 为了有效地与非传统零售商——包括电子零售商和新的市场进入者——交易而建立新的技能组合。
- 提高合作伙伴管理活动的层面。

逐步发展的零售商供应

零售商正在从提供产品向提供相关产品和服务转变。他们在逐步进入相关的领域，在这些领域中，他们能够调整客户关系、品牌力、产品实力和规模。对于一些零售商来说，这些范围的延伸仅仅是在巩固他们的传统零售地位，而对于其他零售商而言，这是从新商业模式开发新收入流的一个方法。这种趋势有许多实例，包括食品连锁店提供金融服务、旅游服务和鲜花递送。DIY（自己动手做）商店（最初是以销售木材、工具、油漆等著称）现在提供整套的家居装饰、定制厨房用具服务、浴室安装和园艺景观美化用品。

零售购物商场和购物中心正在亚洲、拉丁美洲以及东欧和南欧扩张。与此同时，当地营销专家们正在尝试增强消费者的购物体验，而便利店/当地代销店将继续满足冲动的、"即时的"消费者需求。

生命周期与边沿问题

零售商现在正开始更加严密地追踪科技产品的生命周期，并且调整他们的供应，以适应消费者对特殊科技产品的接受程度。随着科技产品从让人们感觉新奇的产品转变为普通产品，其销售成本和业绩逐渐缩减。与推出新的科技产品相比，那些已被广泛接受并走入千家万户的产品更需要不同层次的销售活动和支持。供应商所面临的挑战在于仔细追踪科技产品演变过程，并且对产品供应进行正确而适时的调整。随着科技产品逐渐大众化，它们有随着演变链条而移动的趋势。今天，高度专业化的产品很快从专营店转移到多样化专门店或大型超市，最后通过柜台售出（看看乐购提供的一系列"高科技"产品，如笔记本电脑、等离子电视等）。大型购物商场最初作为"品类杀手"战胜专业零售商，正在表现出退回专业领域的强烈意愿并正在发展相关能力。（玩具反斗店最初通过拓宽范围和降低价格而不断扩展，现在几乎打败了百货商店的玩具销售业，但因缺乏完善细致的店内销售规划和服务，它正开始失去已得到的地盘。）

逐步发展的零售商供应对供应商意味着什么

确定理想的商业伙伴和进行战略协调性的共同评估是成功的关键因素之一。供应商必须能够保持与零售商开发新渠道时的能力和要求一致——地理范围上和概念上的,以他们自己的能力和努力来保持市场份额和竞争优势。在选择优先零售客户时,需要考虑他们是否符合你的企业策略,而不仅仅是关心潜在的商业规模。零售模式的转变需要供应商在许多方面展示他们的产品,使人们能很快了解产品的质量、款式和价值——尤其是在互联网上虚拟的"店铺窗口"。零售商希望合作伙伴能提供经验丰富而专业的消费者营销和零售管理建议。对于提高零售商与零售商战略合作关系的价值来说,这是一个很重要的机会。零售商需要仔细审查他们的能力,并判断他们是否准备好成为战略供应商,以及什么样的障碍可能阻碍他们成为战略合作伙伴。成功的战略合作关系所带来的丰厚回报,意味着供应商应该是非常希望与所选的零售商朝着这种合作关系发展。

从战略性高度管理零售合作关系

如果零售商面临着不可预测的变化和供应商创造的机会,该如何完成创建和管理零售关系的任务并发挥最大的优势呢?下面的结构(由 *VIA International* 的麦克·怀特与 *Publicis* 的罗伯·阿伯什尔开发)提供了一个有效的方法,来评估关系发展的潜力并根据这一潜力说明不同零售商所采用的方法。

发展战略性零售商关系的潜力,很大程度上取决于零售商能否成为其中一员和所处的位置,再根据满足消费者需求的两种根本不同的方式来定义:

- 满足需求。面临的挑战在于满足市场对标准化产品或服务的需求。假设有一个确定的市场可以分享——而且零售商和供应商在争夺较大的市场份额。为了以最大的优势条件向大众市场提供产品,零售商和供应商相互之间进行交易。零售商与供应商之间的关系是相互作用的,而且重点在于交易条件、折扣、利润和供应链方面。消费活动是由对价格和可用性的基本考虑引发的。
- 创造需求。在这个范围的另一端,面临的挑战是通过提供高度客制化的产品和服务包创造需求——或增加市场份额。在熟悉消费者及其需求的基础上，零售商和供应商作为合作伙伴紧密合作，以提供较好的购物和所有权体验。在新产品和服务传递与创新过程中，消费者愿意并会主动参与其中。

图表 21.1 中的结构图确定了给消费者提供四种零售供应，每一种都有一个相应的零售商—供应商关系。这些关系类型的特点是：交易驱动的；有针对性的；合作的；战略性的。关于满足要求/创造需求范围中的关系结构见图表 21.1。

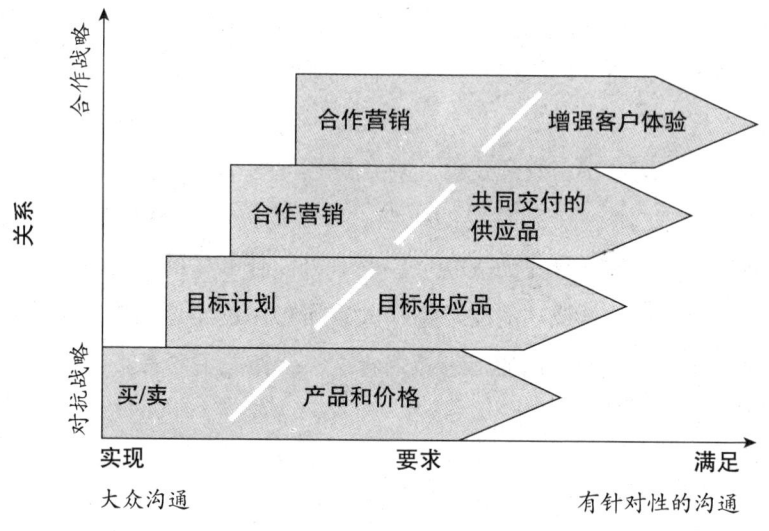

图表 21.1　零售商供应品和零售商—供应商之间的关系结构图

每个关系类型都代表一种满足消费者需求的不同方式，沿着范围从一端向另一端移动并不意味着存在层次结构。零售商和供应商将决定哪种类型的关系最适合他们的市场环境且符合他们的业务展望。举例来说，交易驱动型模式的成功要素可能不需要立即调查其他选项。然而，影响进入不同类型的关系和消费供应的因素，对未来销售方向的基础性选择却有着决定性影响。但目前大多数零售关系的重点都放在满足需求上，上一节描述的消费者行为变化，正推动着许多零售商的商业运营向有助于创造需求的关系移动。这一趋势很明显——关系正在向合作端移动；然而，还有许多零售商向买/卖端移动。

在图表 21.2 至图表 21.5 中，展现的是针对四个零售商的位置而提出的供应商—零售商关系管理策略。

图表 21.2 交易驱动型零售商—供应商关系

层次 1	提供给消费者：产品和价格	零售商—供应商的关系：买/卖
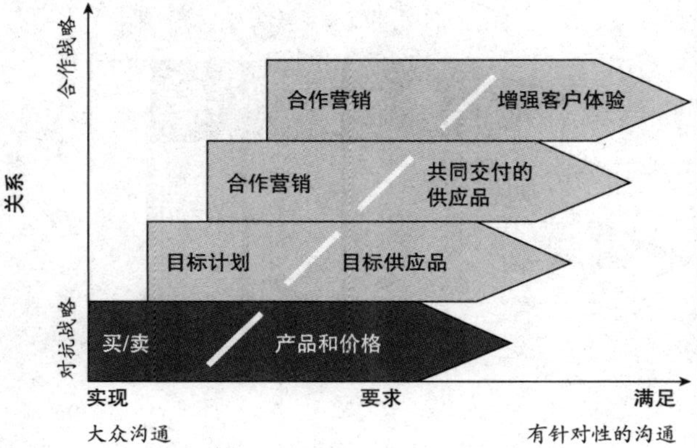 （图示：箭头由下至上分别为"买卖 / 产品和价格"、"目标计划 / 目标供应品"、"合作营销 / 共同支付的供应品"、"合作营销 / 增强客户体验"；纵轴为"要求→满足"，横轴为"实现 大众沟通→有针对性的沟通"）	每周通函； 店内货架上的产品打折； 周围服务部门； 地点、便利性； 天天低价（EDLP）； 选择； 货币价值； 以可接受价格出售可接受的品牌； 以价格为中心的广告	目的是以最好的交易条件实现需求—— 转移价格谈判。 讨论的主要方面： • 付款条件和折扣 • 利润率 • 新产品和目录 • 促销 • 供应链补充货物 主要人员： • 买方联系人 主要成功因素： • 做生意容易 • 线性流程 • 消除复制

261

图表 21.3　目标零售商—供应商关系

<table>
<tr><th>层次 2</th><th>提供给消费者：
在消费内在需求的基础上区别供应</th><th>零售商—供应商的关系：
目标</th></tr>
<tr><td>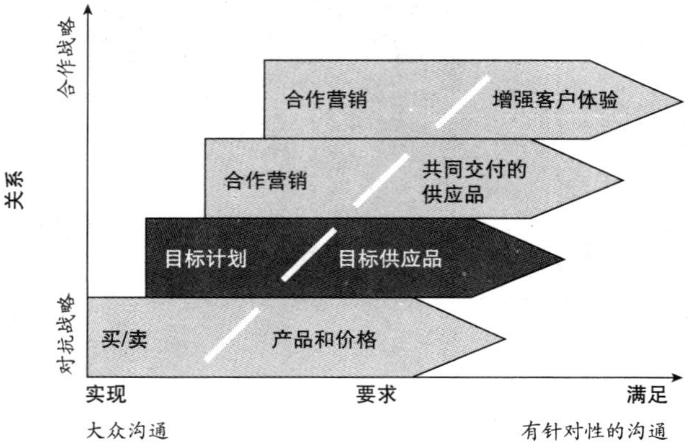
关系
合作战略
对抗战略
合作营销
增强客户体验
合作营销
共同交付的供应品
目标计划
目标供应品
买/卖
产品和价格
实现
要求
满足
大众沟通
有针对性的沟通</td><td>他们被熟悉和了解的感觉；
反映消费模式本质的供应；
多个接触点；
客户信息；
频繁购物者追踪计划；
社区成员</td><td>实现要求一直是驱动力，但通过关注有价值的消费者更有效地实现计划调整和信息分享。建立在客户基础分析和消费市场知识分享的基础上。
计划将：
• 保留有价值的消费者
• 增加消费者支出的份额
• 加强对最有价值客户的关注

主要人员：
• 买方/产品类别经理联系人
主要成功因素：
• 使用 CRM 技术/消费者信息
• 核心用户关系
• 容易进入
• 从总的产品类别进入</td></tr>
</table>

图表 21.4　协作的零售商—供应商关系

层次 3	提供给消费者： 共同传递增加的价值	零售商—供应商的关系：合作营销
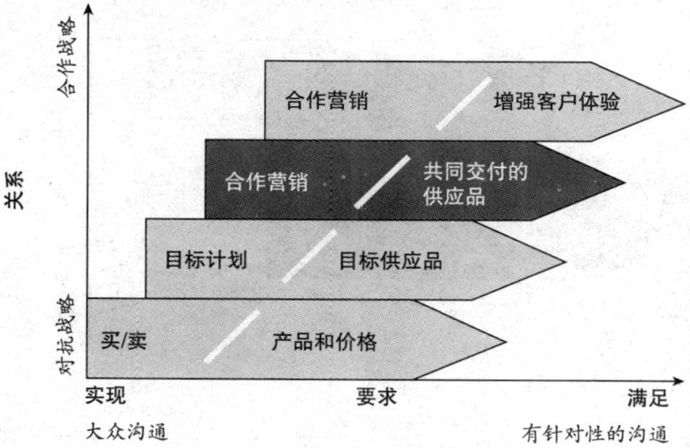关系 合作战略 对抗战略 合作营销 增强客户体验 合作营销 共同交付的供应品 目标计划 目标供应品 买/卖 产品和价格 实现 要求 满足 大众沟通 有针对性的沟通	劝买更高价的产品 保证“可信任”品牌 对他们的选择充满信心 加强积极的购买体验 提高价值 独特组合的相关联合供应	重点是扩大需求或刺激新的市场，如通过联合做广告 紧密合作以促进市场发展 合作品牌的树立 • 知名度　• 相关性 • 密切关系　• 领域 • 消息　• 可见度 进行合作，不是单独工作：“1 + 1 = 3” 计划将： • 提高价值，而不只是确认节省的费用 • 在共同的主张中树立品牌资产 主要人员： • 多个联系人 主要成功因素： • 共同努力解决供应链问题 • 双方等额（经过协议的）投资和投资回报条件的协议 • 一站式、整合服务 • 无缝隙的物流 • 澄清品牌争议

图表 21.5　战略性的零售商—供应商关系

层次 4	提供给消费者： 增强消费者总体验	零售商—供应商的关系： 客制化的产品和服务
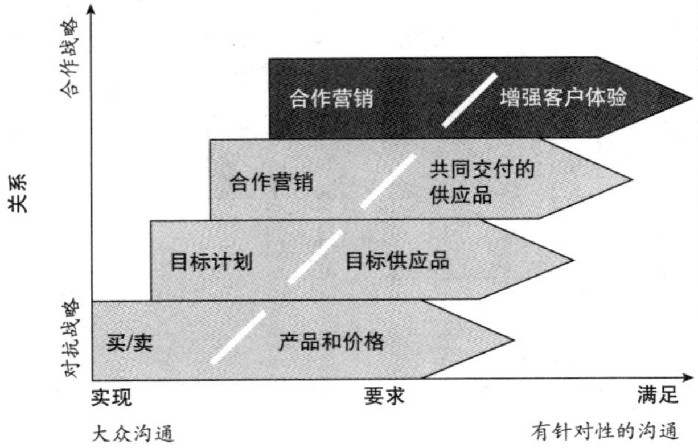关系 合作战略 对抗战略 合作营销 增强客户体验 合作营销 共同交付的供应品 目标计划 目标供应品 买/卖 产品和价格 实现 要求 满足 大众沟通 有针对性的沟通	通过指定零售商专业评估的个性化产品和服务； 独特的销售和服务相结合的体验定制供应； 增加的价值； 独特的主张； 对所涉及的品牌生命、需求和动机的感觉； 融合在产品中的服务； 与供应商和零售商互动； 通过多个接触点接洽和管理的供应商/零售商之间的关系	重点是以合作经营的观念创造需求； 挑选几家供应商与之建立战略性、合作经营型的合作关系； 紧密合作以促进市场发展。 计划将： • 开发新的产品和服务 • 利用各种交货渠道 • 最大程度减少到达消费者的延误和障碍 主要人员： • 包括董事会成员在内的多个联系人 主要成功因素： • 对客户基础信息的仔细分析 • 使客户参与到策划和开发市场供应品中 • 积极主动地确定和促成消费者需求的方法 • 扩大利润池 • 结合电子商务

很显然,框架图中,第三层和第四层上有机会与主要零售商合作的仅限于少数的战略性供应商。关系双方需要大量的投资,而且只有分摊到大量业务时才能得到回报。同样,只有能保证这种关系的供应商才能在重要时期向最接近的竞争对手关上大门,供应商一旦赢得了这种地位,就应该保证永远也不会失去这种地位。

通常情况下,取消战略性关系是一种失策行为。例如,有瑕疵的新产品是不能出售的,但由于供应商拒绝接受,这些产品已经失去了市场,或者当供应商开始认为它的地位是理所当然时而自鸣得意。偶尔,它能够在任何一端造成人事变化,推动战略性关系的重新评估或仅仅是发生变化。如果你参与到这场竞争中,需要准备好利用开放的优势,来保证你能快速移动,说明你的策略主张,并支持投资、提供资源和供应品以巩固你的领先地位。大多数零售商将每年审查一次战略伙伴的情况,并且会考虑供应商的竞争对手在市场上的表现,一般还会评估他们步入更高层合作的能力。同样地,作为供应商,你应该考察自己的目标零售客户,沿着满足/创造需求关系图,看看哪个表现出了变动的迹象(或者有变动的意图)。对于那些发现的目标销售客户来说,可能要花几年的时间进行观察,但是,就像关注你的品牌实力、市场份额和战略性伙伴的能力一样,你需要尽可能地让他们消息灵通,以便你能展示出不可忽略的明显优势。

从战术层面管理零售关系

并非所有的零售商都愿意接受战略性关系,即使是零售商接受了,你也需要按照战术水平管理客户。(对于某些客户,你有针对战术计划的战略框架;而对于其他客户,你可以按照任一观点进行管理。)你的战略性管理应清晰地关注支持零售商核心交易需求的基础——提供强势品牌和有吸引力的产品来吸引消费者进店,保证高销量和高利润产品线的均衡组合以及新产品的流量以使产品替换得以平稳过渡,并且使消费者定期返回店内。

当你按照战术水平和零售商合作时,重点在于产品类别购买者和推销商。你必须准备好和他们接洽,他们不会给你太多时间。然而,首先,你必须知道你想要什么以及你准备支付多少，之后才能进行谈判。例如，你需要准备好回答以下问题：

- 你想要零售商列出哪些产品线和 SKU（运送）？
- 你准备以什么样的预期场外价提供给零售商什么水平的利润率（通过对列出的产品打折）？
- 你想要产品摆放在店内的什么位置，是重点展示还是所在货架上呢？你希望你的每一种产品在店内有多少个陈列位呢？
- 你想要哪些产品进行多长时间的特殊展示或宣传？
- 你准备为店内的主要位置或特殊陈列或允许产品在店内宣传等支付多少费用？
- 你想要哪些产品在零售商的活动中展示、在邮件上发布，等等？你想要对展示的产品进行哪些控制和限制（比如，竞争者的产品不应该出现在与你的产品相同的页面上）？
- 你想对你的产品（和产品线）进行什么样比例的促销？
- 你准备为出现在零售商的营销和促销活动中的产品支付多少费用？
- 你准备如何让产品进入商店或零售商的分销中心？你能承诺什么水平的供应比率、装运准确性等？
- 你愿意接受零售商什么样的支付期限（可能是 90 天或更长时间）？
- 你期望什么水平的返回率（因为产品瑕疵）以及为了处理它们你打算向零售商支付多少？
- 你准备好同意收回未售出的存货吗？以什么样的百分比收回？

接下来，你将需要在购买者方面做好准备工作，了解他们的目的、他们活动所受到的限制以及他们努力实现的目标和动机。大多数购买者都将目标至少定在产品类别的收益、调整后的毛利、存货周转率和组合方法——毛存货周转回报率——上。他们还可能有销售限额！这是为了从供应商获取的营销资金数量，用于零售商的特殊展区（比如，通道一端的"端架"）及其营销活动中。不同的零售商之间，购买者的框架组合可能会有明显的差异，其中一些零售商在与供应商谈判时拥有非常广泛的自由选择权，使主要的业绩指标以及其他给定利润和零售商营销平台的销售额最优化。注意,你越想将自己和零售商的关系从"买—卖"关系中移出,建立与零售商组织机构之间的关系就越重要。了解商业模式管理责任和衡量标准是如何在零售商组织机构中分配的,能使你更有效地调整自己的主张。

购买者知道很难有某个产品能满足他们所有的标准,所以会采用某种组合方法,利用一些产品提高品类的销量及增加毛利。你应该知道对于哪些指标你的每件产品表现得最好,然后以此为基础出售给购物者,并提供稳定的支持。举例来说,突出你将要花费在提高现有产品收入的广告资金规模,强调这将对销售量和库存周转率产生影响。如果零售商是及时收到广告宣传的新产品的有限零售商之一,那就更好了,因为这将给它一个区别(可能通过产品类别达到增加店内客流量的目的)并增强产品赢得良好利润的潜力。或者,你可以仔细研究,说明那些购买你的品牌产品、愿意花更多钱的消费者比购买竞争对手产品的消费者多——也就是说,你正在帮助零售商吸引消费群并推销价格更高、更有利可图的产品。买方和经销商往往知道产品类别中的哪些在店内销售得更好,所以,如果你能向他们说明在产品定位、范围或展示上哪些方式会更好,你将令人信服。最好的证据是拿你的产品在他们的店内试销,这样才能就这些计划进行谈判,帮助你和零售商更好地了解如何增加销售额、提高周转率和利润率。

图表21.6总结了你在向零售商展示说明、表达观点时应该强调的重要指标,成功与否主要取决于零售商的销售目标以及相关的品牌实力。

在与零售商进行交易之前,供应商需要客观评价自己的品牌和产品。购买者都很精明,如果你对产品做了夸大宣传,他们很快就会发现并可能会筛选你后来卖给他们的产品。事实上,如果你最终将产品强销给客户,情况会更糟,结果是产品卖不出去,零售商也没有赚到利润,而且还破坏了你的信誉。即使追加折扣,零售商也会清理你的产品(这里没有所谓的糟糕产品,只有糟糕的价格),或提出退回产品也不能修复已经造成的损失。当其他产品可能获利和周转时,这些产品将无法确保在货架上的位置,而且重要的销售时间已经过去了。零售商需要在很长时间后才愿意考虑如何再次接受你的品牌。为了鼓励你更加坦诚,记住,购买者正通过产品组合对许多方法进行

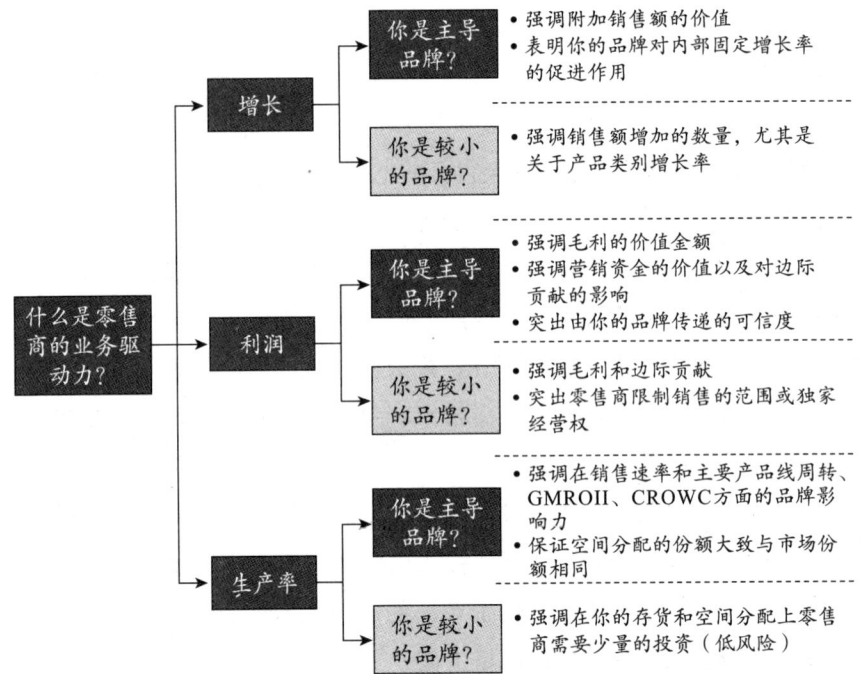

图表21.6　决策树——在不同的情况下应该强调哪些指标

权衡比较，甚至连那些最初似乎不适合进店的产品，也可以通过这个框架进行有效调整（感谢Publicis的罗伯·阿伯什尔）（见图表21.7）。

为了应用此框架图，首先要将你的产品放置在纵坐标上，将从消费者感知到的优势来对你的产品和直接竞争对手的产品进行比较。坐标轴的顶端是那些没有明显竞争力的高级产品——例如，首次推出时的 *Viagra* 或苹果公司的音乐播放器（*iPod*）。在中间的是同等的产品，即消费者看不到与其他产品相比的任何优点或缺点——也许是不同品牌的纸巾。而在底部的是那些明显被发现不如市场上其他产品的，可能是无商标品牌的烘豆。注意，这个坐标轴上的档次是消费者感知的，不是实际情况，因为无商标的产品却可能是好产品，只是竞争市场造就了这种低质观念。

假如说你的产品是无可匹敌的高级产品，现在从左到右、从上到下地看看图表中推荐的零售商定位策略——仅适用于公关。由于被发现具有高额的收益，所以消费者纷纷涌向储备那些产品的零售商，而且供应商处于令人羡

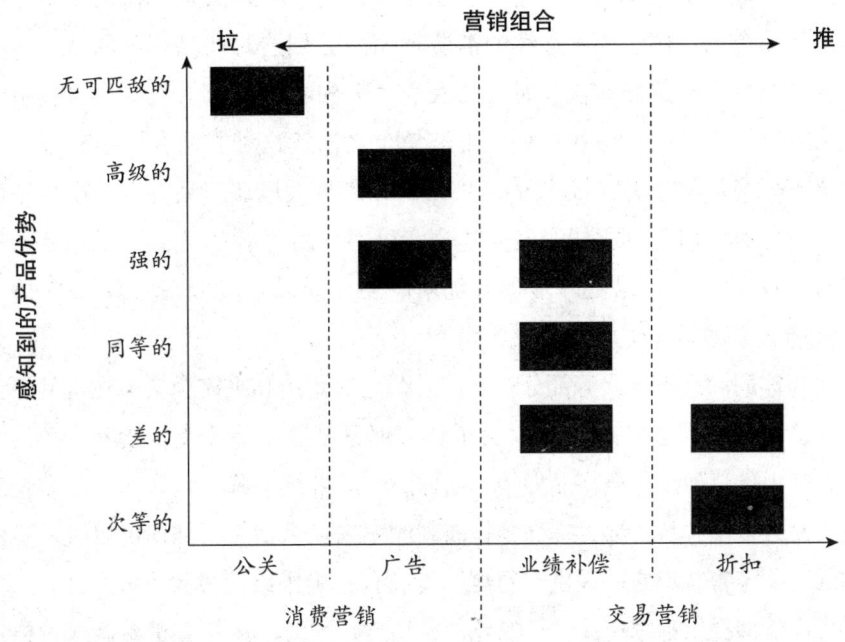

图表 21.7 对营销组合和感知到的产品优势进行配比

慕的位置,几乎能够向零售商拍卖库存的分配量,为自己带来重要分量和最长期限的采购承诺。不需要支付广告费,也不需要向零售商支付任何营销资金。当你沿着纵坐标向下移动时,你可以看到推荐的方法从"拉"转到了"推",营销支出的平衡从消费者营销活动(拉)转变为交易营销活动(推)。在你拥有高级产品的地方,应当重视平衡,以便拉动营销,有效地与消费者沟通高额的收益,促使他们进入店内寻找"较好"的产品。

当你的产品成为同类产品时,不要在广告上投入大量资金,因为消费者可能在店内发现了类似产品,你所做的一切只是将消费者推入了竞争者的怀抱。最好的结果可能是扩大了产品类别,但不一定能提高你的市场份额。事实上,这时才可以真正开始支付交易方(零售商),使你的产品在店内凸显出来。如此一来,到店内的消费者才愿意找到"可接受的组合"产品,但是在他们选择产品时,将受到店内的销售规划和摆放位置的影响。为了确保消费者能注意到你的品牌并能将产品放入可接受的组合中,仍需要一些消费营销措施，这不仅仅是因为竞争者的品牌正在试图争夺同类产品的市场份额。偶尔连续的消费营销能够创造对产品显著的认知——甚至当根本没有这样的认知时，使人产生强烈的想象，从而使品牌吸引力成为有魅力的品质——在香烟广告被禁止之前，这种方法往往很有效。注意苹果公司最初是怎样推出 iPod 广告的，广告大概在产品首次上市 3 年后推出，经典的白色耳机线激发了整个音乐播放器品牌的活力。在产品新推出时，只有 iPod 可以更好地提升优质的用户界面，但现在许多 MP3 播放器都能够提供同样优质的用户界面。

当你的产品进入次等部分时，框架图显示营销几乎完全集中在交易营销上，最初进入"业绩补偿"，是为了"实现"某些功能而支付给零售商的费用，如溢价货架定位或产品促销。当你的产品继续下移，剩余的方法就是支付交易方费用，从而通过提高零售商利润率来促进销售。你还可以进一步向你的主要零售客户之一提供"行尾"专营权并出售给他最后一批产品。这使零售商能够提供独家产品并按场外价格销售，同时不用担心消费者对价格进行比较。对于更新销售渠道中的过时产品，这可能是一种有效的方式，即使你利用其他的零售商或零售商类型发布你的新产品系列，也不会引起渠道冲突。一般来说，供应商在每个季节推出新产品系列时，都会发动客户（往往是更专业的人士），为新产品系列提供标新立异的定位，而不是对产品进行打折销售，接下来是产品上市，供应商将拓宽销售渠道，进入更多的普通零售商的销售渠道中，最后，在下一次产品上市之前，将旧的产品系列进行打折销售，或者向其中一家零售商提供独家代理权。

按照零售商的购买周期和进货限额销售

零售商的计划都是按照季节提前 6 到 12 个月制定的。如果你想在下一个圣诞节或假期销售你的产品，就需要在当年的 3 月和 6 月之间发布新产品并进行季节性促销。许多零售商的年度业绩取决于 6～8 周的圣诞节（假期）的成功销售，而且他们需要确保选择了正确的供应商和产品，才能取得成功。这是消费者定位主张起关键作用的时候了，而且将对谈判有决定性的影响。在吸引消费者入店和鼓励他们购物方面,你能够提供些什么?你将如何帮助零售商摆脱混乱的局面并引起消费者注意?你需要证明你的产品能够产生高额利润和销售量,以保证在店内占据最好的位置,因为这些完全都是溢价销售。同样的,每年的这一时期,每个品牌都会争相引起人们的注意,而且你需要支付的费用将高出平均费用的 2~4 倍,甚至比得上平常的"广告份额"(做广告支出的份额)。如果在这个时段你是一个拥有大量预算的主导品牌,可以发挥你的优势,因为你能支付得起这种消费促销,形成消费者的认知和偏好。然而,如果你是一个比较小的品牌,这可不是竞争的时候。将你较为有限的预算分配到竞争不太激烈的时段可能会更好,这时你的沟通效果将会凸显出来。

当你和购买者交易时,对"进货限额"资金这一概念的理解是至关重要的。进货限额是计划购买和已经订购的存货(这包括库存存货、在途存货以及未完成交易的订单)之间的差异,即一个购买者在一段具体时期内可能订购的产品金额。进货限额既可以按单位计算,也可以按货币计算。为了利用特价购买或增加新产品,其中一些进货限额金额将被退回。这也使零售商能够对畅销产品和货架上备货快的产品及时做出反应。总的来说,零售商需要为了业务而维护进货限额计划,而且还要为库存中每种类别的产品制订计划。

进货限额通常指的是任一购买者拥有的下一个主要交易周期(可能是按月计算,但一般都按季节来计算)的现金数量。周转较快的产品类别返还给零售店现金的速度更快,而且将产生比较大的进货限额资金。购买者将承担获取进货限额资金上的回报,而且回报得越多,分配的进货限额资金的数额就越大。同样地,分配的进货限额资金数额越大,购买者的级别就越高。

管理进货限额对于控制存货水平是很重要的,而且零售商需要确保能控制产品供应,以避免出现缺货和存货过多的情况。为了做到这一点,他们必须预测销售额并决定需要什么水平的远期抵补。进货限额系统通常利用流动计算运行。下面这个简单的例子说明了这一点,在这里,第一个阶段的期末存货是加上期初存货、定购中和接收中的存货,然后减去预期销售额的结果。图表 21.8 给出了如何控制运行的例子（感谢 The Planning Factory Limited 的约翰·霍布森）。

所以，每个阶段在确定进货限额时都依赖于前一个时期的库存水平。看看这个图表的情况：

- **预测销售额**：为了使这个系统得以运行，零售商需要对一定时期内产生的销售额进行预测。通常通过制作整个季度的财务预算表，然后按阶段或季节将其分成若干部分（或分成几个阶段）。

图表 21.8 进货限额控制实例

	阶段 1	阶段 2	阶段 3	阶段 4	阶段 5	阶段 6
预期销售额	100	150	200	150	100	100
本阶段的远期抵补	3	3	3	3	3	3
所需的存货	500	450	350	300	300	300
期初存货	200	500	450	350	300	300
引入量的需求	400	100	100	100	100	100
订购中	200	100				
接收中	200	0	100	100	100	100
期末存货	500	450	350	300	300	300

© 约翰·霍布森，The Planning Factory

- **阶段性抵补和存货要求**："阶段性抵补"中的记录对于系统的运行是至关重要的。"抵补"意指零售商将拥有的存货数量，一般与指定阶段的预期销售额有关，由此形成了阶段性的抵补。在非常简单的进货限额系统中，是利用"固定抵补"完成抵补计算的。因此，如果需要三个阶段的抵补，且当月预计是 100，那么库存需求将是 3×100 或 300。在更精细的系统中将使用"远期抵补"。这意味着不是将现阶段的抵补乘以 3，而是该系统将合计计算接下来 3 个月的预期销售额。对于季节性产品来说，可能会有很大的差异。考虑到这两种不同方法的效果，接下来三个阶段的销售额预计是 100、200 和 300。第一个阶段的固定抵补将产生 300 的库存需求，而远期抵补将产生600的需求。
- **期初存货**：期初存货价值的计算是一种流动计算。在进货限额计划中，第一条记录将是估计的，可能基于上个季度的记录估计。从第一个阶段以后，每一阶段的数字是前一个阶段的期末存货。
- **引入量的需求**：引入量的需求是从库存要求中扣除期初存货得到的。
- **订购中**：订购中的数量表明在相应时期内未交付的产品。
- **接收中**：接收中的量是从引入量的需求中减去订购中的数量计算而来的。重要的是知道这里正在考虑引入货物，而不是订购。任何指定接收的货物都可以在前面的任何阶段订购，何时订购主要取决于交货期。
- **期末存货**：通常是根据采用的期初存货减去销售额，然后加上订购中和接收中的数量计算的。不过，一些系统忽略了接收中的存货，从而会产生一个累计的进货限额。

没有零售商愿意和你分享这些数据（除非你是类别主导者），但是通过理解概念、询问一些有关进货限额情况的技巧性问题，可以更加有效地改变你和购买者的对话时机并确定目标。

你应该直接和零售商交易还是通过批发商交易呢

零售商是终层分销商，因此，也代表了通向市场中许多切实可行的途径之一。然而，对消费市场的控制使其成为一个强大而苛刻的销售渠道，零售商需要专有且专业的资源。许多小的零售商没有达到支持这种投资水平的规模，而且无法与批发商或提供服务的合作伙伴直接接触，供应商无法影响零售商对他们产品的定位。图表21.1对这三种可能的选择进行了比较。

每个模式都有它的优点和缺点，但每个供应商及其产品的资源和规模都是唯一的。对销售的整个成本和每个选项下的服务零售商进行具体分析，以及对未来两三年业务如何发展进行推测，都是不可或缺的。在考虑转移到不同阶段之前，这一阶段是在建立和运行经销模式中耗时最少的阶段。

图表 21.9　管理零售商的多种选择模式

批发商	直通	服务提供者
供应商向批发商提供批量产品	供应商向批发商核心地点提供批量产品	供应商向批发商提供批量产品（在代理模式下）
	零售商有卸货、加工成品和将产品运送到店铺的责任	服务提供者提供卸货、加工成品并将产品运送到店铺
		供应商向服务提供者支付费用
批发商和零售商之间具有买/卖关系	供应商和零售商在一般的批发商 T&C 和价格上具有买/卖关系	供应商和零售商在一般的批发商 T&C 和价格上具有买/卖关系
		供应商保留来自零售商用于服务提供者提供服务的费用（如上）
批发商推荐产品分类和市场价格	供应商推荐产品分类和市场价格	供应商和零售商分类和市场价格
批发商执行店内总产品类别的销售规划	第三方执行店内总产品类别的销售规划	第三方执行店内总产品类别的销售规划
	供应商进行成熟的产品类别管理	供应商进行成熟的产品类别管理
批发商和零售商之间具有重要的关系	供应商对零售商进行战略性客户管理	供应商对零售商进行战略性客户管理
批发商对零售商有财务风险	供应商对零售商有财务和管理风险	供应商对零售商有财务和管理风险

总结

零售商都有稳定运行的商业模式。为了取得成功，他们不得不和供应商合作，但是他们的目的是让供应商竭尽全力地工作而将消费者吸引到店内、从畅销产品中赢得高额利润，并且使消费者再次返回到店中。目前，零售商面临的压力是为供应商创造机会，与之建立战略合作关系，从而为双方共同关注的为消费者创造价值而形成竞争优势。只有一些供应商可以达到这种最高水准，但是通过向购买者提出有力的商业主张，大部分供应商可以通过零售渠道的有效市场准入来达到许多目标。无论有没有战略性合作关系，供应商都需要对产品在产品类别购买者的组合中担当的角色以及按照经济实力销售进行客观评估，而支撑评估的基础是供应商愿意适当地为消费者或交易营销提供费用。零售是进入市场的一个代价很高的渠道，但是其规模和范围创造了销售额和增长率，能改变市场的品牌地位。它仔细研究渠道，确定最能满足零售客户需求的机会，满足使用产品的目标消费者，而且传递了实现购买者目标的适时主张。特别是，零售商以其面临的主要挑战为重点，让消费者光顾商店，吸引他们到店内浏览，购买利润最高的产品，并且使消费者再次光顾。

重要比率说明

重要比率说明表

比　　率	计　　算	说　　明	比率增加意味着……
已实现利润率（%）	（实际收到的价格－供应商成本）/实际收到的价格×100%	用来与零售商的购买利润率进行比较	业绩良好
平均项目规模	总（项目）销售额/项目数	有效性指标——规模推动使用率	业绩良好
平均店铺规模	实际销售空间/平均店铺数	零售商核心主张的指标	变化较大意味着核心主张的偏移
购买利润率（%）	（预期零售价－供应商成本）/预期零售价×100%	被用作已实现利润率（%）的基准	业绩良好
边际贡献率（%）	（销售额－销售成本－变动成本）/销售额×100%	盈利能力指标——反映销售的真正回报	业绩良好
存货投资回报边际贡献率（CMROII）	贡献利润/存货＝贡献利润/销售额×销售额/存货"盈利"×"周转"	生产率指标——反映束于存货的资本的真正回报	业绩良好
营运资本回报边际贡献率（CMROWC）	贡献利润/营运资本＝贡献利润/销售额×销售额/营运资本	生产率指标——反映营运资本的真正回报	业绩良好
应付账款天数（DPO）	应付账款/销售成本×365天	反映支付供应商货款的天数	业绩良好
应收账款周转天数（DSO）	应收账款/销售额×365天	反映客户付款所需天数	业绩不良
毛利润率（%）	（销售额－销售成本）/销售额×100%	基本的盈利能力指标——表明价值增加	业绩良好

（续表）

比率	计算	说明	比率增加意味着……
毛利存货周转回报率（GMROII）	毛利/库存＝毛利润/销售额×销售额/存货×"周转"×"盈利"	生产率指标——反映束于存货的资本的基本回报	业绩良好
营运资本回报毛利率（GMROWC）	毛利润/营运资本＝销售额/营运资本×销售额/营运资本营运资本＝存货＋应收账款－应付账款	生产率指标——反映营运资本的基本回报	业绩良好
存货在仓天数（DIO）	存货/销售成本×365	反映销售存货的时间	业绩不良
存货周转率	365天/存货天数	反映存货周转的速度	业绩良好
成本加价率（%）	（销售额－销售成本）/销售成本×100%	反映加入产品成本的利润额	业绩良好
净利润率（%）	（销售额－销售成本－一般费用－利息）/销售额×100%	一定时期内经营活动的盈利能力	业绩良好
营业利润率（%）	（销售额－销售成本－一般费用）/销售额×100%	一定时期内交易的盈利能力	业绩良好
潜在发展能力增长率（%）	税后净利润率（%）×营运资本周转次数	可内部资助的销售增长率	业绩良好
每平方英尺的利润	毛利润或直接产品盈利/平均销售空间（平方英尺）	零售商销售空间的盈利能力	业绩良好
可回收率	消费者支付的最终合同价格/（所用整个资源×标准价格）	消费者愿意支付的计酬工作比例	业绩良好

（续表）

比率	计算	说明	比率增加意味着……
已动用资本回报率（ROCE）	税前净利润/（总资产－无息负债额）	企业已用资本的盈利能力	业绩良好
已投资资本回报率（ROIC）	税后营业利润额/投资资本 =（税后净利润＋利息）/（总资产－过剩现金－无息流动负债额）	企业交易已用资本的盈利能力（或者分配给企业相关部分）	业绩良好
净资产回报率（RONA）	营业利润/（现金＋营运资本＋固定资产）	企业已用资产的生产率	业绩良好
每平方英尺的销售额	销售额/平均销售空间（平方英尺）	零售商销售空间的生产率	业绩良好
店铺平均销售额	销售额/平均店铺数	零售商店铺的生产率	业绩良好
销售渠道	预定销售额外加很可能出现的预期销售额/月均目标销售额	订货单与预期销售额的规模	业绩良好
使用率	计酬时间/标准时间×100%	服务业人员的生产率	业绩良好
价值创造（VC）	税后营业利润－（投入资本×加权平均资本成本）	过剩资本成本产生的利润	业绩良好
营运资本周转速度	365天/营运资本天数	反映营运资本周转的速度	业绩良好

专业术语表

（按英文字母排序）

会计原则（*accounting principles*）：编制财务报表时所应遵守的原则。

应付账款（*accounts payable*）（美式英语）：以赊销方式购买产品或接受服务供应而需要向个人或企业支付的款项（也称作"应付贸易账款"）。还包括自资产负债表日起12月内到期的其他应付款。（英式英语为"creditors"）

应收账款（*accounts receivable*）（美式英语）：企业应收取的款项。应收账款是指消费者所欠的账款。（英式英语为"debtors"）

累计折旧（*accumulated depreciation*）：资产负债表出表日摊销的固定资产折旧的累计数额。

已实现利润率（*achieved margin*）：通过销售产品实现的实际毛利润率，与购买利润率相对。

酸性测试比率—速动比率（*acid test – quick ratio*）：流动资产跟流动负债的比率。"流动资产"通常由现金加应收账款组成，但不包括长期应收账款（如果有的话）。如果存货被认为是"流动的"（例如，在零售链中，存货周转率非常高），那么很可能也包含在内。

推荐渠道（*advocate channel*）：影响终端消费者的认知与偏好的渠道，作为说明者（比如，建筑师）或聘请的顾问（比如，技术顾问或独立财务顾问）。虽然供应商并不能通过这个渠道销售产品，但它是一个至关重要的渠道，作为"合作销售"渠道而包含在渠道战略中。

分期摊还（*amortization*）：在一段时间内定期偿还后，负债值减少。

资产周转率（*asset turnover*）：企业资产使用率，即投资于资产的每一美元产生多少美元的销售额。

资产负债表（*balance sheet*）：反映某一特定日期资产、负债、所有者权益等财务状况的会计报表。国际会计准则要求对股份资本、储备金、准备金、负债、固定资产、流动资产以及其他资产分开说明。

基点（*basic point*）：一个基点等于1%的百分之一，即0.01%。

账面价值（*book value*）：是指资产负债表上资产的购买金额。通常为购置成本减去累计折旧。在资产是土地（或者土地上面的建筑），以及有价证券或外汇的情况下，账面价值可能是市场价值。

负债比率（杠杆比率）（*borrowing ratio*，*gearing ratio*）：债务额与股东权益的比率。通常以百分比来表示。100%或超过100%属于过高，大多数上市企业以不超过50%为理想。

收支平衡点（*break-even*）：产生贡献利润的活动量或单位销售额与企业固定成本正好相等的那一点。此时，企业既不盈利也不亏损。

购买利润率（*buying margin*）：购买时所期待的毛利润率。在一些行业，如家具零售业，产品可能需要数月才能到店出售。

产能利用率（*capacity utilization*）：服务提供者的计酬产能（按照时间来计算，如小时或天）占所有产能比例，计酬产能通过计酬活动作用于消费者的项目。高产能利用率表明服务提供者很忙，业务很好。

资本承担（*capital commitments*）：董事们未考虑到的资本支出合同额与授权的支出额，但对于是否必须于账目内披露，约定不明。

运用资本（*capital employed*）：运用资本是长期资本。包括权益资本（一般的股份资本+储备金）与长期负债。从资产方面来看，运用资本等于净资产（＝固定资产+营运资本＝总资产－流动负债）。

现金预算/现金流量（*cash budget/cash flow*）：根据特定设想（关于销售额增长、信贷期限，等等）预计的未来现金流入与流出计划。

现金流量周期（*cash-to-cash cycle*）：从支付现金向供应商购买产品到企业收回现金所用的时间，包括投入库存与赊销消费者应收账款的时间，按天计算。

渠道（*channel*）：供应商进入市场的途径。有时候使用不够严谨，仅用来描述间接渠道或交易渠道，但当正确使用时，是指进入市场的任何途径，可包括直接渠道，如销售人员、目录、直邮以及网络。

渠道价值主张（*channel value proposition*）：供应商与其交易渠道伙伴之间的关系。渠道所理解的作为与某一特定供应商之间关系的战略与商业价值。由销售与营销计划、跨商业流程投资、关系维护、战略组合及关系的很多其他方面支持，建立在合同中的大量条款之上。

贡献（*contribution*）：贡献利润（或毛益）是毛利润扣除其他变动成本后的余额。

合作资金（*co-op funds*）：供应商分配的占销售额固定百分比的营销资金，供给渠道参与者消耗以通过该参与者推动销售额增加。

同比销售额（*comps sales*）：参见同店销售额（*same store sales*）。

企业分销商（*corporate reseller*）：专门向企业消费者销售的终层参与者，通常出现在信息科技、商用设备等行业。

售出产品成本（*cost of goods sold*）或**销售成本**（*cost of sales*）：为了使产品与服务达到适合销售的点与条件而支付的价格。

成本结构（*cost structure*）：企业产生的一般费用成本概况，也可以用来平衡固定成本与变动成本。

出售成本（*cost to sell*）：通过渠道产生销售交易而导致的成本。通常情况下，这些成本囊括在传统管理会计分析中，需要使用基于活动的成本核算方法来计提或分析。

服务成本（*cost to serve*）：通过渠道完成销售交易而导致的成本，可包括产品生命周期的所有成本，包括担保、服务与支持以及关系管理成本。通常情况下，这些成本囊括在传统管理会计分析中，需要使用基于活动的成本核算方法来计提或分析。

应付账款（*creditors*）（**英式英语**）：以赊销方式购买产品或接受服务供应而需要向个人或企业支付的款项（即"贸易"应付账款）。还包括自资产负债表出表日起 12 月内到期的其他应付款。（美式英语为"*accounts payable*"。）

赊销期限（*credit period*）：通过赊销购买的个人完成付款的时间。

交叉销售（*cross-sell*）：当与消费者洽谈时，用其他产品线补充核心产品的销售技巧。比如，用配件与耗材补充核心购买产品。

流动资产（*current assets*）：已变现或者自资产负债表出表日起一年内可变现的那些资产。比如，应收账款、存货。

流动负债（*current liabilities*）：自资产负债表出表日起一年内需偿还的那些债务（比如，应付账款、拟派股利、本期间税项）。

流动比率（*current ratio*）：流动资产跟流动负债的比率。

本期间税项（*current taxation*）：自资产负债表出表日起一年内应缴的税款。

库存在仓天数（*days inventory outstanding*，*DIO*）：衡量企业从购买到售出期间保留库存的时间指标，按天计算。用来说明库存周转得有多快。

应付账款天数（*days payable outstanding*，*DPO*）：衡量企业支付供应商赊销发票的时间指标，按天计算。

应收账款回款天数（*days sales outstanding*，*DSO*）：衡量消费者支付赊销发票的时间指标，按天计算。

应收账款（*debtors*）（**英式英语**）：企业应收取的款项。应收账款是指消费者所欠的账款。（美式英语为"*accounts receivable*"。）

折旧（*depreciation*）：记录固定资产在使用过程中损耗的那部分价值。会计师们通常通过直线法或余额递减法，用原始（购置）成本除去资产残值来计算。折旧额必须在损益账户中披露。在资产负债表中，累计（备抵）折旧从成本中扣除，得到净账面价值。

（固定资产的）折旧是将固定资产部分成本作为支出分配到某一特定会计期间的过程。累计折旧是企业到目前为止仍保有资产的折旧总额；应在资产负债表或账户备注中分别列出。

净账面价值（NBV）是固定资产成本（或者，在某些情况下的估值额）与该资产累计折旧之间的差额。不代表市场价值。

残余价值是固定资产在使用寿命末期的可出售额。资产寿命期间，在计算折旧时按照预期残余价值计算，按固定百分率核销资产原始成本。

余额递减法按照一定百分率核销每个会计期间开始时的固定资产递减的净账面价值。该百分率高于直线法中的百分率。

加速折旧法是指在资产使用寿命的前几年提取较多的折旧，以后慢慢减少折旧的折旧方法。递减余额法就是这样一种方法。

DIO：参见库存在仓天数。

直接渠道（*direct channel*）：进入市场的一种途径，供应商不通过中介机构而直接与消费者打交道。直接渠道的例子包括接触消费者的各类销售力量、目录、直邮与网络。

分销商（*distributor*）：从供应商购入后出售给其他类型的渠道参与者的角色（通常为终层）。分销商不直接与终端消费者打交道。

DPO：参见应付账款天数。

DSO：参见应付账款回款天数。

每股平均盈利（*earnings per share*，*EPS*）：税后净利润除以普通股数目。这一指标经常被用来比较企业本年度与上一年度的整体表现。

端架（*end cap*）：零售商店内过道两端的陈列。这些位置常常吸引较大客流经过，不同于一般货架，因此，被认为是溢价位置。

权益股本（*equity share capital*）：已发行股本，有无限权利参与红利或资本的分配。

终层参与者（*final tier*）：向终端消费者出售产品的渠道参与者的统称。是指他们在渠道或分销模式中作为接触消费者前的最后一层。

财务报表（*financial statements*）：反映企业财务状况（资产负债表）、一段时期内的利润状况（损益表）以及一段时期内的资源和资金使用状况（资金流量表）的报表。

固定资产（*fixed assets*）：企业内部保留而不转售的资产。一般来说，本年度的动态应反映在账户中。

客流量（*footfall*）：进入店铺或经过店铺某区域的消费者人数。

杠杆比率（*gearing*）：借款净额与运用资本的比率。是衡量企业借了多少钱的指标，也称作"杠杆率"。

毛利存货周转回报率（*GMROII*）：毛利存货周转回报率可以通过"毛利润率（盈利）×销售额/存货的比率（周转）"来计算，是衡量库存中不同产品生产率的指标。

营运资本回报毛利率（*GMROWC*）：营运资本回报毛利率通过"毛利润÷营运资本"来计算，是反映营运资本效率的指标。

黄金层交易商或合作伙伴（*gold-tier dealer or partner*）：位于金、银、铜三层合作伙伴模式中的顶层交易商或合作伙伴。黄金层交易商或合作伙伴通过销售额或满足顶级认证要求而位于顶层。

商誉（*goodwill*）：可辨认资产的公允价值减去应承担的负债后，企业所获得的过剩价值。

毛利润率（*gross margin*）：毛利润除以销售额得到的百分比。

毛利润（*gross profit*）：等于销售额减去销售成本或售出产品成本，也称作"交易利润率"。

历始成本（*historical cost*）：公开财务报表中一般的估值基础。很受审计师欢迎，因为它更客观，更容易证实。其用途会受到概念性根据影响，特别是在通货膨胀的时候。实际上，历始成本常常被以外币表示的土地估值、可转售证券与财务资产所代替。

控股公司（*holding company*）：控制着另一家公司的公司对其子公司的称呼。控股公司的资产负债表必须分别反映其对子公司的投资（包括估值基础）、债务与债权。控股公司应公布合并报表，其中包括该集团所有公司的财务报表。

损益表（*income statement*）（美式英语）：总结一段时期内企业交易活动的盈亏结果。（英式英语为"profit and loss account"。）

间接渠道（*indirect channel*）：进入市场的一种途径，供应商出售产品的中介机构——比如，分销商或终层交易参与者——出售产品。

无形资产（*intangible assets*）：商誉、专利与商标、各种知识产权、品牌，等等。对无形资产应如何估值有严格规定。

存货（*inventory*）（美式英语）：原材料、在产品与产成品，通常按照较低成本或市场价值来评估。（英式英语为"stock"。）

存货周转天数（*inventory days*）：衡量售出前存货保留的平均天数。

存货周转率（*inventory turn*）：对营运资本管理的衡量，代表给定期限内存货已售出并更换的次数。

负债（*liabilities*）：公司所欠的债务。

流动性（*liquidity*）：指资产能够以一个合理的价格顺利变现的能力。

上架费（*listing fees*）：零售商因店铺中销售供应商的产品而向供应商要求的费用。

营销资金（*marketing funds*）：由供应商分配、渠道参与者根据供应商限定的规则花费的资金，用来确保通过参与者的营销活动推动供应商的销售。可随意分配，或按照销售额比率分配，经常被称为"合作营销资金"。

大型零售商（*mass merchant*）：其店铺、目录或在线提供大量产品类别的一类分销商。代表大型零售商的有折扣商店与百货商店经营者，一些较大的食品杂货连锁店拥有一些店铺，这些店铺中含有很大的非食品部门，他们也可以被称为"大型零售商"。

少数股东权益（*minority interest*）：控股公司未控股的子公司股东享有的净资产份额，通常在合并资产负债表的负债栏分别列出。

流动资产净额（*net current assets*）：等于流动资产减去流动负债。

净利润率（*net margin*，税前或税后）：净利润除以销售额得到的百分比。

净利润（*net profit*，税前或税后）：净利润是营业利润减去利息。

净现值（*net present value*）：净现值是用利率折算的未来现金流的现在价值，所用的折现率通常是企业的资本成本。

净资产（*net assets*）：等于总资产减去总负债。

资本净值（*net worth*）：资产负债表中的资产减去负债，所用的折现率通常指股东资金或股份资本与储备金。

营业利润（*operating profit*）：从总资产中扣除管理费用后、扣除利息之前的利润。

一般费用（*overheads*）：企业发生的销售、管理费用，不包含在销售成本（或者售出产品成本）中。

过量交易（*overtrading*）：交易水平超出了企业内现有资本所能承受的量。

母公司（*parent company*）：参见控股公司。

应付账款天数（*payable days*）：反映支付赊销款所需的平均天数。

货架陈列/货架陈列图（*planograming/planogram*）：货架陈列是在店铺内设计布局并陈列好产品类别、产品线与SKU库存号的过程，目的是最大化销售额或盈利能力。最后出来的是一个货架陈列图，也就是产品类别分布在店内何处、每种产品在货架上的位置图。

潜在发展能力（*potential growth capacity*）：衡量企业发展所用的现有财务资源金额。

专业服务公司（*professional services firm*）：向个人或企业出售专业服务——比如律师咨询、会计师审计、顾问，等等——的任何公司。

准备金（*provision*）：对资产价值损失的评估，冲抵利润。例如，未来保修成本、坏账与存货变坏。也指为已知负债（其中，无法准确确定金额）做准备。例如，对企业的未决诉讼或索赔结果。

产品分类（*ranging*）：对于零售店内要提供的产品范围进行决策，包括每个类别安排多少型号、规格，到什么深度。

留存利润（*retained profits*）：可以留存而无需作为分红支出的利润。当在资产负债表中出现时，也称为"累计利润"，代表自营业以来留存下来的利润。

应收（*receivables*）：参见应收账款。

应付账款天数（*receivable days*）：参见应付账款还款天数。

可回收率（*recoverability*）：服务提供者可向消费者索取报酬的计酬活动（按照销售价格计算）占全部付出的比例。

中间商（*reseller*）：购买并向终端消费者出售产品的交易渠道参与者。主要由供应商使用，因为它描述了该参与者为供应商履行责任的角色。

储备金（*reserve*）：留存收益的具体应用，防止分配给股东。例如，资本赎回储备，当留存收益被用来购回股份时建立资本赎回储备，用来防止企业资本减少。储备金也经常被不当地用作"意思模糊不清"的术语，甚至取代准备金或多余现金。

已动用资本回报率（*ROCE*）：税前净利润（EBIT）除以股东资金得到的百分比。

已投资资本回报率（*ROIC*）：等于税后营业利润除以已投资资本（总资产减去过剩现金减去无息流动负债额）。经常用来直观地评估企业的价值创造能力。是衡量经营业绩的一个指标，去掉了金库（过剩现金）。

净资产回报率（*RONA*）（税前或税后）：净利润（税前或税后）除以已用净资产得到的百分比。用以衡量公司运用自有资本的效率，公司对股东投入资本的利用效率。

股东资金回报率（*return on shareholders' funds*，*ROSF*）税后利润除以普通股股东资金得到的百分比。

收入（*revenues*）（美式英语）：一段时期内出售的所有产品与所提供服务的价值。（英式英语为"sales"。）

销售收入（*sales*）（英式英语）：一段时期内出售的所有产品与所提供服务的价值。（美式英语为"revenues"。）

销售管道（*sales pipeline*）：衡量收入可见度的指标，等于订单预定销售额的平均月数（或者订单数加上未履行出价的预期价值）。更常见的用法是用来指企业对询价或机会、期望、出价或报价以及未履行订单的了解，使其有能力预测未来的销售或收入水平。

销售周期（*sales cycle*）：从合作机会转为经确认的订单平均所需时间。

同店销售额（*same store sales*）：是指已营业一年以上店铺的销售额。由于新店铺需要一定时间才能以完全的生产率运营，分析员们经常用这一指标滤出店铺迅速扩张计划导致的扭曲结果，有时候也称"comps"销售。

合作销售渠道（*sell-with channel*）：参见提倡者渠道。

季节性（*seasonality*）：一年中，企业对不均匀销售的敏感度。季节性生意指的是销售非常不均匀的生意，如英国销售防晒油。季节性可能是人为的，不一定与大自然的季节有关。例如，返校与公共部门财政年年底，经常会出现匆忙花掉未用预算来确保接下来的几年中预算不会被削减。

股份资本（*share capital*）：股份所有权赋予股东对企业相应的所有权。股份资本以票面（名义）价格出现在资产负债表上。

股东（*shareholder*）：通过拥有企业股份而成为企业成员。股东们是企业的资金支持者，或直接投资者，或二手股份购买者。私营企业的股份通常在个人之间直接交易；上市企业的股份可通过股票市场交易。

股东资金（*shareholder' funds*）：企业资产负债表上的所有权部分，包括股份资本、任何股本溢价以及留存收益。

短期借款（*short-term loan*）：原始债务期限不到一年的借款。

SKU：库存单位的首字缩写。产品的每个不同尺寸、重量与包装是一个单独的SKU，因此，250g的盒子、450g的盒子以及特别促销的450g的盒子都是单独的SKU。

SPIEF：厂家或服务资源向交易商销售团队提供的特别奖励，鼓励销售商销售他们的产品，通常时间较短，比如"SPIEF一天"。（SPIEF可是资金销售促销激励的首字缩写。）

存货（*stock*）（英式英语）：原材料、在产品与产成品，通常按照较低成本或市场价值来评估。（美式英语为"inventory"。）

店铺密度（*store density*）：衡量连锁商店规模的一个指标，表示每一千人所拥有的店铺数。举例来说，在一个人口为5500万的市场中，拥有1050家店铺的零售商的店铺密度为每52000人拥有1家店铺（=5500万/1050）。

直线折旧法（*straight-line depreciation*）：成本减去资产的预计残值后除以预计经济年限。

子公司（*subsidiary*）：由另一家公司所有的公司（完全所有或大体所有，由法律规则说明）。

交易渠道（*trade channel*）：进入市场的途径，包括向终端消费者销售的中介机构（参见间接渠道），有时候称为"交易"。

专业术语表

交易利润率（*trading margin*）：参见毛利润率。

无担保贷款（*unsecured loan*）或**借款**（*borrowings*）：企业在没有抵押的情况下所借款项。

提升销售（*up-sell*）：当消费者考虑购买时，鼓励消费者购买更好、更贵或利润率更高的产品的销售与营销技巧。很多供应商都提供一套"好、更好、最好"的产品来鼓励消费者购买价格更高的产品。有些还提供一个基本分拆模式，其唯一真正的特点是通过提升销售技巧使消费者感兴趣。

利用率（*utilization*）：服务提供者所用生产率的最佳指标。可用于企业的整个服务部分、个别部门或小组，甚至每个计酬员工。高利用率意味着计酬员工的大部分时间都投入了多产的、产生利润的工作中。对时间过高的利用率将导致耗竭与质量问题。

价值创造［*value creation*，**价值破坏**（*destruction*）］：营业利润超过了资本成本。如果利润超过资本成本，说明管理层创造了价值；若相反，则说明管理层破坏了价值。

供货商（*vendor*）：供应商与渠道参与者经常使用，指供应商。

加权平均资本成本（*weighted average cost of capital*，*WACC*）：资本的平均成本，表示企业资本资源的预期成本。每一资本资源，如权益、债券及其他债务，都根据其在企业资本结构中的地位进行加权计算。

批发商（*wholesaler*）：参见分销商。

营运资本（*working capital*）：等于存货加上应收账款减去应付账款。表示企业用来资助交易周期的资本。随着企业逐渐发展，企业将需要更多营运资本，除非它能够加快营运资本周期。

营运资本周期（*working capital cycle*）：衡量营运资本束于企业的平均天数。数字越低，营运资本循环得越快。

营运资本需求（*working capital requirement*）：衡量企业就其销售额水平所需营运资本的量，以及其营运资本周转得有多快。

营运资本周转率（*working capital turn*）：衡量企业的营运资本在一个时期

内的周转次数。周转率越高,流动性就越好。

在制品（*work-in-progress*）:部分完成制作的产品。

收益（*yield*）:回报的另一种说法,通常是指资产或投资每年产生的回报。